엄상천의 대한민국최강
HSK
기출어휘
串

이 책의 저자 엄상천 선생님은 순천대학교 중문과를 졸업하고
중국 북경에서 중국어를 공부했습니다.
여러 해 동안 중국어와 한어수평고시(HSK)를 연구하였고
현재 강남 차이나로 중국어학원에서 초·중등 HSK 전임강사를
맡고 있습니다. 중국어를 공부하는 네티즌 사이에 최고의 인기를 누리는
다음카페 '대한민국최강HSK 엄상천'과 중국어 최다 회원 커뮤니티
'한어수평고시(HSK)'의 운영자로도 활동하고 계십니다.

강남 차이나로 중국어학원 : www.chinaro.com
다음카페 – 대한민국최강HSK엄상천 : http://cafe.daum.net/mayforce
　　　　　한어수평고시(HSK) : http://cafe.daum.net/hskkorea
저자 이메일 : mayforce@hanmail.net

초판 인쇄일 ┃ 2007 년 2 월 20 일
초판 발행일 ┃ 2007 년 2 월 25 일
발행인 ┃ 박정모
발행처 ┃ 도서출판 혜지원
저자 ┃ 엄상천
기획·진행 ┃ 강은혜·쑨샹메이
편집 디자인 ┃ 신효진
표지 디자인 ┃ 김소연
영업마케팅 ┃ 김승헌, 정우석, 김남권, 서지영
ISBN ┃ 978-89-8379-481-9
정가 ┃ 9,500 원
주소 ┃ 서울시 동대문구 장안1동 420-3 호
전화 ┃ 영업부 02)2212-1227 / 편집부 02)2249-7975
팩스 ┃ 02)2247-1227
홈페이지 ┃ http://www.hyejiwon.co.kr

엄상천 지음

혜지연

여러분 안녕하세요!

대한민국최강 HSK 강사 엄상천입니다.

여러 중국어교재를 집필하고 강의하면서, 중국어에 대한 열정이 점점 더 커져가고 좋은 직업을 선택했다는 자부심이 많이 듭니다.

차이나로 강의실 교탁에 "가르치는 것은 두 번 배우는 것이다." 라는 말이 쓰여있습니다. 늘 강의를 시작하기 앞서 이 말을 마음에 다시 한 번 깊게 새깁니다. 배움은 끝이 없고 언제나 겸손한 마음으로 최선을 다해야 한다는 마음을 또 한 번 다집니다.

매 순간 어떤 교재가 더 좋을까? 방대한 내용의 어휘와 숙어들을 어떻게 학생들에게 효율적으로 제공할까? 어떻게 수업해야 학생들과 더 가까워지고, 무슨 방법으로 딱딱한 HSK를 '즐겁고 재미있게' 공부할까? 이런 생각들로 수업준비를 하고 자료를 모으고 수업을 한 6년여의 시간은 저에게 더없이 행복하고 소중한 시간이었습니다.

결국 스스로 최고라고 자부하기보다는 끝임없는 노력의 결과로 효과적이고 좋은 교재를 만들기에 성심을 다했다는 자부심에 빙긋 미소를 지어봅니다.

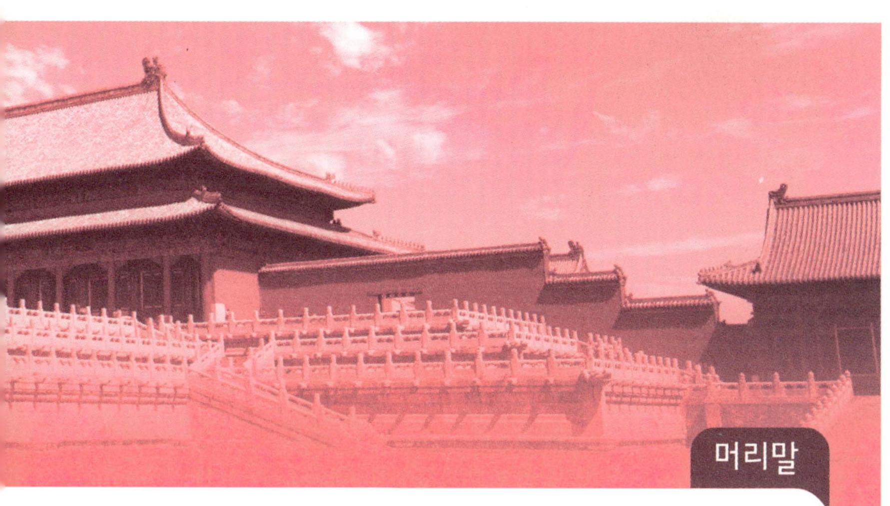

이 책에는 많은 현직 동료강사의 도움이 구석구석 배어 있습니다. 모든 동료, 선후배강사님, 선생님들께 진심 어린 존경과 감사를 드립니다. 그리고 늘 옆에서 큰 힘과 가르침을 주시는 차이나로 중국어학원 박귀진, 가광위 원장선생님, 차이나로 선생님들, 좋은 책으로 만들어주신 도서출판 혜지원 박정모 사장님과 혜지원 직원들, 국내최대규모 중국어커뮤니티 운영자 우치갑, 신윤기 선생님, 늘 아낌없는 지지를 해주시는 대한민국최강 HSK 카페회원님들과 옆에서 무한한 지지와 사랑을 보내주시는 부모님, 가족들께 감사의 말씀을 드립니다.

앞으로도 최선을 다하여 최강의 강사가 되도록 노력하겠습니다.

2007년 2월
엄상천

Contents

차례

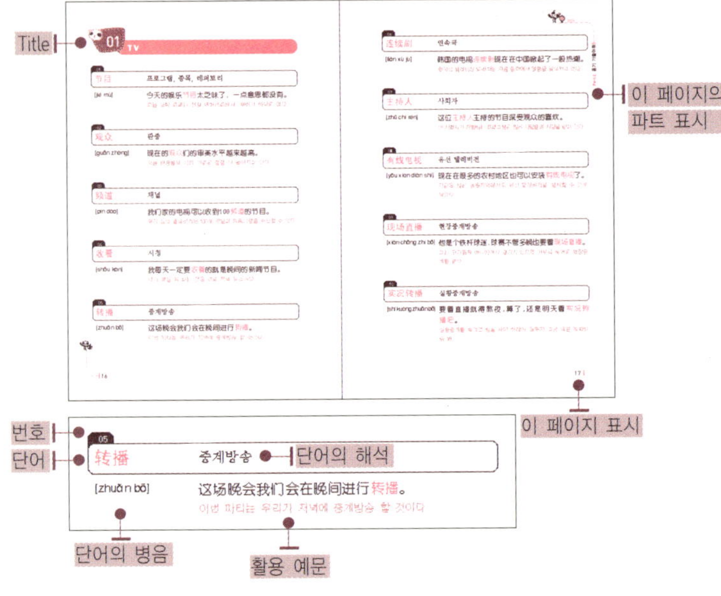

번호 단어의 번호를 표시하여 찾아보기 용이하도록 하였습니다.

단어 단어를 표시합니다.

단어의 병음 단어의 병음을 표기하여 읽으면서 암기할 수 있습니다.

단어의 해석 단어의 뜻을 표시하였습니다.

활용 예문 배운 단어를 실제로 활용할 수 있도록 예문을 수록하였습니다.

PART 1

HSK 대비 전략

01 HSK는 무엇인가요?

HSK는 중국어 汉语水平考试의 한어병음표기인 'Hanyu Shuiping Kaoshi'의 이니셜로, 보통 한어수평고시라고 합니다.

02 HSK는 누가 보나요?

한어수평고시(HSK)는 중국어를 모국어로 하지 않는 사람(외국인, 화교 및 중국 내 소수민족 포함)의 중국어의 능력을 평가하기 위한 시험입니다.

03 HSK는 어떤 종류가 있나요?

HSK는 기초(1~3급), 초중등(3~8급), 고등(9~11급) 세 종류로 나뉩니다. 이외에 특화된 시험으로 HSK商务, HSK旅游, HSK文秘, HSK少儿이 있으며 곧 시행될 예정입니다. HSK는 중국 교육부 국가한어수평고시위원회가 출제, 채점, 증서 발급을 책임지고 있으며 고시 합격자에게는 성적표와 〈한어수평증서〉를 발급합니다.

04 HSK는 어디에 쓰이나요?

* 중국의 대학이나 대학원 입학 시 평가요소
* 한국의 특목고 입학 시 자격요건
* 한국의 대학이나 대학원 입학 혹은 졸업 시 평가 기준
* 교양중국어 학력평가의 기준
* 기업 및 기관에서 직원의 채용이나 승진 결정 시 평가 기준
* 중국정부의 장학생 선발 기준

05

HSK는 얼마 동안 유효한가요?

〈한어수평증서〉와 성적은 고시 당일로부터 2년 동안 유효합니다.

06

HSK는 어떻게 구성되어 있나요?

과 목	문 항 수	시 간
듣기(听力理解)	50	약35분
어법(语法结构)	30	20분
독해(阅读理解)	50	60분
종합(综合填空)	40	30분
합 계	170	약145분

07

HSK의 증서는 어떻게 나뉘나요?

수 준	급 수	등 급	등급 점수 범위(점)
초등증서	C	3급	152~188
	B	4급	189~225
	A	5급	226~262
중등증서	C	6급	263~299
	B	7급	300~336
	A	8급	337~400

HSK의 등급은 어떻게 나뉘나요?

등 급	등급별 점수 범위			
	听力	语法	阅读	综合
최저(1~2)	20~37	19~36	21~38	28~36
3	38~46	37~45	39~47	37~45
4	47~55	46~54	48~56	46~54
5	56~64	55~63	57~65	55~63
6	65~73	64~72	66~74	64~72
7	74~82	73~81	75~83	73~81

HSK시험을 보려면 어떻게 해야 하죠?

1) 원서교부

HSK원서는 HSK 한국사무국과 각 대학 중문과 및 관련학과, 중국어 전문 학원에서 교부하며 HSK 한국사무국 홈페이지에서 다운로드 할 수 있습니다.

2) 원서접수

(1) HSK 정기시험은 HSK 한국사무국에서만 접수 가능합니다.

(2) 응시 원서 접수 기간

　①평일 오전 10:00~12:00/오후1:00~5:00

　②토요일 오전 10:00~12:00(일요일과 공휴일은 접수를 받지 않음)

(3) 대리인 접수 응시원서 필수 기재사항

　주민등록번호, 주소, 연락처, 한글/영문/한문 이름

(4) 준비물

　①응시원서

　②사진 3장(3 x 4cm 의 반명함판 사진으로, 최근 6개월 이내에 촬영한 칼라사진)

※측면사진, 배경이 있는 사진, 종이에 출력한 사진 및 규격 사이즈 미달 사진 사용 불가.

③초중등 HSK 응시비 : 75,000원

(5) 응시자는 시험장소를 직접 선택할 수 있습니다.

　　(미선택시는 임의로 고시장이 지정됨)

(6) 고사장은 학교사정이나 정원에 따라 변동될 수 있습니다.

　　(변경 시 홈페이지 공지)

(7) 2004년도부터 기존 시험연기 신청제도가 폐지되었고 접수 후 응시 최소 및 환불 신청이 가능합니다.

(8) 방문접수, 우편접수 둘 다 가능합니다.

3) 시험 당일 준비물

(1) 신분증(주민등록증, 운전면허증, 기간만료 전의 여권, 군장교 신분증, 현역 사병은 휴가증, 주민등록증 분실재발급 확인서)

※주의 : 학생증, 사원증, 의료보험증, 주민등록등본, 공무원증, 외국인등록증 등은 무효.

(2) 수험표

(3) 지우개, 2B 연필

※시험 당일 응시자가 수험표, 유효신분증 미지참 시 입실할 수 없음.

※시험 당일 연기신청 또는 응시취소 및 환불 신청할 수 없음.

※HSK는 2004년부터 년 4회 실시되고 있으며 실시지역은 서울, 대전, 부산, 광주, 대구임.

4) HSK 한국 사무국

주　　소 : 서울시 강남구 강남우체국 사서함 115호

　　　　(우편번호: 135-601)

전　　화 : 02-3452-4788

팩　　스 : 02-3452-4787

이 메 일 : hsk@hsk.or.kr

홈페이지 : http://www.hsk.or.kr

어학시험을 보는 데 있어, 어휘가 중요하다는 것은 굳이 말을 하지 않아도 누구나 다 알고 있는 사실입니다. 어떤 어휘를 우선순위로 정하고 어떻게 공부하느냐에 따라 시험의 성적이 달라집니다.

현재 시중에는 많은 단어장, 어휘집들이 우후죽순처럼 나와 있습니다. 그러나 일부 단어장은 실제 기출된 HSK문제와 상당히 거리가 멀고, 또 어떤 어휘집은 너무 방대한 양을 수록하고 있어, 공부하는 데 너무나 많은 시간을 소요한다는 단점을 지니고 있습니다. 물론 소장가치는 충분하겠지만 실제 시험에서 얼마나 많은 도움을 줄 수 있을 지, 또 본인이 얼마나 효과적이고 계획적으로 활용할 수 있을지 의문이 들게 마련입니다.

〈대한민국 최강 HSK 기출어휘 串〉은 그냥 어휘만을 수록한 것이 아닙니다. 다년간 HSK에 직접 응시하고, 분석을 통해 100% 시험지에서 나온 어휘만 엄선하였고, 실제 강의를 통해 많은 응시생들과 공부하면서 모두 눈에 띄는 효과를 본 기출어휘만을 수록한 有一無二한 어휘집입니다.

많은 학생들이 본 교재를 통해 HSK 8급 달성은 물론 HSK고등시험의 작문과 구술에서 효과를 보고 있습니다.

03 어휘로 뚫는 HSK 대비 전략

학습자의 유형에 따라 본 교재의 학습법을 살펴보면,

1) 처음으로 HSK를 준비하거나 유학을 준비하는 분

물론 처음으로 HSK를 준비하시는 분들도 기존의 내공(功夫 : 시간,노력)의 차이가 있겠지만, 대부분 HSK가 무엇인지 혹은 어떻게 공부해야 하는지 방향을 설정하지 못한 경우가 많습니다. 그러므로 일단 자신에게 맞는 수업과 좋은 교재를 선택하여 첫 관문을 잘 열어야 할 것이며, 이 과정에서 어휘 학습은 빠져서는 안 될 필수 과정입니다.

초심자들의 경우 본 교재 학습기간은 90일이 적당합니다. 개인 차에 따라 그 이상의 시간이 걸리기도 하지만, 학습기간을 너무 길게 잡으면 쉽게 포기하거나 지겨워지기 쉽고, 간혹 집에서 〈HSK기출어휘串〉을 찾지 못하거나 책상에 놓여있는 〈HSK기출어휘串〉을 볼 때마다 한숨을 쉬는 부작용이 생길 수도 있습니다.

그러므로 마음은 여유 있게 먹고 즐거운 마음으로 공부하되 진도는 다소 빠르게 잡아야 합니다. 억지로 이해를 하지 말고 그냥 소리내어 읽고 외우는 과정을 10회 이상 하면, 누구보다도 먼저 소기의 목적, 고득점 획득에 성큼 다가갈 수 있습니다.

2) HSK 준비기간이 6개월에서 1년 사이, 시험 응시 경험이 없는 분

대개 4-6급을 목표로 하는 학습자들을 말합니다. 대부분 턱없이 부족한 어휘량 때문에 자신감을 잃거나, 강의를 들을 때 문장이나 어법의 이해보다는 단어 암기에 급급한 경우가 비일비재합니다. 〈HSK기출어휘串〉은 언제나 시험지에서 정답 또는 제시어로 출제되는 어휘를 유형별로 선별하였습니다. 따라서 먼저 기출어휘를 외우고 남는 시간과 힘을 기타 어휘에 투자하는 것이 올바른 학습법입니다.

학습기간은 60일 정도가 적당하며, 학습시간이 30일이 지나기 시작하면 여러 예문과 단어가 머리 속에서 마치 퍼즐이 맞춰지듯 자연스럽게 연상되어 회화에서도 큰 효과를 볼 수 있습니다.

이 경우 학습자들은 본 교재에 수록된 어휘가 대부분 이미 알고 있는 단어이거나 혹은 쉽다고 생각해서 교재를 대충 보기 쉽습니다. 하지만, 서두에서 말씀 드렸듯 〈HSK기출어휘串〉은 100% 기출어휘만을 수록한 것으로 총정리를 한다는 마음으로 꼼꼼히 한 번 살펴볼 필요가 있습니다.

학습기간은 30일을 넘기지 않기를 권장합니다. 그보다 더 짧은 기간에 모든 어휘를 숙지한다면 금상첨화이겠지만, 가급적이면 시간을 넘기지 마시고, 최소 5회 이상은 반복적으로 읽고 보고 쓰는 연습을 하는 것이 효과적입니다.

〈HSK기출어휘串〉로 공부하는 학습자 여러분께 학습기간으로 절대 3개월을 넘지 않기를 당부합니다. 어휘집은 본래 시간이 오래 걸리면 걸릴수록 더 잘 외워지지 않게 마련입니다.

날을 하루 정해서 집중적으로 한 파트만 읽고 예문을 숙지하는 것도 좋은 방법 중하나입니다. 항상 손에 〈HSK기출어휘串〉을 들고 다니면서, 단기간에 처음부터 끝까지 훑어본 후 반복해서 학습하기를 권합니다.

더 많은 말을 담고 싶지만, 여러분들의 열정을 식히지나 않을까 우려가 되어 말을 줄이고자 합니다. 앞으로도 오프라인 강의와 동영상 강의, 그리고 많은 좋은 교재로 여러분과 만나 뵙고, 겸손한 마음으로 항상 연구하며 여러분을 HSK의 최강자로 만들어 드리도록 노력하겠습니다.

학습자 여러분들의 많은 사랑과 관심, 그리고, 많은 선생님들의 격려와 충고, 질타를 기대합니다.

감사합니다.

저자 엄상천

PART 2

듣기 기출어휘

01

节目

프로그램, 종목, 레퍼토리

[jié mù]

今天的娱乐节目太乏味了，一点意思都没有。

오늘 오락 프로는 정말 무미건조해서, 재미가 하나도 없다.

02

观众

관중

[guān zhòng]

现在的观众们的审美水平越来越高。

오늘 관중들의 미의 기준은 점점 더 높아지고 있다.

03

频道

채널

[pín dào]

我们家的电视可以收到100个频道的节目。

우리 집의 텔레비전은 100개 채널의 프로그램을 수신할 수 있다.

04

收看

시청

[shōu kàn]

我每天一定要收看的就是晚间的新闻节目。

내가 매일 꼭 보는 것은 바로 저녁 뉴스이다.

05

转播

중계방송

[zhuǎn bō]

这场晚会我们会在晚间进行转播。

이번 파티는 우리가 저녁에 중계방송 할 것이다.

06 连续剧 연속극

[lián xù jù] 韩国的电视连续剧现在在中国掀起了一股热潮。
한국의 텔레비전 드라마는 지금 중국에서 열풍을 일으키고 있다.

07 主持人 사회자

[zhǔ chí rén] 这位主持人主持的节目深受观众的喜欢。
이 사회자가 진행하는 프로그램은 많은 사람들의 사랑을 받고 있다.

08 有线电视 유선 텔레비전

[yǒu xiàn diàn shì] 现在在很多的农村地区也可以安装有线电视了。
지금은 많은 농촌지역에서도 유선 텔레비전을 설치할 수 있게 되었다.

09 现场直播 현장중계방송

[xiàn chǎng zhí bō] 他是个铁杆球迷，球赛不管多晚也要看现场直播。
그는 구기종목 마니아여서 경기가 있으면 아무리 늦어도 현장중계를 본다.

10 实况转播 실황중계방송

[shí kuàng zhuǎn bō] 要看直播就得熬夜，算了，还是明天看实况转播吧。
생중계를 보려면 밤을 세야 하잖아, 관두자, 그냥 내일 실황중계방송을 보라.

01

包裹
소포, 짐

[bāo guǒ]

这个包裹寄往中国要多长时间?

이 소포를 중국으로 부치면 얼마나 걸리죠?

02

信封
편지봉투

[xìn fēng]

你的信封上的地址好像写错了,所以信被退回来了。

네 편지 봉투에 주소를 잘못 쓴 것 같아, 그러니 편지가 다시 돌아왔지.

03

邮票
우표

[yóu piào]

他是个集邮迷,只要看到好看的邮票就买。

그는 우표수집광인데 예쁜 우표만 보면 바로 사버린다.

04

寄信
편지를 부치다

[jì xìn]

有时间的话你别忘了给我们寄封信。

시간 있으면 우리에게 편지 쓰는 거 잊지 마세요.

05

电报
전보

[diàn bào]

现在因为通信越来越发达,所以使用电报的人几乎没有了。

오늘날은 통신이 점점 발달되고 있어, 전보를 사용하는 사람은 거의 없다.

06

营业员
영업사원

[yíng yè yuán]

邮政局的营业员都穿着统一的制服。

우체국 영업사원들은 모두 같은 제복을 입고 있다.

07

邮递员
우편집배원

[yóu dì yuán]

这位邮递员几经周折，终于找到了收信人。

이 집배원은 여러 차례 고생 끝에 결국 수신자를 찾아냈다.

08

挂号信
등기

[guà hào xìn]

为了安全起见，你还是寄挂号信吧。

안전을 생각한다면, 그래도 등기로 부쳐라.

03 사진관

01

相片
사진

[xiàng piàn]

这是一张20年以前的黑白相片。

이것은 20년 전의 흑백 사진이다.

02

照片
사진

[zhào piàn]

看到大学毕业照片，我不禁想起了那时的生活。

대학 졸업 사진을 보니, 나는 그때의 생활이 저절로 떠올랐다.

03

底片
[dǐ piàn]

사진 원판

你能不能用底片再给我洗几张?
사진 원판으로 몇 장 더 현상할 수 있습니까?

04

胶卷
[jiāo juǎn]

필름

我在旅游景点买的胶卷是假的,根本洗不出照片来。
내가 여행지에서 산 필름은 가짜였어요, 아예 사진 현상이 되질 않아요.

05

冲洗
[chōng xǐ]

현상하다

他们店冲洗的照片颜色很真实。
그들 사진관에서 현상한 사진 색상은 정말 사실적이다.

06

放大
[fàng dà]

확대하다

你能不能把这张照片再放大一倍?
이 사진을 다시 한 배 더 확대해 줄 수 있습니까?

07

缩小
[suō xiǎo]

축소하다

你应该把这几张照片缩小后再放在一起。
넌 이 사진 몇 장을 축소해서 한 데 두어야 할 것 같아.

08

像素
[xiàng sù]

화소

现在很多手机的像素越来越高。
요즘 많은 휴대폰의 화소가 점점 더 높아지고 있다.

09

数码相机
디지털카메라

[shù mǎ xiàng jī]
现在数码相机已经成了新时代的宠物。
오늘날 디지털카메라는 이미 신세대의 애호품이 되었다.

10

曝光
노출하다

[bào guāng]
这卷胶卷已经曝光了，不能再冲洗了。
이 필름은 이미 빛에 노출이 되어서, 다시는 현상을 할 수 없다.

01

作家
작가

[zuò jiā]
这位有名的作家近期又推出了一部新的小说。
이 유명한 작가는 최근 또 새로운 소설을 하나 내놓았다.

02

采访
취재하다

[cǎi fǎng]
为了完成这篇报道,他一共采访了十几位当事人。
이 보도를 완성하기 위하여 그는 모두 열 몇 명의 당사자들을 취재했다.

03

报道
보도하다

[bào dào]
自从这篇报道发表后,他就成了人们关注的人物。
이 보도가 발표된 후, 그는 사람들의 관심을 받는 인물이 되어 버렸다.

新闻
신문, 뉴스

[xīn wén]

这则新闻现在是热门话题，也成了人们茶余饭后的话题。

이 뉴스는 이미 많은 사람들의 입에 회자되는 화제가 되었다.

记者
기자

[jì zhě]

当记者的每天东奔西走很辛苦。

기자 노릇 하는 사람들은 날마다 여기저기 돌아다니면서 정말 힘들다.

编辑
편집

[biān jí]

他正在编辑一本关于中国改革开放成就的书籍。

그는 지금 중국개혁개방의 성과에 관한 책을 편집 중이다.

采访者
취재에 응하는 사람

[cǎi fǎng zhě]

虽然有人愿意接受采访，可是采访者却不愿透露自己的姓名。

비록 취재에 응하고 싶어하는 사람은 있지만 자기성명을 밝히고 싶어하지 않는다.

报社
신문사

[bào shè]

我现在正在一家报社当实习记者。

나는 지금 한 신문사에서 실습기자를 하고 있다.

09

出版社 출판사

[chū bǎn shè] 为了出版这本书，他已经跑了好几家出版社。

이 책을 출판하기 위하여 그는 이미 여러 출판사를 돌아다녔다.

10

炒作 과대선전하다

[chǎo zuò] 关于这个明星的报道纯属是炒作。

이 스타에 대한 보도는 완전히 모두 과대광고이다.

01

导演 감독

[dǎo yǎn] 这个导演凭借这部电影很快成为了名导演.

이 감독은 이 영화를 발판으로 급속하게 명감독이 되었다.

02

演员 배우

[yǎn yuán] 这部电影中的演员全是世界级的明星。

이 영화 속의 배우들은 모두가 세계적인 스타들이다.

03

片子 영화

[piān zi] 最近这部片子被媒体炒得很热，可观众们的反映
并不是太好。

요즘 이 영화는 방송매체에서 많이 떠들었지만, 관중들의 반응
은 별로이다.

04

主角 주연

[zhǔ jué]

他的成功表演使他获得了今年的最佳男主角奖。
그의 성공적인 공연은 그에게 올해의 최우수 남우주연상을 안겨
주었다.

05

配角 조연

[pèi jué]

他虽然是大明星，在这部电影中却出演了一个
配角。
그는 비록 대 스타이긴 하지만 이 영화에서는 조연을 맡았다.

06

演技 연기

[yǎn jì]

他是一个演技派的明星，不是偶像派的明星。
그는 연기파 배우이지 아이돌 스타는 아니다

07

言情片 로맨스영화

[yán qíng piàn]

我昨天看了一部特别感人的言情片。
나는 어제 아주 감동적인 로맨스영화를 한 편 보았다.

08

功夫片 무술영화

[gōng fu piàn]

中国的功夫片在世界上都很受欢迎。
중국의 무술영화는 세계적으로 아주 환영받는다.

09 武打片

무술영화

[wǔ dǎ piàn]

我觉得这部武打片中的武打动作有点太夸张了，不真实。

이 영화 속에 나오는 무술동작은 조금 너무 과장되어 사실적이지 못한 것 같다.

10 纪录片

다큐멘터리영화

[jì lù piàn]

观众对这部关于中国西部大开发状况的纪录片反映很好。

관중들은 이 중국 서부 대 개발 상황과 관련된 기록영화에 좋은 반응을 보인다.

11 三级片

에로영화

[sān jí piàn]

现在有一些三级片，可能会影响青少年们的身心健康。

오늘날의 에로영화는 청소년들의 정신건강에 영향을 끼칠 것이다.

12 恐怖片

공포영화

[kǒng bù piàn]

恐怖片在夏天的时候最卖座。

공포영화는 여름에 표가 가장 잘 팔린다.

13 惊险片

스릴러영화

[jīng xiǎn piàn]

这部由成龙主演的惊险片拍得很精彩。

이 성룡 주연의 스릴러영화는 정말 잘 찍었다.

01

听众

청취자, 청중

[tīng zhòng]

这个节目播出后，收到听众们的很多来信。

이 프로그램이 방송된 후 청취자들의 많은 편지를 받았다.

02

观众

시청자, 관중

[guān zhòng]

这位观众朋友请你来参与我们的活动。

여기 관중 여러분, 우리 활동에 참여해 주세요.

03

节目

프로그램

[jié mù]

这个电台为了吸引观众，不断变化节目的内容。

이 라디오방송국은 시청자를 모으기 위해 프로그램의 내용을 계속 바꾸고 있다.

04

主持人

사회자, MC

[zhǔ chí rén]

他的梦想一直就是当一名出色的主持人。

그의 꿈은 줄곧 뛰어난 MC가 되는 것이다.

05

播音员

아나운서, 성우

[bō yīn yuán]

这位播音员的声音甜美，很受欢迎。

이 성우의 목소리는 정말 달콤해서 사람들이 좋아한다.

06

收音机　라디오

[shōu yīn jī]

这个收音机的功能很好，还可以收到外国电台的节目。

이 라디오는 성능이 좋아, 외국라디오 프로도 수신이 가능하다.

07　맛

01

酸　시다

[suān]

这个菜的味道太酸了，我的牙都快酸倒了。

이 요리는 너무 셔서 이가 빠지게 생겼다.

02

甜　달다, 말을 잘하다

[tián]

你的嘴巴真甜，见什么人说什么话。

너 말 참 잘한다. 누굴 만나도 말을 곧잘 하는구나.

03

苦　쓰다

[kǔ]

这个孩子因为药太苦说什么也不吃。

이 아이는 약이 너무 써서, 약을 먹지 않으려고 울고불고 떼를 썼다.

04

辣　맵다

[là]

韩国料理中大部分的菜都有点辣。

대부분의 한국음식은 약간 맵다.

05

淡　싱겁다

[dàn]

我的口重，你家的菜都太淡了。

난 음식을 짜게 먹어, 너희 집 요리는 너무 싱거워.

06

咸　짜다

[xián]

你做的这个菜简直咸得不能吃。

네가 만든 요리는 정말 짜서 못 먹을 정도야.

07

腥　비리다

[xīng]

这条鱼我都洗了好几遍了，怎么还这么大的腥味呢？

이 생선은 이미 아주 여러 번 씻었는데, 어쩜 아직도 이렇게 비린내가 많이 나지?

08

涩　떫다

·[sè]

这个柿子还没熟，味道有点涩。

이 감은 아직 덜 익어서 맛이 좀 떫어요.

08 요리

01

炒　볶다

[chǎo]

中国菜大部分都是炒的，所以要用很多的油。

중국요리는 대부분 볶은 것이어서 기름을 많이 씁니다.

02

煮　　끓이다

[zhǔ]　我觉得这个菜要先煮一下，然后再放调料拌一下。

요리를 우선 먼저 한번 끓이고 나서 조미료를 넣고 한번 버무려야 할 것 같아.

03

炸　　튀기다

[zhá]　北京人最喜欢吃的早点就是炸油条和豆浆。

북경사람들이 가장 좋아하는 간식은 튀긴 여우티아오와 떠우찌앙이다.

04

烤　　굽다

[kǎo]　韩国人最喜欢的菜就是烤肉。

한국사람들이 가장 즐기는 요리는 불고기이다.

05

烧　　굽다 　(조리법의 하나로, 기름으로 튀기거나 볶은 다음에 국물을 붓고 다시 볶고, 먼저 익힌 다음에 기름으로 볶는 것)

[shāo]　我小时候常常把土豆放在火堆里烧着吃。

난 어렸을 때 종종 감자를 불 더미 위에 올려 구워서 먹었다.

06

炖　　고다, 푹 삶다

[dùn]　这个肉要多炖一会才能入味。

이 고기는 오래 푹 삶아야 제 맛이 난다.

07

蒸　　찌다

[zhēng]　有的地方过生日的时候要蒸馒头吃。

어떤 곳에서는 생일을 보낼 때 찐 만두를 먹는다.

08

煎　　지지다

[jiān]　韩国人常常把蘑菇放在油里煎着吃。
한국사람은 종종 버섯을 기름에 지져 먹는다.

09

拌　　비비다, 섞다

[bàn]　韩国的杂菜就是把几种菜放在一起拌。
한국잡채란 바로 몇 가지 요리를 한데 놓고 비벼낸 것이다.

10

烹调　　요리법

[pēng tiáo]　我觉得你的烹调手艺真的不错。
너 요리 솜씨 제법 괜찮은 것 같아.

11

做菜　　요리하다

[zuò cài]　他无聊的时候就喜欢做菜。
그는 심심할 때면 요리를 한다.

12

下厨房　　요리하다

[xià chú fáng]　今天我下厨房，给你们露两手。
오늘은 내가 요리해서 솜씨를 보여주지.

 09 구매

01 生意
[shēng yì]

장사하다

我们上个月做了一笔生意，赚了不少钱。
우리들은 지난 달에 장사를 좀 해서, 돈을 좀 벌었다.

02 打折
[dǎ zhé]

할인하다

最近换季，所以很多百货商场都在打折。
요즘은 환절기여서 백화점에 모두 할인을 하고 있다.

03 逛街
[guàng jiē]

거리를 거닐다

大部分的女人没事的时候，都喜欢去逛街，就算
什么也不买。
대부분의 여자들은 일이 없으면 아무것도 안 사더라도 거리를
거니는 것을 좋아한다.

04 优惠
[yōu huì]

우대, 혜택

我已经给你优惠了很多，不能再便宜了。
나는 이미 많이 깎아 드렸어요, 더 이상 싸게는 안 되요.

05 进价
[jìn jià]

들어온 가격

这件衣服是朋友以进价卖给我的。
이 옷은 친구가 들어온 가격에 나에게 팔았다.

06

超市 슈퍼마켓, 마트

[chāo shì] 我家附近最近又开了一家大型的超市。

우리 집 부근에 최근 또 대형 할인마트가 생겼다.

07

柜台 계산대, 카운터(counter)

[guì tái] 我看在你们柜台上摆着挺好的，可买回去就不是那么回事了。

진열대에 놓인 것을 보면 참 좋은데, 막상 사서 돌아가면 그렇지가 않다.

08

交款 대금을 지불하다

[jiāo kuǎn] 我们这里一定要用现金交款。

우리는 여기서 반드시 현금으로 지불해야 합니다.

09

收银台 계산대

[shōu yín tái] 在超市收银台前交费的人排起了长队。

슈퍼마켓 계산대 앞에 계산하려는 사람들이 줄을 길게 서 있다.

10

逛商店 상점을 돌아다니다

[guàng shāng diàn] 现在很多商场都在节日促销，我们也去逛逛商店吧。

지금 많은 가게에서 명절 특가판매를 하니까 좀 돌아다녀 보자.

11

讲价钱
가격흥정을 하다

[jiǎng jià qian]

我们这里都是明码标价的，不能讲价钱。

우리들은 모두 정찰제에요, 가격흥정은 안 됩니다.

12

讨价还价
가격흥정을 하다

[tǎo jià huán jià]

我真的佩服妹妹，她真能讨价还价。

난 정말 여동생이 탄복스러워, 가격을 정말 잘 깎아요.

13

买一送一
하나를 사면 하나를 더 주다

[mǎi yī sòng yī]

现在我们商店搞促销活动,在活动期间买一送一。

지금 우리 상점은 판촉활동을 하고 있어요, 이 기간에 하나를 사면 하나 더 줍니다.

14

一分钱，
一分货
싼 게 비지떡이다

[yī fēn qián,
yī fēn huò]

我早就说过了一分钱一分货，这么便宜的东西当然不能保证质量了。

내가 진작부터 싼 게 비지떡이라고 말했잖아, 이렇게 싸면 당연히 품질에 문제가 있기 마련이지.

15

便宜没好货，
好货不便宜
싼 물건은 좋은 것이 없고, 좋은 물건은 싸지 않다

[pián yi méi hǎo huò,
hǎo huò bù pián yi]

我们这里的商品质量好，所以价格高，你难道不知道便宜没好货，好货不便宜吗？

우리 상품은 품질이 좋아서 가격이 비싸요. 설마 싼 게 비지떡이란 말도 모르세요?

01

点菜

[diǎn cài]

주문하다, 요리를 시키다

你们先**点菜**，我一会儿就到。

너희가 먼저 주문해, 난 금방 도착해.

02

凉菜

[liáng cài]

찬 요리

中国人吃饭的习惯是先吃**凉菜**，后吃热菜。

중국인들은 밥 먹는 습관이 먼저 찬 요리를 먹고 다음에 뜨거운 것을 먹는다.

03

热菜

[rè cài]

뜨거운 요리

我们点的**热菜**什么时候上呀? 快点!

우리가 시킨 요리 언제 나와요? 빨리 해주세요!

04

主食

[zhǔ shí]

주식

光吃菜就吃饱了，我们别点**主食**了。

요리만 먹고 배가 불러서 우리 밥은 시키지 말자.

05

结账

[jié zhàng]

계산하다

这么多的钱怎么好意思让你一个人**结帐**呢?

이렇게 많은 돈을 어떻게 너 한 사람한테 내라고 하겠어?

06

顾客

고객

[gù kè]

这家饭馆很有名，所以每天顾客都坐得满满的。

이 식당은 정말 유명해서 매일 손님이 가득 넘칩니다.

07

服务员

종업원

[fú wù yuán]

这家饭店的服务员全部要穿中国传统的旗袍。

이 식당의 종업원은 모두 중국 전통 치파오를 입어야 한다.

08

酒水饮料

주류음료

[jiǔ shuǐ yǐn liào]

因为你们在我们这里消费的钱比较多，所以酒水饮料费今天就免了。

여러분들이 여기에서 많이 드셨으니 술과 음료는 오늘 무료입니다.

11 회사

01

职业

직업

[zhí yè]

现在大学生越来越喜欢稳定的职业。

오늘날 대학생들은 안정적인 직업을 좋아합니다.

02

单位

회사

[dān wèi]

我们单位今年的经济效益大不如从前了。

올 해 우리 회사의 경제적인 수익은 예전보다 훨씬 못하다.

03

本行

본점, 본래의 직업

[běn háng]

虽然跳了一家公司，可是还是得干我的老本行。

비록 회사를 옮겼지만, 그래도 원래 하던 일을 해야겠다.

04

分配

분배하다

[fēn pèi]

今天老板分配了我一个很重要的任务。

오늘 사장님이 나에게 아주 중요한 임무를 주었다.

05

分红

인센티브, 이익을 나누다

[fēn hóng]

如果大家努力工作，公司效益好，年底大家都给分红。

만약 모두들 열심히 해서 수익이 나면 연말에 모두 인센티브를 받을 수 있습니다.

06

老板

사장님

[lǎo bǎn]

我们公司的职员常常抱怨我们的老板太小气。

우리 회사의 직원은 종종 우리 사장님이 너무 인색하다고 원망합니다.

07

经理

경리, 매니저, 사장님

[jīng lǐ]

他在这里才工作了一年，就升为我们部门的经理了。

그는 이곳에서 겨우 일 년 일했는데, 우리 부서의 부장으로 승진되었다.

08 秘书
비서

[mì shū]

现在要想当秘书不但要有能力，还要漂亮。
오늘날 비서가 되려면 능력뿐만 아니라 얼굴도 예뻐야 한다.

09 职员
직원

[zhí yuán]

我们现在公司的人手不够，需要招聘新的职员。
우리 회사는 요즘 사람이 부족해서 새 직원을 더 뽑아야 한다.

10 保姆
보모, 가정부

[bǎo mǔ]

他们是双职工，不得不请保姆来照顾孩子。
그들은 맞벌이 부부여서 가정부를 써 아이들을 돌보아야만 한다.

11 厂房
공장 현장

[chǎng fáng]

这里的厂房因为年久失修，所以倒塌了。
이 작업장은 시간은 오래되고 수리가 안 되어서 무너졌다.

12 车间
공장 작업장, 일터

[chē jiān]

这个车间主要是生产汽车零件的。
이 작업장은 주로 자동차부품을 생산한다.

13 总经理
총 경리, 총 매니저

[zǒng jīng lǐ]

总经理最近出差了，有什么事等他回来再说吧。
총경리님은 요즘 출장 가셨으니 무슨 일 있으면 그분이 돌아온 후 다시 얘기합시다.

14

董事长　이사장

[dǒng shì zhǎng]　他现在是我们这里的董事长了，你说话可要小心点。

그는 지금 우리들의 이사장이니까 당신은 말을 조심해야 합니다.

15

办公室　사무실

[bàn gōng shì]　我每天吃完午饭就在办公室睡20分钟。

나는 매일 점심을 먹고 사무실에서 잠을 20분간 잡니다.

16

会议室　회의실

[huì yì shì]　会议室里正在举行紧急会议，可能发生了什么事情。

회의실은 지금 긴급회의 중이에요, 아무래도 무슨 일이 생긴 모양이에요.

17

休息室　휴게실

[xiū xi shì]　你们大老远的来，先到休息室休息一会儿吧。

당신들은 아주 멀리에서 왔으나, 우선 휴게실에서 좀 쉬세요.

18

写字楼　오피스텔

[xiě zì lóu]　他们在城市最繁华的地方建了一栋写字楼出租。

그들은 도시에서 가장 번화한 곳에 오피스텔을 지어 세를 놓았다.

19

行业　업종

[háng yè]　冒昧问一下，您从事什么行业的？

실례지만 잠깐 여쭙겠습니다, 어떤 업종에 종사하시는지요?

20

行家 = 专家 전문가

[háng jiā] = [zhuān jiā] 他可是这方面的行家呢!

그 사람은 이 방면에 전문가야.

21

在行 조예가 깊다, 전문적이다

[zài háng] 没想到你在电脑这个方面很在行啊!

당신이 이 컴퓨터 방면에 정말 조예가 깊은 줄 몰랐군요..

22

行情 물가, 시세

[háng qíng] 我们真的对这个方面的行情一无所知。

우리들은 정말 이 방면의 시세는 전혀 아는 바가 없어요

23

老本行 늘 하던 직업, 본래 직업

[lǎo běn háng] 你千万别想改行,我看还是搞你的老本行吧。

절대 직업을 바꿀 생각은 하지마 내가 보기엔 원래 하던 일을 그대로 하는게 맞는 것 같아.

24

行行出状元 모든 업계에는 장원, 즉 1위가 있다

[háng háng chū zhu àng yuán] 三百六十行, 行行出状元。

어떤 일이든 우수한 업적을 내면, 다 명인이 될 수 있다

12 집

01

主人　　주인

[zhǔ rén]

我今天去朋友家，他家的女主人做菜的手艺真的很好。

나는 오늘 친구 집에 갔는데, 그 집 여자 주인의 요리 솜씨가 정말 좋았어요.

02

客人　　손님

[kè rén]

来参加他婚礼的客人很多。

그의 오늘 결혼식에는 손님이 정말 많았어요.

03

房东　　집주인

[fáng dōng]

我昨天已经和房东说了，我们就住到下个月。

나는 어제 이미 집주인과 다음 달까지만 살기로 얘기했어요.

04

客厅　　응접실

[kè tīng]

你们的客厅可真大，来10几人也不能挤。

당신들 응접실은 정말 크군요, 10여 명이 와도 좁다고 생각들지 않겠어요.

05

卧室　　침실

[wò shì]

父母的卧室是朝阳的，可我们的卧室是阴面。

부모님은 침실은 햇빛이 드는 쪽이고 우리 침실은 햇빛이 들지 않는 쪽입니다.

06

厨房　　주방

[chú fáng]

这个厨房太单凋了，除了灶台什么也没有。

이 주방은 너무 간단하군요, 아궁이 빼곤 아무것도 없군요.

07

厕所　　변소

[cè suǒ]

我家厕所的马桶坏了，需要马上来修理。

우리 변소의 변기가 고장이 나서 바로 수리를 해야 한다.

08

书房　　서재

[shū fáng]

丈夫要求一定要在新买的房子里留一间做书房。

남편은 새로 산 집에 서재로 만들 방 하나를 남겨 두자고 요구했다.

09

阳台　　베란다

[yáng tái]

站在我家的阳台上能看到远处的湖。

우리 집 베란다에 서면 멀리 있는 호수도 볼 수 있다.

10

洗手间　　화장실

[xǐ shǒu jiān]

光看洗手间，就能看出一个国家的文化素质。

한 나라의 화장실의 상태를 보면 그 국가의 문화수준을 알 수 있다.

11

卫生间　　화장실

[wèi shēng jiān]

要在这附近找卫生间真是很难。

이 부근에서 화장실 찾는 건 너무 어렵다.

13 헤어

01

洗头 — 머리를 감다, 샴푸하다

[xǐ tóu]

昨天没洗头，所以不得不把头发扎起来。

어제 머리를 안 감아서 오늘 어쩔 수 없이 머리를 묶었다.

02

剪头 — 머리를 자르다

[jiǎn tóu]

昨天去剪了个头，但是剪得太短了，不太满意。

어제 이발하러 갔는데, 너무 짧게 잘라서 만족스럽지 못하다.

03

发型 — 헤어스타일

[fà xíng]

这个发型是今年最流行的。

이 헤어스타일은 올해 가장 유행하는 것이다.

04

染发 — 염색하다

[rǎn fà]

我觉得你染发后显得更年轻了。

내가 보기엔 넌 염색한 다음에 더 젊어 보이는 거 같아.

05

烫发 — 파마하다

[tàng fà]

你不能总烫发，那样会伤害头发的。

계속 파마하면 안 돼, 그러면 머리카락이 상해.

06

吹头发

드라이하다

[chuī tóu fà]

你出去前用吹风机吹吹头发吧。

나가기 전에 드라이기로 머리카락을 말려라.

07

理发师

이발사

[lǐ fà shī]

这个理发师常常为世界级明星设计发型。

이 이발사는 자주 세계적인 스타들의 헤어스타일을 디자인한다.

14 숙박

01

钥匙

열쇠

[yào shi]

你可真是个马大哈，怎么总是弄丢钥匙。

너 참 덜렁대는구나, 어떻게 맨날 열쇠를 잃어버리니.

02

客人

손님

[kè rén]

我们这里的客人已经住满了，没有空房间了。

우리들은 손님이 이미 다 차서 빈 방이 없습니다.

03

登记

체크인하다, 등록하다

[dēng jì]

如果您已经登记了，我现在帮您去查查。

만약 이미 체크인 하셨으면 지금 확인해 보겠습니다.

04

前台   프론트

[qián tái]

您如果有什么需要请往前台打电话。

만약 무슨 필요하신 거 있으시면 프런트로 연락주세요.

05

住几天   며칠 묵다

[zhù jǐ tiān]

您打算在我们饭店住几天?

저희 호텔에서 며칠간 머무를 계획이십니까?

06

标准间   스탠더드 룸, 기본실

[biāo zhǔn jiān]

我们这里标准间的条件更好。

저희 쪽의 스탠더드 룸의 조건이 더욱 좋습니다.

07

单人间   1인실

[dān rén jiān]

你们这里单人间的房价怎么样?

이곳의 1인실 방값은 어떻습니까?

08

双人间   2인실

[shuāng rén jiān]

我们这里的双人间已经住满了。

저희 2인실은 이미 사람이 다 찼어요.

09

服务员   종업원

[fú wù yuán]

这家宾馆服务员的服务既周到又热情。

이 식당 종업원의 서비스는 정말 세심하고 열정적이다.

15 도서관

01

浏览
대충 훑어보다, 정보검색하다

[liú lǎn]

我借了这本书后没有时间仔细读，只是浏览了一下大概内容。

나는 이 책을 빌린 후 자세히 읽을 시간이 없어, 단지 내용을 대강 훑어보았다.

02

资料
자료

[zī liào]

你需要的资料你上网搜索一下吧。

당신이 필요한 자료는 인터넷에서 검색해보세요.

03

研读
깊게 연구하다

[yán dú]

我觉得这篇文章对你有帮助，
你应该好好研读一下。

내가 보기엔 이 문장은 너한테 도움이 되니까 네가 한번 잘 연구해봐.

04

背诵
암기하다

[bèi sòng]

这篇汉语文章希望大家能把它背诵下来。

이 중국어 문장을 모두들 다 암기하시길 바래요.

05

读者
독자

[dú zhě]

我昨天接到了一位读者的来信，让我很感动。

나는 어제 한 독자가 보내온 편지를 봤는데 정말 감동적이었다.

借书

책을 빌리다

[jiè shū]

我明天才有时间去图书馆借书。

나는 내일이 되야 책을 빌리러 갈 시간이 된다.

还书

책을 반납하다

[huán shū]

你去图书馆的时候能不能帮我顺便还书?

너 도서관에 갔을 때 나 대신 책 좀 반납해 줄래?

阅览室

열람실

[yuè lǎn shì]

我们学校新开设了一间关于时事方面的阅览室。

우리 학교에 시사와 관련된 열람실이 새로 개설되었다.

借书证

도서대출카드

[jiè shū zhèng]

你用你的学生证就可以免费办理一个借书证。

당신은 당신의 학생증으로 도서대출카드를 무료로 만들 수 있습니다.

图书管理员　도서관리직원

[tú shū guǎn lǐ yuán] 这位图书管理员对这里的书籍都很了解。

이 도서관리직원은 이 곳의 서적들을 잘 파악하고 있다.

16 의료

01

医生　　　의사

[yī shēng]

他是我们这里最有名的心脏内科医生。

그는 이 곳에서 가장 유명한 심장병내과 의사이다.

02

大夫　　　의사

[dài fu]

大夫的职责就是要救死扶伤，治病救人。

의사의 책임은 죽을 위기에 놓인 사람을 구조하고 부상자를 돌보는 것이다.

03

护士　　　간호사

[hù shi]

护士常常被人们称为白衣天使。

간호사는 사람들에게 백의의 천사로 불린다.

04

病人　　　환자

[bìng rén]

这个病人的病情危机，必须要马上做手术。

이 환자의 병세는 약간 위험하니 반드시 당장 수술을 해야 한다.

05

整容　　　성형

[zhěng róng]

现在很多人为了更漂亮，选择去做整容手术。

요즘 많은 사람들의 예뻐지기 위해서 성형수술을 선택한다.

手术　　수술

[shǒu shù]

他的病做了手术以后很快就痊愈了。

그의 병은 수술을 한 후 금새 치유되었다.

挂号　　수속을 밟다, 접수하다

[guà hào]

去医院看病的时候要先去挂号处挂号。

병원에 가서 진찰을 할 때 먼저 접수처에 가서 수속을 밟아야 한다.

划价　　약값과 의료비 계산 후 금액을 처방전에 쓰다

[huá jià]

你去交费之前应该先去划价处划价。

당신은 돈을 내기 전에 먼저 원무과에 가서 처방전을 받아와야
한다.

取药　　약을 타다

[qǔ yào]

你的药是中药，应该去那边的窗口取药。

당신의 약은 중약입니다. 저쪽에 있는 창구에 가서 약을 타세요.

病历　　병력

[bìng lì]

我要详细地了解你的病情，最好把病历拿来。

당신의 병 상황을 자세하게 알아보기 위해서는 먼저 병력기록을
가져오시는 것이 좋습니다.

11

内科　　　　　내과

[nèi kē]　　你的病需要到内科去仔细地检查一下。

당신의 병은 내과에 가서 자세하게 조사를 한 번 해보는 것이 좋습니다.

12

外科　　　　　외과

[wài kē]　　现在外科手术的技术很高，这么小的手术不用担心。

지금 외과수술의 기술이 높으니까, 이런 작은 수술은 걱정을 할 필요 없습니다.

13

耳鼻喉科　　　이비인후과

[ěr bí hóu kē]　　这里是专门的耳鼻喉科医院。

이 곳은 전문적인 이비인후과이다.

14

妇产科　　　　산부인과

[fù chǎn kē]　　她现在是难产，应该马上送到妇产科。

그녀는 지금 난산이니 빨리 산부인과로 데려가야 해.

15

整容外科　　　성형외과

[zhěngróng wàikē]　　因为是大学生放假时期，所以来整容外科的人很多。

대학생들이 방학을 해서 성형외과를 찾는 사람이 매우 많아.

16

住院　입원하다

[zhù yuàn]

你的病现在很严重需要住院进行治疗。

당신의 병은 지금 당장 입원해서 치료를 해야 할 정도로 심각합
니다.

17

出院　퇴원하다

[chū yuàn]

你的病情现在稳定了，下个星期就可以出院了。

당신의 병은 지금은 안정되었으니 다음주면 퇴원하실 수 있습니다.

18

探视　병문안 하다

[tàn shì]

医院探视病人是有时间规定的，现在不能探视。

병원에서 병문안 하는 시간이 정해져 있어요, 지금은 병문안을
할 수 없죠.

19

中医　중의학

[zhōng yī]

我们打算用中医和西医结合的方法治疗他的病。

우리들은 중의학과 양의학이 결합된 방식으로 그의 병을 치료할
것이다.

20

减肥　살을 빼다, 다이어트하다

[jiǎn féi]

现在减肥的人中有的人是为了美，而有的人是为
了健康。

지금 살을 빼려는 사람 중에 아름다움을 위해 살을 빼는 사람도
있고, 건강을 위해 살을 빼려고 하는 사람도 있다.

21

节食 음식조절을 하다, 다이어트하다

[jié shí] 用节食的方法减肥，虽然短期内可能有效果，可是会损伤身体。

음식조절을 통해 살을 빼면 비록 단기간에 효과를 볼 수 있지만 몸에 해가 될 수도 있다.

22

针灸 침을 맞다

[zhēn jiǔ] 我觉得针灸疗法你的腰疼更有效。

내가 보기엔 침을 맞는 것이 네 허리에 더욱 도움이 될 것 같다.

23

按摩 안마하다

[àn mó] 我的肩膀坐时间长了就觉得疼，你帮我按摩一下吧。

너무 오래 앉아 있어서 어깨가 아파, 안마 좀 해주렴.

17 은행

01

利息 이자

[lì xī] 国家为了鼓励居民消费，银行的利息越来越低。

정부는 주민들의 소비를 격려하기 위해 은행의 이율을 점점 낮추고 있다.

02

取钱 돈을 찾다

[qǔ qián] 昨天刚刚取的钱放在家里就被小偷偷走了。

어제 막 찾은 돈을 집에 두었는데, 도둑이 들어 훔쳐갔다.

03

兑换

환전하다

[duì huàn]

现在美元贬值，我要快点把手里的美元兑换成人民币。

지금 달러 값이 떨어지고 있으니, 빨리 수중의 달러를 인민폐로 바꿔야겠다.

04

存钱

저금하다

[cún qián]

他辛辛苦苦地工作，终于为孩子上大学存了一笔钱。

그는 아주 힘들게 일해서, 결국 아이 대학진학을 위한 돈을 모았다.

05

保安

경비

[bǎo ān]

为了保障客户的安全，银行里都增设了保安人员。

고객들의 안전을 위해, 은행에서는 경비직원들을 더 배치했다.

06

客户

손님

[kè hù]

我们会努力成为让客户满意的银行。

우리들은 고객이 만족하는 은행이 되도록 최선을 다하겠습니다.

07

营业员

영업사원

[yíng yè yuán]

因为中国的银行是国有企业，所以很多营业员的服务态度不是很好。

중국의 은행은 국가소유은행이기 때문에 직원들의 서비스태도는 별로이다.

08

存款单
입금표, 예금증서

[cún kuǎn dān]　你一定要把存款单保存好。
당신은 반드시 입금표를 잘 보관해 둬야 합니다.

09

取款单
출금표

[qǔ kuǎn dān]　请填好取款单再取款。
출금표를 작성해야 출금이 가능합니다.

18 교통

01

乘坐
승차하다

[chéng zuò]　欢迎您乘坐开往北京的126次航班。
저희 북경으로 가는 126호 항공기를 탑승하신 승객 여러분을 환영합니다.

02

搭车
차를 타다

[dā chē]　你要是开车去商场，我也搭车去趟附近的银行。
만약 차로 상점에 갈 거면 나도 같이 타고 근처에 은행에 한번 다녀 올게요.

03

停车
정차하다, 주차하다

[tíng chē]　随着私家车的增多，停车成了大问题。
개인승용차가 증가함에 따라 주차는 아주 크고 골치 아픈 문제가 되었다.

开车

운전하다

[kāi chē]

我想开车出去，可是不巧车出了故障。

나는 차를 갖고 나가고 싶은데, 공교롭게도 고장이 났다.

黑车

불법 차량

[hēi chē]

虽然黑车的价格有点便宜，可是我总觉得不安全。

비록 불법 차량의 가격은 좀 싸긴 하지만 아무리 생각해도 좀 안전하지가 않다.

乘客

승객

[chéng kè]

现在公交车的司机和售票员对乘客的态度好多了。

지금 대중교통기사와 매표원의 손님에 대한 태도는 많이 좋아졌다.

绕远

멀리 돌아가다

[rào yuǎn]

一些不道德的出租车司机常常骗不认识路的乘客，故意绕远。

일부 부도덕한 택시기사는 종종 길을 잘 모르는 사람을 속여서 일부러 길을 돌아가곤 한다.

违章

법규를 위반하다

[wéi zhāng]

我昨天因为酒后开车违章交通规则，驾驶证被没收了。

나는 어제 음주운전으로 법규를 위반해서 면허를 몰수당했다.

09

司机　　기사

[sī jī]

我是老司机了，我开车您就放心吧。

저는 숙련된 기사에요, 제가 운전할 테니 안심하세요.

10

车次　　차량의 배차번호

[chē cì]

我为了去上海，所以上网瘦查了一下火车的车次情况。

나는 상해에 가고 싶어서 인터넷으로 기차배차시간을 검색해 보았다.

11

进站　　역에 들어오다

[jìn zhàn]

火车就要进站了，请乘客们带好自己的行李准备下车。

기차가 곧 역에 들어갑니다. 승객 여러분께서는 내리실 짐을 준비해 주시기 바랍니다.

12

出站　　역을 나가다

[chū zhàn]

火车刚刚出站不知什么原因就停了。

기차가 막 역을 나가다가, 무슨 이유인지 몰라도 곧 멈춰 섰다.

13

列车　　열차

[liè chē]

这是一趟去西藏的直达列车。

이것은 티베트로 가는 직행열차이다.

硬座　딱딱한 좌석

[yìng zuò]　因为现在票太紧张，我只买到了两张硬座票。

표 구하기가 너무 힘들어서 나는 겨우 딱딱한 좌석표를 두 장 구했다.

硬卧　딱딱한 침대 칸

[yìng wò]　我不习惯硬卧，还是买软卧吧。

난 딱딱한 침대 칸은 편하지가 않아, 그냥 푹신한 침대 칸 타자.

中铺　침대 칸의 가운데 자리

[zhōng pù]　我不喜欢住在中铺。

나는 가운데 침대 칸을 싫어한다.

下铺　침대 칸의 가장 아래 자리

[xià pù]　在卧铺票里，下铺票是最贵的。

침대 칸에서 가장 밑 자리가 제일 비싸다.

乘警　열차 내의 경찰

[chéng jǐng]　如果你在火车上遇到了危险，就得马上找乘警。

열차에서 위험한 일을 당하면 반드시 경찰에게 연락해야 한다.

19

机票

비행기표

[jī piào]

因为是旅游旺季，所以机票的价格涨了不少。

여행의 성수기라 비행기 표 가격이 많이 올랐다.

20

登机

탑승수속

[dēng jī]

还有十分钟就要登机了，我的心里不免有点伤心起来。

10분 후에 탑승수속을 한다고 하니 마음이 약간 슬퍼지기 시작했다.

21

航班

항공편

[háng bān]

我帮你看了一下，今天一共有三次飞往美国的航班。

제가 당신을 위해 찾아봤는데, 오늘 미국 행 항공편은 모두 세 대가 있습니다.

22

起飞

이륙하다

[qǐ fēi]

飞机就要起飞了，请您系好安全带。

비행기가 곧 이륙합니다, 안전벨트를 잘 메주시기 바랍니다.

23

降落

하강하다

[jiàng luò]

飞机在降落之前请您不要打开您的手机。

비행기가 착륙하기 전에 휴대폰을 절대 켜지 마세요.

24

飞往

~로 비행해가다

[fēi wǎng]

今天飞往韩国的飞机只有晚上8点的一班了。

오늘 한국으로 가는 비행기는 단지 저녁 8시 한 대 뿐이다.

25

晚点

연착, 늦게 도착하다

[wǎn diǎn]

我今天去机场接朋友，没想到飞几晚点了，害得
我等了2个小时。

오늘 공항에 친구 마중을 가는데, 비행기가 연착을 해서 2시간
이나 기다렸다.

26

推迟

연기하다

[tuī chí]

因为雾太大，所以飞机不得不推迟起飞的时间。

안개가 너무 심해서 비행기 이륙시간이 어쩔 수 없이 연기되었
습니다.

27

到达

도착하다

[dào dá]

我们今天凌晨3点才到达目的地。

우리들은 새벽 3시가 되어서야 목적지에 도착했다.

28

飞行

비행

[fēi xíng]

这架飞机因飞行时发生故障，最终坠落了下来。

이 비행기는 비행도중 기체에 고장이 나서 결국 추락했다.

29

晕车
멀미하다

[yūn chē]

去旅游的时候因为**晕车**，所以玩得没够尽兴。

여행을 갈 때 멀미를 해서 아주 재미있게 놀지 못했다.

30

播音员
아나운서

[bō yīn yuán]

在候机大厅里不禁又想起了**播音员**响亮的声音。

대기실에서 자신도 모르게 아나운서의 우렁찬 목소리가 떠올랐다.

31

候机厅
공항대기실

[hòu jī tīng]

因为是春运期间，**候机厅**里坐满了赶着回家过春节的乘客。

설 연휴 특별 수송기간에는 공항대기실이 서둘러 고향으로 향하는 승객들로 가득 찬다.

32

列车长
차장

[liè chē zhǎng]

他就是我们的**列车长**，你有什么问题直接和他说吧。

그가 바로 우리의 차장이니까, 무슨 일이 생기면 직접 얘기하세요.

33

候车室
대합실

[hòu chē shì]

我在**候车室**等车的时候，不慎把我的行李弄丢了。

나는 대합실에서 차를 기다리다가, 실수로 내 짐을 잃어버렸다.

34

X路车
x번 차 노선

[lù chē]

你如果去动物园，要先坐地铁,再换103路公共汽车。

동물원에 가려면 먼저 지하철을 타고 다시 103호 버스를 타야 한다.

35

开车的
운전하는 사람

[kāi chē de]

我是开车的，没什么知识,但是你也不能这样污辱我吧。

나는 운전을 하는 사람이라서 뭐 딱히 아는 것도 없지만, 그렇다고 이렇게 나를 모욕해서는 안 되지요.

36

坐过站
역을 지나가다.

[zuò guò zhàn]

因为在车上睡了一觉,醒来时发现已经坐过站了。

차에서 잠을 한 숨 잤는데, 일어나 보니 이미 역을 지나쳤다.

37

加油站
주유소

[jiā yóu zhàn]

车子快没油了，你得快点找个加油站。

차에 기름이 곧 다 떨어지겠는데, 너 얼른 주유소를 찾아야겠다.

38

单行路
편도

[dān xíng lù]

这条是单行路，这个方向禁止通行。

이 쪽은 일방통행이에요 이 방향은 지나다닐 수 없습니다.

39

售票员 　매표원

[shòu piào yuán] 　北京的售票员报站时说得很快，我也听不懂。

북경의 매표원은 도착지를 너무 빨리 말해서 나도 잘 알아듣지 못한다.

40

乘务员 　승무원

[chéng wù yuán] 　这次火车上的乘务员对乘客们很热情。

이 열차의 승무원은 승객들에게 참 친절하다.

41

交通警察 　교통경찰

[jiāo tōng jǐng chá] 　这里的交通一直很混乱，所以上下班的时候交通警察要来维持秩序。

이곳은 교통은 늘 혼잡해서 출퇴근시간에 교통경찰이 교통정리를 한다.

42

空中小姐 　승무원, 스튜어디스

[kōng zhōng xiǎo jiě] 　成为空中小姐是很多女孩子有过的梦想。

승무원이 되는 것은 많은 여자아이들이 한 번쯤 꿈꾸는 일이다.

昆虫 kūn chóng	곤충, 벌레		
蚂蚁 má yǐ	개미	蚊子 wén zi	모기
蚂蚱 mà zha	메뚜기	螳螂 táng láng	사마귀
蝱斯 zhòng sī	여치	蝴蝶 hú dié	나비
大尖头蝗 dà jiān tóu huáng	방아깨비	蟑螂 zhāng láng	바퀴벌레
苍蝇 cāng yíng	파리	蛾 é	나방
蚯蚓 qiū yǐn	지렁이	跳蚤 tiào zao	벼룩
臭虫 chòu chóng	빈대	虱子 shī zi	이
蜈蚣 wú gōng	지네	松毛虫 sōng máo chóng	송충이
蛹 yǒng	번데기	蛆 qū	구더기

PART 3

독해 기출어휘

01~15 Word power

01

事先 = **提前**　사전에 = 미리

[shì xiān] = [tí qián]　以后再有类似的事，你最好事先告诉我。
앞으로 같은 일이 있으면 미리 나에게 말하는 게 좋겠어.

你要是去医院的话，最好提前预约一下。
만약에 병원에 갈 거면 미리 예약을 좀 하는 편이 낫겠다.

我事先和你说得很清楚了，你怎么又忘了?
나는 사전에 너에게 확실히 말했는데, 넌 또 잊었니?

02

孤独 = **寂寞**　고독하다 = 외롭다

[gū dú] = [jì mò]　现在的空巢型家庭太多，老年人十分孤独。
요즘 독거형 가정이 많이 늘어 노인들은 매우 외롭다.

因为中国都是独生子女，很多的孩子没有兄弟姐妹，所以很寂寞。
중국은 모두 외동자녀이기 때문에 많은 아이들이 형제자매가 없어서 매우 외로워한다.

03

陈列 = **摆放**　진열하다 = 놓다, 두다

[chén liè] = [bǎi fàng]　这次展览会陈列了战争时期的物品。
이번 전시회에서는 전쟁시기의 물품을 진열하고 있다.

这间房子不大，可是摆放的东西倒是挺整齐的。
이 방은 크지 않지만 물건들을 잘 가지런하게 놓아두었다.

04

看 = 照顾   보다 = 돌보다, 살피다

[kān] = [zhào gù]

她是给邻居家看孩子的。我们都叫她张姐。

그녀는 이웃집 아이들을 돌봐준다. 우리는 모두 그녀를 짱누이라고 부른다.

我去出差了,这几天我的孩子就托您照顾一下了。

제가 출장을 가는데 며칠 동안 우리 아이들을 좀 돌봐주세요.

05

提起 = 说起   언급하다 = 말하기 시작하다

[tí qǐ] = [shuō qǐ]

打那以后，谁也没再提起这件事。

그날 이후, 누구도 그 일에 대해 언급하지 않았다.

说起那件事，我的脸就不禁红起来了。

그 일에 대해 말하면 나도 모르게 얼굴이 빨갛게 달아오른다.

06

兴 = 流行   흥하다 = 유행하다

[xīng] = [liú xíng]

几年前这里还有很多女孩子穿短裙配短袜，但现在已经不兴这么穿了。

몇 년 전 이곳의 많은 여자 아이들은 짧은 치마에 짧은 양말을 받쳐 입었는데, 지금 이렇게 입는 것은 이미 유행이 지났다.

你也太爱赶时髦了，流行什么你就买什么。

너도 너무 유행을 타는구나, 뭐가 유행한다 싶으면 사버리잖아.

07

肯定 = 承认   긍정적이다 = 인정하다

[kěn dìng] = [chéng rèn]

大家肯定了你的进步，但是希望你以后取得更大的进步。 모두들 당신의 발전을 인정했지만, 앞으로도 더욱 더 발전하기를 기대합니다.

我的工作成绩得到了领导们的一致承认。

나의 작업성적은 지도자들의 인정을 받았다.

08

出席 = 参加　출석하다 = 참가하다

[chū xí] = [cān jiā]　来自世界50多个国家的代表,<u>出席</u>了这次经济学年会。

세계 50여 개 국가에서 온 대표들은 이번 경제학술회에 참가했다.

我今天已经参加了5次关于社会问题的学术会议。

나는 오늘 이미 5번이나 사회문제와 관련된 학술회의에 참가했다.

09

嫌 = 恨　싫어하다 = 미워하다

[xián] = [hèn]　不少人嫌大人过于啰嗦,实际上这正是父母对孩子的关爱。

많은 사람들은 어른들이 너무 잔소리가 많다며 싫어하지만, 사실 이는 부모가 자녀들에 대한 관심과 사랑이다.

我恨这个孩子不争气，没有出息。

나는 이 아이가 변변치 않고 못난 게 싫어요.

10

容易 = 爱　쉽다, 손쉽다 = ~하기를 좋아하다

[róng yì] = [ài]　他体质弱，一到冬天就容易感冒发烧。

그는 체력이 약해서 겨울만 되면 감기에 잘 걸리고 열이 난다.

你怎么这么爱生气，我只是开个玩笑。

넌 어쩜 이렇게 화를 잘 내니, 난 농담한 것뿐이야.

11

看法 = 见解　견해, 의견 = 생각

[kàn fǎ] = [jiàn jiě]　真是仁者见仁,智者见智,大家对这件事情的看法不一。

정말 어진이는 눈에는 어진 사람만 보이고 현명한 사람 눈에는 현명한 사람만 보이나 봐요. 모두들 이 일에 대한 의견이 같지 않군요.

老人有自己的处世哲学，对人生的意义也有着独特的见解。

노인들에게는 자신의 처세 철학이 있으며, 인생의 참뜻에 대해서도 독특한 견해를 갖고 있다.

12

符合 = 对

부합하다 = 맞다, 일치하다/상대하다, 맞서다

[fú hé] = [duì]

四川菜不符合我的口味，我喜欢清淡的菜。
사천요리는 내 입맛에 맞지 않아요. 나는 담백한 맛을 좋아해요.

他太不讲道理，什么事情都要对他的脾气。
그는 너무 억지를 부립니다. 어떤 일이든지 그의 성격에 부딪힙니다.

13

考虑 = 着想

고려하다, 생각하다 = 착상하다

[kǎo lǜ] = [zhuó xiǎng]

你应该从实际情况考虑，不能凭空想象。
당신은 반드시 실제상황에 맞춰 생각해야지 터무니없이 생각해선 안 됩니다.

科技出版社的宗旨是，对读者负责，为读者着想。
과학출판사의 주지는 독자를 고려하고 독자에 대한 책임을 지는 것이다.

14

负担 = 包袱

부담 = 짐

[fù dān] = [bāo fu]

我想放弃学业，因为我不想再给家里增添经济负担了。 나는 더 이상 집안에 경제적인 부담을 주고 싶지 않아서 학업을 포기하려고 합니다.

你安心地工作，思想上不要有包袱。
당신은 편안하게 일하세요, 정신적으로 부담 갖지 마세요.

15

基本 = 大致

기본적으로 = 대체적으로

[jī běn] = [dà zhì]

这件事情基本上就这样决定了，有什么变化我再通知你们。
이 일은 기본적으로 이렇게 결정되었다. 무슨 변화가 생기면 다시 알려줄게.

在这个问题上，我们和你的看法大致相同。
이 문제에서 우리들의 견해는 대체로 일치했다.

16

实现 = 圆

실현시키다 = 이루다

[shí xiàn] =[yuán]

我终于**实现**了当老师的梦想。

나는 결국 선생님이 되고자 하는 내 꿈을 이뤘다.

这次比赛终于**圆**了他的冠军梦。

이번 시합에서 결국 그의 우승의 꿈을 이뤘다.

17

原因 = 缘故

원인 = 이유

[yuán yīn] = [yuán gù]

我之所以对你有这么大的意见，是有**原因**的。

내가 너에게 이렇게 큰 불만을 갖는 것은 다 이유가 있다.

也许是第一次参赛的**缘故**，她发挥得并不理想。

어쩌면 시합에 처음 참가하는 이유에서인지 그녀는 제 실력을 발휘하지 못했다.

18

地步 = 程度

지경 = 정도

[dì bù] = [chéng dù]

一个普遍的出租车司机，英语能说到这个**地步**，大家都很吃惊。

보통 택시기사가 영어를 이 정도까지 한다는 것에 모두들 놀랐다.

没想到他们夫妻已经闹到了不可挽回的**程度**。

그들 부부가 이미 되돌리기 힘든 정도까지 되었을 줄은 생각도 못했다.

19

理解 = 领会

이해하다 = 깨닫다

[lǐ jiě] = [lǐng huì]

领会知识是知识学习的首要阶段，也就是加工和输入的阶段。

지식을 깨닫는 것은 지식학습의 선행단계이자 가공과 입력의 단계이다.

希望大家能**领会**这篇文章的主题思想。

여러분들이 이 문장의 주제를 이해하길 바랍니다.

20

仿佛 = 如同 = 마치 ~과 같다, 흡사 ~와 같다
似乎

[fǎng fú] = [rú tóng]
= [sì hū]

这儿的风景仿佛一幅美丽的油画。
이곳의 풍경은 마치 한 폭의 아름다운 유채화와 같다.

我似乎在哪里见过你?
나는 너를 어디선가 본 것 같은데?

보충

- 似乎 = 如同、好像、仿佛、犹如、好比、宛如、恰似
  마치 ~처럼, 흡사 ~와 같이 (품사는 다르지만 기본적으로 같은 의미이다.)

  学如逆水行舟不进则退。
  공부란 마치 물을 거슬러 올라가는 배와 같아 앞으로 나아가지 않으면 퇴보한다.

  外面下着雨, 犹如我心在滴血。
  밖에 비가 내리고 있어, 마치 내 피눈물이 방울처럼 내리는 것 같아.

- 一样 = 似的、般的、一般
  ~와 같은, ~적인

- 好象, 似乎, 仿佛, 如同의 특징
  - 似乎는 주로 부정적인 느낌이나 판단도 잘 나타난다.
  - 仿佛와 好象의 비유의 느낌을 나타낸다.
  - 仿佛와 好象의 뒤에 등과 잘 쓰인다.
  - 好象와 如同은 동사의 용법으로 잘 쓰이고, 仿佛와 似乎는 부사로 잘 쓰인다.

01

棒 = 精彩   훌륭하다 = 멋지다

[bàng] = [jīng cǎi]   没想到你现在说汉语说得这么棒。

네가 지금 중국어를 이렇게 잘할 줄은 몰랐는데.

他们表演的节目太精彩了，以至观众们爆发出很热烈的掌声。

그들의 공연 프로그램은 너무 멋져서 관중들의 우레와 같은 박수를 끌어냈다.

02

身份 = 地位   신분 = 지위

[shēn fèn] = [dì wèi]   他的身份我们已经查明了，他原来是个骗子。

그의 신분을 우리들은 이미 다 조사했어요. 알고 보니 그는 사기꾼이었어요.

像他这种有地位的人我们能请得动吗？

그처럼 이렇게 품위 있는 사람을 우리가 어떻게 초대할 수 있어요?

03

专门 = 特意   오로지, 일부러 = 특별히

[zhuān mén] = [tè yì]   我为了他的事情专门去了一趟北京。

나는 그의 일 때문에 일부러 북경에 한 번 다녀왔어.

我这次来是特意向你们道歉的。

내가 이번에 온 것은 특별히 너에게 사과하기 위해서야.

04

经费 = 资金　경비 = 기금

[jīng fèi] = [zī jīn]

因为缺乏教育经费，我们不能不放弃这个计划。
교육경비가 부족하기 때문에 우리는 이 계획을 포기하지 않을 수 없었다.

我们这次活动的资金都是由一个农民企业家赞助的。
우리의 이번 활동 자금은 한 농민 기업가가 찬조해 준 것이다.

05

毛病 = 缺点　모순, 흠 = 단점, 결함

[máo bìng] = [quē diǎn]

你的这个毛病怎么总也改不了。
너의 이 문제는 아무리 해도 고쳐지질 않아요.

我的缺点就是做事情的时候太着急，没有耐心。
내 단점은 바로 일을 할 때 인내심 없이 너무 서두르는 거예요.

你为什么总是挑别人的毛病。
넌 왜 맨날 다른 사람의 단점을 지적하는 거니?

他这毛病要是改不了，早晚会害了他。
그의 이 문제는 고칠 수가 없다면 언젠가는 그에게 손해가 될 거예요.

06

彼此 = 互相　피차 = 서로간에

[bǐ cǐ] = [hù xiāng]

他们第一次见面就彼此喜欢上了对方。
그들은 처음으로 만났을 때 서로를 좋아하게 되었습니다.

他们互相鼓励互相帮助终于战胜了困难。
그들은 서로 도와주고 서로 격려하며 결국 어려움을 극복했습니다.

你们住在同一屋檐下，要彼此了解，彼此照顾。
당신들은 한 지붕아래 사니까 서로 잘 이해하고 서로 잘 챙겨줘야 합니다.

他们一起生活了十几年，彼此很了解。
그들은 10여 년 간 함께 살아와서 서로를 잘 이해한다.

压力 = 负担　스트레스 = 부담

[yā lì] = [fù dān]

虽然现在人们的生活水平提高了, 但是压力也越来越大了。

비록 오늘날 사람들의 생활수준은 향상 되었지만 스트레스는 점점 더 커져갑니다.

我对你说的话希望不会成为你精神上的负担。

제가 한 말이 당신에게 정신적으로 부담이 되지 않았으면 좋겠습니다.

他一个人挣钱要养活一大家子人, 负担很大。

그 혼자서 돈을 벌어 온 가족을 부양하니까 부담이 크다.

一家五口就他一个人工作, 怎么可能没有压力呢?

한 집에 다섯 식구 중에 딱 그 혼자서만 일을 해요. 어떻게 부담이 되지 않겠어요?

08

可靠 = 真实　믿을만한 = 진실한

[kě kào] = [zhēn shí]

你不要相信他的话, 他的话不可靠。

넌 그의 말을 믿지 마. 그의 말은 믿을 수가 없어.

我昨天和你们说的那个消息是真实的。

어제 내가 너희들에게 말한 그 소식은 사실이야.

我觉得这个人不太可靠, 不要相信他。

내가 보기에 이 사람은 믿을만한 사람이 아니에요, 그를 믿지 마세요.

你又没见过, 怎么知道这条消息一定可靠呢?

당신이 본 것도 아니면서 어떻게 이 소식이 믿을만하다고 하는 겁니까?

说法 = 解释　표현, 견해 = 해명, 해석

[shuō fa] = [jiě shì]

我们对你给我们的这个说法不满意。

우리들은 당신이 우리에게 말한 그 표현에 대해 불만입니다.

你今天对我这样的态度, 你得给我个解释。

너는 오늘 나한테 이렇게 대한 것에 대해 나에게 해명을 해야 할 거야.

10

返 = 回

돌아오다 = 돌아오다

[fǎn] = [huí]

从家返校真有点惋惜。
집에서 학교로 돌아오는데 정말 좀 아쉽더라.

他刚出去就又回来了。
그는 방금 막 나갔는데, 또 다시 돌아왔다.

现在返上海的机票已经卖光了。
지금 상해로 돌아가는 비행기표는 이미 다 팔렸다.

你们学校规定最晚什么时候返校啊?
너희 학교 규정은 늦어도 몇 시까지 학교에 돌아가야 하니?

11

色彩 = 风格

색채 = 풍격, 스타일

[sè cǎi] = [fēng gé]

这儿有很深厚的地方色彩。
이곳에서는 짙은 지방색채를 느낄 수 있다.

这两幅画虽然差不多,但是却是两种不同的风格。
이 두 그림은 비록 비슷하긴 하지만 서로 다른 풍격을 띄고 있다.

12

标志 = 象征

표지, 상징 = 상징

[biāozhì]=[xiàngzhēng]

这种行为的出现标志着国民素质的提高。
이런 행동의 출현은 국민소양이 향상되었음을 나타낸다.

奥运会的吉祥物象征了中国人的热情好客。
올림픽의 마스코트는 중국인이 열정적이고 손님을 잘 맞이한다는 것을 상징한다.

13

交流 = 交换

교류하다 = 바꾸다

[jiāo liú]=[jiāo huàn]

父母和孩子的沟通交流是很重要的。
부모님과 아이들의 의사소통은 아주 중요하다.

我觉得我们有必要在这件事情上交换一下意见。
나는 우리들이 이 문제에 대해서 의견교환이 필요하다고 생각합니다.

14

靠 = 依赖

기대다 = 의지하다

[kào] = [yī lài]

我**靠**我自己的努力，进入了这家世界最著名的公司。
나는 내 노력으로 이 세계적으로 유명한 회사에 들어갔다.

你都快30岁了，还这么**依赖**你的父母。
너는 벌써 나이가 서른이 되는데도, 아직 부모님께 의지하는 거니.

15

怪 = 反常

이상하다 = 비정상적이다

[guài] = [fǎn cháng]

他最近对女朋友的态度有点**怪**。
그는 요새 여자친구를 대하는 태도가 좀 이상해요.

他失恋了，怪不得这几天这么**反常**呢。
그는 실연을 당했군요. 어쩐지 요새 좀 이상했어요.

16

冷静 = 镇静

냉정하다 = 침착하다

[lěng jìng]=[zhèn jìng]

你再**冷静**地考虑一下吧，这可不是闹着玩的事情。
침착하게 생각을 좀 해봐요. 이건 장난이 아니에요.

你现在需要的是**镇静**，你这么着急也解决不了问题。
당신은 지금 안정이 필요합니다. 이렇게 서둘러봐야 문제를 해결할 수 없어요.

17

好处 = 优点

장점, 좋은 점 = 우수한 점

[hǎo chù]=[yōu diǎn]

虎妞也有虎妞的**好处**，至少是在经济上帮了他许多。
후니우에게는 후니우의 장점이 있어, 적어도 경제적으로 그를 많이 도와줬잖아

• 好处 [hǎo chù] ⟷ 坏处 [huài chù]
长处 [cháng chù] ⟷ 短处 [duǎn chù]
优点 [yōu diǎn] ⟷ 缺点 [quē diǎn]

18

冲击 = 影响　충격 = 영향을 주다

[chōng jī]=[yǐng xiǎng]　很多人在经济大潮的冲击下，变得越来越拜金主义了。

많은 사람들이 경제흐름의 충격아래 점차 재물숭배자가 되어갔다.

现在的社会是一个开放的社会，很多外来的文化正在影响着国民的思想。

오늘날 사회는 개방된 사회이다. 많은 외래문화가 국민들의 사상에 영향을 끼치고 있다.

19

打交道=来往　교류하다 = 왕래하다

[dǎjiāodào]=[lái wǎng]　你和他打交道的时候一定要小心，他很有心计的。

그는 꿍꿍이가 있는 사람이니까 그와 왕래를 할 때 반드시 조심해야 한다.

我们每天要在社会上和不同的人来往，所以和人交往也是一门学问。

우리는 매일 사회에서 서로 다른 사람들과 교제를 한다. 그러므로 사람들과 교제를 하는 것도 일종의 학문이다.

20

无非=只不过　반드시 ~이다 = 단지 ~에 불과하다

[wú fēi]=[zhǐ bú guò]　我无非是晚来了十分钟，你至于生这么大的气吗？

나는 단지 10분 늦었을 뿐인데, 이렇게 화를 많이 낼 필요있어?

天才无非是长久的忍耐而已，为了你的目标努力奋斗吧！

천재란 오랜 시간의 인내에 불과해요. 당신의 목표를 달성하기 위해 열심히 노력하세요!

01

责备 = 批评　책망하다, 탓하다 = 혼내다

[zé bèi] = [pī píng]　你不能一味地责备别人，也要想想自己的缺点。

너는 그저 다른 사람만 탓해서는 안 되지. 자신의 단점도 생각해봐야 해.

老师常常批评我的粗心马虎，但是我就是改不了。

선생님은 자주 나의 대충 대중한 성격을 꾸짖으시지만, 난 바꿔질 않는다.

02

绿色 = 环保　녹색 = 환경보호

[lǜ sè] = [huán bǎo]　现在在百货商场的货架上都摆上了绿色蔬菜。

지금 백화점의 진열대에는 모두 녹색식품으로 진열되어 있다.

随着生活水平的提高，人们越来越重视环保产品的开发了。생활 수준이 높아짐에 따라 사람들은 환경보호 상품의 개발을 더욱더 중시하게 되었다.

03

随即 = 立刻　즉시 = 당장

[suí jí] = [lì kè]　听到这个消息后我随即打了个电话确认。

이 소식을 듣고 나는 당장 전화해서 확인하였다.

你先不要着急，我立刻就去看你。

너는 우선 조급해 하지마. 내가 즉시 너를 보러 갈게.

04

解释 = 说法　해명, 설명

[jiě shì] = [shuō fa]　请你对你的行为作个合理的解释。

당신의 행동에 대해 납득이 갈만한 해명을 해 보세요.

公司不能这么随便辞退员工，领导至少该给大家

一个说法。 회사에서 이렇게 마음대로 직원을 해고시켜선 안된다. 적어도 사장님이 모두에게 이유를 설명해줘야 한다.

05

束缚 = 限制　속박하다 = 제한하다

[shù fù] = [xiàn zhì]　你不能受到别人思想的束缚。

너는 다른 사람에게 생각의 제한을 받아선 안된다.

因为传统的教育方式，很多孩子的想象力和创造力被限制住了。 전통 교육방식 때문에 많은 아이들의 상상력과 창조력은 제한을 받는다.

06

透明 = 公开　투명하다 = 공개하다

[tòu míng]=[gōng kāi]　我们公司的制度向来都是透明的。

우리 회사의 제도는 줄곧 모두 투명하게 공개한다.

在职工的强烈要求下，公司的财务才公开。

직원들의 강력한 요구에 따라 회사의 재무상태는 비로소 공개되었다.

07

丝毫 = 完全　추호도, 털끝 만큼도 = 완전히

[sī háo]=[wán quán]　面对眼前的困难，他丝毫没有恐惧。

눈앞에 어려움을 마주하고서도 그는 조금도 두려워하지 않았다.

他对她的看法完全不在乎。

그는 그녀의 견해에 전혀 신경 쓰지 않는다.

08

看法 = 意见　견해 = 의견, 불만

[kàn fǎ] = [yì jiàn]　我现在对你有点看法，我们有必要谈谈。

난 지금 너한테 약간 불만이 있어, 우리 얘기 좀 나눌 필요가 있어.

你的意见我会再考虑一下,但是不要抱太大的希望。

당신 의견은 제가 다시 한번 고려해보겠지만 너무 큰 기대는 하지 마세요.

09

自愿 = 主动　스스로 원하다 = 주동적이다

[zì yuàn] = [zhǔ dòng] 这件事情是我自愿的，和他没有关系。

이 일은 내가 자원한 거에요, 그와는 상관없어요.

现在的孩子很少有主动学习的，大部分都是为了考试而被动学习。

요새는 스스로 원해서 공부하는 아이들이 아주 적다. 대부분은 모두 시험을 위해 피동적으로 공부한다.

10

常 = 普通　일반적이다 = 보통이다, 흔하다

[cháng] = [pǔ tōng] 她常一个人吃午饭。

그녀는 보통 혼자 점심을 먹는다.

我周末的时候，普通就在家里休息。

나는 주말에는 보통 집에서 쉰다.

11

长处 = 优点　장점 = 우수한 점

[cháng chù] = [yōu diǎn] 我们应该学习别人的长处。

우리는 반드시 다른 사람의 장점을 배워야 한다.

每个人都有自己的优点和缺点，没有完美的人。

모든 사람은 자신의 장, 단점을 지니고 있죠, 완벽한 사람은 없어요.

12

骨干 = 主力　골자, 핵심 = 주력

[gǔ gān] = [zhǔ lì] 他虽然很年轻，却是我们学校的骨干教师。

그는 비록 나이는 어리지만, 우리 학교의 핵심 선생님이다.

他是我们参赛队的主力，他不能上场怎么办呢？

그는 우리 참가 팀의 주전인데, 그가 출전하지 못하면 어떡하죠?

13

失误 = 差错　실수하다 = 실수

[shī wù] = [chā cuò]　我承认我在这件事情上的失误，但我会想办法解决的。

저는 이 일에서의 실수를 인정합니다만 방법을 생각해내 해결할 것입니다.

他刚参加工作，没什么经验，出点差错是难免的。

그는 이제 막 일을 시작해서 별 다른 경험이 없으니까 실수를 피하기 어려울 것이다.

14

踊跃 = 积极　활기차다 = 적극적이다

[yǒng yuè] = [jī jí]　会议的气氛很热烈，大家都在踊跃发表自己的看法。

회의 분위기가 아주 뜨거워서 모두 자신의 의견을 활기차게 발표하고 있다.

上课的时候大家都积极地回答老师提出的问题。

수업시간에 모두 선생님의 질문에 적극적으로 대답한다.

15

衷心 = 真诚　충심 = 진심

[zhōng xīn]
=[zhēn chéng]

你们终于结婚了，我向你们表达衷心的祝福。

당신들은 결국 결혼했군요, 진심으로 축하 드려요.

对你们取得的成绩我表示真诚的祝贺。

당신들이 얻은 성적에 진심으로 축하 드립니다

16

别扭=不舒服　불편하다 = 이상하다

[biè niu]
= [bù shū fu]

我怎么看这个人怎么别扭。

내가 아무리 봐도 이 사람은 어째 좀 이상하다.

听了他的话，我从心里觉得不舒服。

그의 말을 듣고, 나는 마음이 아주 불편했다.

17

打招呼=问候 인사하다 = 안부를 묻다

[dǎ zhāo hu]
[wèn hòu]

= 我刚才和你打招呼了，怎么不理我呀？
내가 방금 너한테 인사했는데, 넌 왜 모른 체 하는 거니?

即使见了不喜欢的人，最起码也要问候一下。
설령 맘에 들지 않는 사람을 보았더라도 적어도 안부를 한 번 물어야 한다.

18

无不 = 全都 아닌 것이 없다 = 전부, 모두

[wú bù]=[quán dōu]

我们几个人无不怀念高中时代的生活。
우리 몇 사람 중 고등학교 학창시절을 그리워하지 않는 사람이 없다.

他把父母说的话全都忘到脑后头去了。
그는 부모님의 말을 완전히 다 잊어버렸다.

19

阻止 = 拦住 막다, 저지하다 = 차단하다

[zǔ zhǐ] = [lán zhù]

我看他现在已经没有理性了，谁也阻止不了他。
내가 볼 때 그는 지금 벌써 이성을 잃었다. 누구도 그를 막을 수 없다.

他拦住我，一定要我拿出证件才能进去。
그는 나를 막고 반드시 내가 신분증을 꺼내야만 들어갈 수 있게 했다.

20

建造 = 盖 짓다, 세우다 = (건물을)짓다, 올리다

[jiàn zào] = [gài]

我们东边大楼建造得很快，据说五月就可以交工。
우리 동쪽의 건물은 매우 빨리 지어서, 오월이면 완공된다고 한다.

我们准备在东边盖一个花房。
우리는 동쪽에 온실 하나를 지으려고 준비 중이다.

04 Practice

01

安全 = 保险   안전하다 = 확실하고 믿을 만하다

[ān quán]
= [bǎo xiǎn]

他觉得躲在那儿一点儿也不安全。
그는 그곳에 숨어있는 것은 전혀 안전하지 않다고 생각한다.

我觉得采取这种措施有点不保险。
나는 이 방법을 취하는 것은 조금도 안전하지 않다고 생각한다.

02

足 = 脚   발, 다리 = 발

[zú] = [jiǎo]

现在足部按摩已经成了一种保健的方法。
현재 발 안마는 이미 건강관리의 한 종류가 되었다.

你这个人怎么能脚踏两只船呢?
너 어떻게 양다리를 걸칠 수가 있니?

03

坚定 = 执着   확고하다 = 고집하다

[jiān dìng]
=[zhí zhuó]

他的态度太坚定了，任何人也说服不了他。
그의 태도가 너무 확고해서 어떤 사람도 그를 설득하지 못한다.

他对他的理想一直抱有执著的态度。
그는 그의 꿈에 대해 줄곧 확고한 태도를 품고 있다.

04

顺着 = 沿着   ~를 따라서 = ~을 따라(끼고)

[shùn zhe]=[yán zhe]

你顺着这条河走，大概300米就看到了。
너는 이 강을 따라 300m정도 걸으면 바로 볼 수 있다.

沿着这条路一直走就到了。
이 길을 따라 쭉 가면 바로 도착한다.

05

创作 = 编写　창작하다 = 집필하다

[chuàng zuò]
= [biān xiě]

这位作家最近又创作了一部描写现代人生活的小说。

이 작가는 최근에 또 현대인의 생활을 묘사한 소설을 창작하였다.

我们为在语法方面存在问题的学生编写了一本语法书。

우리는 어법방면에 문제가 있는 학생들을 위해 어법 책 한 권을 집필하였다.

06

惊讶 = 奇怪　놀라다 = 이상하다

[jīng yà] = [qí guài]　我们都对他的这种异常的举动感到很惊讶。

우리는 그의 이러한 이상한 행동에 매우 놀랐다.

他用奇怪的眼光看着我，令我很紧张。

그는 이상한 눈으로 나를 바라보아 나를 긴장하게 만들었다.

07

完全 = 根本　완전히 = 전혀

[wán quán]
= [gēn běn]

你现在还不能完全了解父母对孩子的心。

너는 지금 아직 부모의 아이에 대한 마음을 완전히 이해할 수 없다.

你根本不必为这么小的事情生气。

너는 이렇게 작은 일에 화낼 필요가 전혀 없어.

08

搬 = 挪　나르다 = 옮기다

[bān] = [nuó]

我一个人把这个衣柜搬上来，累死我了。

나 혼자서 이 옷장을 옮겼더니 힘들어 죽겠다.

这么重的箱子我怎么能挪动呢?

이렇게 무거운 상자를 내가 어떻게 옮길 수 있겠니?

09

繁华 = 热闹　번화하다 = 시끌벅적하다

[fán huá] = [rè nào]　这是一座繁华的城市。
이곳은 번화한 도시이다.

这条商业街即使到了晚上也很热闹。
이 상가거리는 밤이 되어도 시끌시끌하다.

10

换 = 倒　바꾸다 = 갈아타다

[huàn] = [dǎo]　去那里没有直达的火车，你得换一次车。
그곳에 가려면 바로 가는 기차가 없어요, 한번은 갈아 타야 해요.

去这个地方真麻烦，得倒两次公共汽车。
이 곳에 가려면 정말 귀찮아. 버스를 두 번이나 갈아타야 해.

11

力气 = 劲儿　힘, 체력 = 힘, 기운

[lì qi] = [jìnr]　我最近身体不舒服，觉得浑身没有力气。
나는 요즘에 몸이 좋지 않아. 온몸에 기운이 없는 것 같아.

他这么小的人没想到劲儿还挺大呢。
그처럼 작은 사람이 힘은 이렇게 좋다니 생각지도 못했어.

12

前途 = 未来　앞날, 앞길 = 미래

[qián tú] = [wèi lái]　我觉得这个孩子很有发展前途，你们应该好好培
养他。
내 생각에 이 아이는 발전 가능성이 있어. 너희가 그를 잘 키워
야 해.

我这都是为了你的未来着想的。
이것은 모두 내가 너의 미래를 위해 생각한 것이다.

13

飘扬 = 飞舞 바람에 펄럭이다 = 춤추듯 날다, 흩날리다

[piāo yáng] = [fēi wǔ]　鲜艳的红旗在风中飘扬。

화려한 붉은 깃발이 바람 속에 휘날린다.

一阵秋风吹过，树上的树叶在空中飞舞。

가을바람이 한 번 불자 나뭇잎들이 공중에 휘날렸다.

14

搽粉 = 抹粉 분을 바르다 = 화장을 하다

[chá fěn] = [mǒ fěn]　我觉得你搽点粉会更好看。

내 생각엔 네가 화장하면 훨씬 예쁠 것 같아.

你今天没抹粉吧，看起来脸色有点发黄。

너 오늘 화장 안 했구나. 안색이 조금 누렇게 뜬 거 같아.

15

缓和 = 平息 완화하다, 느슨해지다 = 가라앉다, 안정되다

[huǎn hé] = [píng xī]　我觉得你们先分开一段时间，等关系缓和了再谈。

내 생각에 너희 우선 따로 시간을 갖은 뒤 관계가 회복되길 기다렸다 다시 이야기하는 게 좋겠다.

等这场风波平息了以后我们再谈吧。

이 풍파가 가라 앉은 이후에 우리 다시 이야기합시다.

16

美 = 漂亮 아름답다, 흡족하다 = 예쁘다

[měi] = [piào liang]　情人眼里出西施，只要你喜欢她，她在你的眼里就是最美的。

제 눈에 안경이라고 네가 그녀를 좋아하기만 한다면 그녀가 네 눈에 가장 아름다운 거야.

从来没有看到过这么漂亮的自然风景。

여태껏 이렇게 아름다운 자연경관은 본적이 없어.

17

阻碍 = 限制　　방해하다, 막다 = 제한하다, 속박하다

[zǔ ài] = [xiàn zhì]　任何人的力量也不能阻碍历史的发展。
어떠한 사람의 힘으로도 역사의 발전을 막을 수는 없다.

这是我的自由和权利，你凭什么要限制我?
이것은 나의 자유이자 권리인데, 네가 무슨 근거로 나를 막느냐?

18

身份 = 地位　　신분 = 품위, 지위

[shēn fèn] = [dì wèi]　你应该考虑自己的身份，不能随便说话。
넌 반드시 너 품위에 신경을 써야지 함부로 말하면 안 돼.

有地位的人都很注意自己的行为。
지위가 있는 사람은 모두 자신의 행동에 신경을 쓴다.

19

专门 = 特意　　오로지, 전문적으로 = 일부러, 특별히

[zhuān mén] = [tè yì]　我今天来专门拜访您。
난 오늘 특별히 당신을 만나러 온 거예요.

为这点小事你还专门跑过来，　打个电话不就行了?
이런 작은 일 때문에 일부러 와주시다니, 전화 한 통이면 되는 건데요.

20

出席 = 参加　　출석하다 = 참가하다

[chū xí] = [cān jiā]　我们特别希望你能出席我们今天的晚会。
우리는 네가 오늘 우리의 파티에 참석하기를 정말 바라고 있다.

感谢大家在百忙之中来参加我们今天的公司开业典礼。
바쁘신 와중에도 오늘 우리 회사의 개업식에 참가해주신 모든 분께 감사 드립니다.

Word power

01

平凡 = 普通　평범하다 = 보통이다

[píng fán]＝[pǔ tōng]

我们都是平凡的人，有缺点也是难免的。
우리 모두는 평범한 사람이므로 단점은 있게 마련이다.

她是一位普通的母亲，也是一位了不起的母亲。
그녀는 평범한 어머니이자 대단한 어머니이기도 하다.

02

走 = 去世　가다, 죽다 = 돌아가시다

[zǒu] = [qù shì]

他就这么走了，留下了两个上小学的孩子。
그는 초등학생 아이 둘을 남기고 그냥 이렇게 가버렸다.

没想到他突然就去世了，令大家都悲痛万分。
그분은 생각지도 못하게 갑자기 돌아가셔서 모두를 비통하게 만들었다.

03

恐怕 = 可能　아마도 = 어쩌면

[kǒng pà]＝[kě néng]

我恐怕今天要加班到后半夜，不能回家了。
나는 오늘 아마도 초과근무를 밤 늦게까지 해야 해서 집에 돌아가지 못할 것이다.

看天气明天可能会大风降温。
날씨를 보니 내일은 아마 바람이 세게 불고 기온이 떨어질 것으로 보인다.

04

见解 = 看法　생각, 의견 = 견해, 생각

[jiàn jiě] = [kàn fǎ]

我希望听听大家对这件事情的见解。
나는 사람들의 이 일에 대한 견해를 듣고 싶어요.

我虽然不同意你的看法，但是我很佩服你的勇气。
나는 비록 네 생각에 동의하진 않지만 너의 용기에는 탄복한다.

05

动静 = 消息 움직임, 기미 = 소식, 뉴스

[dòng jìng] = [xiāo xi] 领导说要涨工资，可是到现在还没有动静。

사장님은 월급을 올리겠다고 하셨지만, 아직까지 별다른 기미가 없다.

我让他帮我办的事情，说了以后就再也没有消息了。

나는 그에게 내가 하는 일을 도우라고 했으나 말한 이후 소식조차도 없다.

06

返 = 回 놀라다 = 돌아오다

[fǎn] = [huí] 我只有春节的时候才有时间返乡看望父母。

나는 오직 설날이 되어야지만 고향에 돌아가 부모님을 뵐 시간이 생긴다.

他刚走出门又回来了。

그는 방금 막 문을 나섰다가 또 다시 돌아왔다.

07

逮=抓, 捕, 捉 잡다, 체포하다 = 잡다

[dǎi] = [zhuā], [bǔ], 他偷东西的时候正好被警察逮住了。
[zhuō]

그가 물건을 훔칠 때 딱 경찰에게 잡혔다.

不管白猫黑猫抓到老鼠的就是好猫。

흰 고양이든 검은 고양이든 쥐를 잡기만 하면 좋은 고양이이다.

참고　등소평의 흑묘백묘론

- 흑묘백묘론은 "黑猫白猫 抓老鼠 就是好猫"에서 나온 말로서, 말 그대로 검은 고양이든 흰 고양이든 쥐만 잘 잡으면 된다는 뜻이다. 중국의 개혁개방을 이끈 邓小平이 1979년 미국을 방문하고 돌아와 주장하면서 유명해진 말로, 흔히 흑묘백묘론이라고 한다. 즉, 고양이 빛깔이 어떻든 고양이는 쥐만 잘 잡으면 되듯이, 자본주의든 공산주의든 상관없이 중국 인민을 잘 살게 하면 그것이 제일이라는 뜻이다. 흑묘백묘론은 1980년대 중국식 시장경제를 대표하는 용어로 자리잡았다. 원래 흑묘백묘는 중국 쓰촨성[四川省] 지방의 속담인 흑묘황묘(黑猫，黄猫)에서 유래한 용어로, 邓小平이 최초로 사용한 것은 아니다. 흑묘백묘와 비슷한 뜻의 한자성어로는 남파북파(南爬北爬)가 있다. 남쪽으로 오르든 북쪽으로 오르든 산 꼭대기에만 오르면 그만이라는 뜻이다.

心思 = 心情　생각, 심정 = 마음, 기분

[xīn sī] = [xīn qíng]　女人的心思真是很难理解。

여자의 맘속은 정말 이해하기 힘들다.

我现在可没有心情和你开玩笑，我说的是真的。

나는 지금 정말 너랑 농담 할 기분이 아니야. 내가 말한 건 사실이야.

说法 = 解释　표현법, 논조 = 해석, 견해

[shuō fa] = [jiě shì]　这件事不能就这样算了，你得给大家个说法。

이 일은 이렇게 끝내서는 안 돼. 네가 모두에게 설명을 해야 한다.

对于你们产品出现的问题请你给我们一个解释。

당신들의 생산품에서 나타난 문제에 대해서 우리에게 해명해주세요.

恰当 = 准确　적당하다 = 정확하다

[qià dàng] = [zhǔn què]　你应该用一种恰当的方式来表达自己的看法。

너는 마땅히 적합한 방식으로 자신의 의견을 표출해야 한다.

我觉得你的这个成语使用得不太准确。

내 생각에 이 성어의 사용은 부적절해.

一向=从来,历来,向来

늘, 언제나, 여태까지, 이제껏

[yī xiàng] =
[cóng lái],[lì lái],
[xiàng lái]

我一向就是这样的，你看不惯就算了。

나는 늘 이랬어. 네가 보기 싫으면 관둬라.

他向来就是一个说话不算数的人。

그는 언제나 말하고 지키지 않는 사람이었다.

12

孤独 = 寂寞　고독하다 = 적막하다, 외롭다

[gū dú] = [jì mò]

现在很多的老人和女人分开住，他们很孤独。

요새 노인과 여성들 중에 혼자 사는 사람이 많아지고 있는데, 그들은 모두 매우 외롭다.

一个人生活在异国难免会感到寂寞。

낯선 곳에서 혼자 생활할 때 외로움을 느끼는 것은 피하기 어렵다.

13

包袱 = 负担　짐 = 부담

[bāo fu] = [fù dān]

我要打工挣钱，不想成为家里的包袱。

나는 집에 짐이 되기 싫어서, 아르바이트를 해서 돈을 벌려고 한다.

现在孩子的教育费用对家长来说无疑是一个很大经济负担。

현재 아이의 교육 비용은 가장의 입장에서 보면 큰 경제적 부담 중 하나라는 것은 의심할 여지가 없다.

14

怪 = 反常　이상하다 = 비정상적이다

[guài] = [fǎn cháng]

他的性格有点怪，所以大家都不愿和他交往。

그의 성격은 조금 이상하다. 그래서 모두 그와 사귀는 것을 꺼려한다.

他最近看起来怎么有点反常。

그는 요즘 어찌 조금 비정상으로 보인다.

15

埋怨 = 责怪　원망하다 = 탓하다

[mán yuàn]
=[zé guài]

你非要这样做，现在成这样你怎么能埋怨我呢?

네가 굳이 꼭 이렇게 해야 된다고 해 놓고, 이제 와서 네가 어떻게 날 원망할 수 있니?

这件事情你不能责怪任何人，都是你一手造成的。

이 일은 네가 어떤 사람도 탓할 수 없다. 모두 네가 벌인 일이다.

16

谁都=任何人 누구나 다 = 어떤 사람도

[shéi dōu]
= [rèn hé rén]

谁都不喜欢她，因为她太骄傲了，还目中无人。
그녀는 너무 거만해서 사람을 깔보기 때문에 누구나 다 그녀를 좋아하지 않는다.

他太固执了，任何人的意见他都听不进去。
그는 너무 고집이 세. 어떤 사람의 의견이건 그는 모두 듣지 않는다.

17

看不惯=讨厌 눈에 거슬리다 = 교제하다

[kàn bú guàn]
= [tǎo yàn]

他们彼此之间看不惯，所以常常互相批评。
그들은 서로 싫어해서, 늘 서로 욕한다.

我讨厌当着人一套，背着人一套虚伪的人。
나는 사람 앞에서는 이렇고 뒤에서는 저런 거짓된 사람을 싫어한다.

18

打交道=来往 교제하다 = 왕래하다

[dǎ jiāo dào]
= [lái wǎng]

我们已经打交道十多年了，他什么样我最了解。
우리는 알고 지낸지 벌써 10년이 넘었어. 그가 어떤지는 내가 잘 알지.

我们俩自从上次吵架后就没再来往。
우리 둘은 지난번에 말다툼을 한 이후로 다시는 왕래가 없었나.

19

**好不容易
= 很不容易** 어렵사리, 어렵게

[hǎo bù róng yì]
= [hěn bù róng yì]

在就业难的情况下，我毕业一年后才好不容易找到了工作。
취업이 이렇게 어려운 상황에서, 나는 졸업 1년 후 어렵사리 직업을 찾았다.

我很不容易才攒了这么点钱，没想到被骗子骗走了。
나는 어렵게 모아둔 이 돈을 사기꾼에게 사기 당할 줄은 몰랐다.

.20

恶心 = 想吐 구역질이 나려고 하다 = 토하고 싶다

[ě xīn] = [xiǎng tù] 中午可能吃了变质的食物，现在觉得有点恶心。
점심에 아마 변한 음식을 먹었나 봐. 지금 구역질이 나려고 해.

昨天喝高了，到现在胃里还不舒服，想吐。
어제 많이 마셨어. 지금까지도 위가 불편해서 토하고 싶어.

06 Word power

01

薄弱 = 不足 취약하다 = 모자라다, 부족하다

[bó ruò] = [bù zú] 汉语的语法一直是我薄弱的部分。
중국어 어법은 내가 늘 취약한 부분이다.

你别再减肥了，我看你有点营养不足了。
너 이제 다이어트 그만해, 내가 봤을 때 지금 너는 영양부족이야.

02

单调 = 乏味 단조롭다 = 무미건조하다

[dān diào] = [fá wèi] 这个老师讲课太单调了，一点也不生动。
이 선생님의 수업은 너무 단조로워. 조금도 생동감이 없어.

我每天的生活除了公司就是家，真的很乏味。
나의 생활은 매일 회사 아니면 집이야. 정말 무미건조하다.

03

根据 = 凭借 근거하다, 의거하다 = ~의거하다, 바탕으로 하다

[gēn jù] = [píng jiè] 根据我的判断，他们这次一定会改变战术。
내 판단에 따르면 그들은 이번에 반드시 전술을 바꿀 거야.

他凭借他多年的工作经验，很快解决了这个问题。
그는 그의 여러 해의 경험을 바탕으로 이 문제를 빠르게 해결했다.

彻底 = 完全

철저하다, 빈틈없다 = 완전하다, 전적으로

[chè dǐ]=[wán quán]

昨天我们之间发生的不愉快的事情，已经彻底忘了。
어제 우리에게 발생한 유쾌하지 못한 일을 이미 완전히 잊었다.

听了你的详细地讲解后，我完全明白了。
너의 자세한 설명을 들은 후에 나는 완전히 이해했다.

05

警告 = 提醒

경고 = 일깨우다, 깨우치다, 주의를 주다

[jǐng gào] = [tí xǐng]

我已经警告过你了，不要回家这么晚。
내가 벌써 너에게 경고했잖니, 집에 이렇게 늦게 돌아오지 말라고.

我再提醒你一次，说话的时候要小心点。
내가 다시 한번 너한테 경고하는데, 말할 때 조심 해.

泥 = 土

진흙 = 흙, 토양

[ní] = [tǔ]

刚才不小心摔了一跤，浑身都是泥。
방금 실수로 넘어져서 온몸이 진흙이다.

出去散了一会儿步，回来后鞋上沾了很多的土。
나가서 산책을 하고 돌아오니 신발에 온통 흙이 묻었다.

窄 = 狭小

좁다 = 좁고 작다, 협소하다

[zhǎi] = [xiá xiǎo]

这条路太窄了，三个人不能并排走。
이 길은 매우 좁아서 세 명이 나란히 갈 수 없다.

这条胡同太狭小了，这辆车可能过不去。
이 골목은 매우 좁아서 이 차는 아마 지나갈 수 없을 것이다.

骄傲 = 自豪

자랑스럽게 생각하다 = 자랑으로 여기다

[jiāo ào] = [zì háo]

他考上了名牌大学，父母觉得很骄傲。
그가 유명대학에 합격해서 부모님은 매우 자랑스럽게 생각하신다.

我为我们队员的拼搏精神感到自豪。

나는 우리 대원들의 필사적인 정신을 자랑스럽게 여긴다.

09

熬 = 煮

삶다, 끓이다, 다리다 = 끓이다, 익히다

[áo] = [zhǔ]

我给你熬了一碗药，你趁热喝了吧。

내가 너를 위해 약을 한 사발 다렸으니 뜨거울 때 마셔라.

这种肉要多煮一会儿，才能烂。

이런 고기는 많이 익혀야 연해진다.

10

反对 = 抑制

반대하다 = 억제하다

[fǎn duì] = [yì zhì]

我并没有反对你的意见，只是表明了我的看法。

나는 결코 네 의견에 반대하는 게 아니라 내 의견을 표현하는 것뿐이야.

我们要对这种不良现象加以抑制。

우리는 이런 불량 현상에 대해 억제를 가해야 한다.

11

孩子 = 儿童

아이, 아동 = 아동, 어린이

[hái zi] = [ér tóng]

这个孩子从小就很聪明，而且很努力。

이 아이는 어려서부터 아주 똑똑한데다 열심히 노력한다.

儿童时期的教育对一个人来说是很重要的。

아동시기의 교육은 사람에 있어서 매우 중요한 것이다.

12

规定 = 制度

규정하다 = 제도, 규정

[guī dìng] = [zhì dù]

这是我们这里的规定，任何人都要遵守。

이것은 여기의 규정이라 누구나 다 준수해야 한다.

为了加强公司的管理，公司制定了严格的管理制度。

회사의 관리를 강화하기 위해 회사는 엄격한 관리 제도를 제정했다.

13

便条 = 留言 쪽지 = 메모를 남기다

[biàn tiáo] =
[liú yán]

我回到办公室的时候发现桌子上有一张便条。
나는 사무실로 돌아와서 책상 위에서 쪽지 한 장을 발견했다.

我给她留个言，等她回来后麻烦你转告她。
나는 그녀에게 메모를 남겼으니. 그녀가 돌아오면 수고스럽지만 그녀에게 전해주세요.

14

方便 = 自在 편하다 = 자유롭다

[fāng biàn] =[zì zài]

我觉得他和我们住在一起不太方便吧。
내 생각에 그와 우리가 함께 사는 것은 별로 편하지 않을 것 같다.

第一次去男朋友家的时候，我觉得浑身不自在。
처음으로 남자친구 집에 갔을 때 나는 모든게 다 불편했다.

15

巧妙 = 机智 교묘하다 = 기지가 넘치다, 재치있다

[qiǎo miào] = [jī zhì]

我想了两天才想到一个巧妙的方法。
나는 이틀 동안 생각해서 이 교묘한 방법을 겨우 생각해 냈다.

这种尴尬的局面被他机智幽默的话一下子解决了。
이 곤란한 상황은 그의 기지가 넘치고 유머러스한 말에 의해 단번에 해결되었다.

16

特征 = 标志 특징 = 상징, 표지, 지표

[tè zhēng]=[biāo zhì]

我觉得他长得很有特征，我一下子就记住了他的样子。
내 생각에 그는 특징 있게 생긴 것 같다. 나는 단번에 그의 모습을 기억하였다.

这个商标是我们公司的标志。
이 상표는 우리 회사의 상징이다.

17

帮 = 群

(사람의) 무리 = 군중

[bāng] = [qún]

那边走过来一帮罢工的工人。

파업한 노동자 무리가 저쪽에서 걸어오고 있다.

你们来了这么一群人，这么小的房间怎么坐得下呢？

너희 이렇게 많은 무리가 와서. 이렇게 작은 방에 어떻게 다 앉을 수 있겠니?

18

刺 = 扎

찌르다, 뚫다 = 찌르다

[cì] = [zhā]

那种玫瑰花的刺刺在了我的手里。

그 장미의 가시가 내 손을 찔렀다.

我的手被放在床上的针扎了一下。

내 손은 침대에 놓여져 있던 바늘에 찔렸다.

19

砍 = 伐

(도끼 등으로) 찍다, 패다 = 벌목하다, 베다

[kǎn] = [fá]

他今天趁休息上山砍了很多柴。

그는 오늘 쉬는 기회를 틈타 산에 올라 땔감을 베었다.

你们这种砍伐树木的行为是非法的。

당신들의 이런 벌목 행위는 불법입니다.

20

退 = 退还

물러나다 = 반환하다, 돌려주다

[tuì] = [tuì huán]

你把我的钱退给我吧，我不买了。

당신 내 돈을 돌려주세요, 나 안 살래요.

售货员多找了我十块钱，我便退还给了他。

판매원이 나에게 10원을 더 거슬러 주어 나는 바로 그에게 돌려주었다.

01

答应 = 允许 　승낙하다 = 허가하다

[dā yìng] = [yǔn xǔ]　你已经答应我了，怎么能突然变卦了呢?

넌 벌써 나에게 대답해놓고 어떻게 갑자기 마음을 바꿀 수 있니?

他的父母很严格，不允许他的孩子10点后回家。

그의 부모는 매우 엄격하여 그의 아이가 10시 이후에 귀가하는 것을 허락하지 않는다.

02

不平 = 愤怒 　분노, 불만 = 분노하다

[bù píng] = [fèn nù]　我一直对他骗我的这件事感到不平。

나는 이 일을 그가 나를 속인 것에 대해 줄곧 분노했다.

对这件欺负弱者的事情，我很愤怒。

약자를 기만한 이 일에 대해서 나는 매우 분노했다.

03

伤脑筋 = 费心思 　골치 아프다 = 애를 쓰다

[shāng nǎo jīn]
= [fèi xīn si]　孩子选择专业的事情让父母伤了很多脑筋。

아이가 전공을 선택하는 일은 부모들을 골치 아프게 했다.

我为了这件事情费了很多的心思，但是没想到还是泡汤了。

나는 이 일을 위해서 많은 애를 썼으나, 생각지도 못하게 수포로 돌아갔다.

04

不安 = 担心 　불안하다 = 염려하다, 걱정하다

[bù ān] = [dān xīn]　我昨天没写作业，今天上课时一直感到不安。

나는 어제 숙제를 하지 않아서 오늘 수업시간에 계속 불안했다.

我一直为我昨天的行为而担心。

나는 계속 어제의 행동 때문에 걱정이 된다.

05

小便 = 撒尿
소변, 오줌 = 소변을 보다

[xiǎo biàn]
= [sā niào]

这个孩子还不能自己小便，你要好好照顾他。
이 아이는 아직 혼자서 오줌을 가리지 못하니 네가 잘 돌봐줘야 한다.

你也不去撒泡尿看看，这么贵的房子你买得起吗？
네 주제를 알아야지, 이렇게 비싼 집을 네가 살 수 있니?

06

愁 = 担心
근심하다, 우려하다 = 걱정하다

[chóu] = [dān xīn]

你现在不愁吃不愁穿的，干吗这么拼命工作？
너는 지금 먹고 자는 것은 걱정하지 않아도 되는데 왜 이렇게 열심히 일하니?

这有什么好担心的，大不了就是不干了。
이게 무슨 걱정할 일이니, 기껏해야 안 해버리면 되지.

07

失眠 = 睡不着觉
불면증 = 잠 못 이루다

[shī mián]
= [shuì bù zháo jiào]

我最近因为工作压力太大，常常失眠。
나는 최근에 일에 대한 스트레스가 너무 커서 자주 잠을 이루지 못한다.

因为和丈夫吵架了，害得她一晚上睡不着觉。
남편과 다퉜기 때문에 그녀는 밤새 잠을 이루지 못했다.

08

典型 = 标准
전형 = 기준, 표준

[diǎn xíng]
= [biāo zhǔn]

他的外貌是典型的南方人的外貌。
그의 외모는 전형적인 남방사람의 외모이다.

我觉得找男朋友和丈夫的标准不一样。
내 생각에 남자친구와 남편을 찾는 기준은 다르다.

09

罚 = 惩处

처벌, 벌 = 처벌하다

[fá] = [chéng chǔ]

我们公司规定对上班迟到的人要罚款。

우리 회사는 출근 시 지각 하는 사람은 벌금을 내도록 규정하고 있다.

我们对这样的坏人坏事一定要进行严厉的惩处。

우리는 이런 나쁜 사람들에 대해 반드시 엄격한 처벌을 해야 한다.

10

描写 = 刻画

묘사하다 = 새기다, 형상화하다

[miáo xiě]
= [kè huà]

你文中描写的景物语言很生动。

너의 글에서 묘사된 경치는 표현이 매우 생동감 있다.

在这本小说中刻画了两个性格鲜明的人物形象。

이 소설에서는 성격이 선명한 두 사람을 형상화하고 있다.

11

断 = 结束

결정하다 = 끝나다, 종결하다

[duàn] = [jié shù]

你和以前的男朋友的关系还没断吗?

너와 이전 남자친구의 관계는 아직 끝나지 않았니?

我们的关系因为一场小的矛盾就此结束了。

우리의 관계는 작은 모순 때문에 바로 끝나버렸다.

12

独特 = 奇异

독특하다 = 기이하다

[dú tè] = [qí yì]

这里的风景是一种独特的自然风景。

이 곳의 풍경은 독특한 자연풍경이다.

这是一种生长在热带的奇异植物。

이것은 열대 지방에서 생장하는 기이한 식물의 한 종류이다.

13

勇敢 = 英勇　　용감하다 = 영특하고 용맹하다

[yǒng gǎn]
= [yīng yǒng]

你应该勇敢地向你喜欢的人表白。
너는 네가 좋아하는 사람에게 용감하게 고백해야 한다.

英勇无比的战友们！
용감무쌍한 전우들!

14

反映 = 概括　　반영하다 = 대충 총괄하다, 요약하다

[fǎn yìng]
= [gài kuò]

这部电影反映了新农村的生活状况。
이 영화는 신 농촌 생활정세를 반영했다.

这本纪实小说概括了现在社会上的种种不平等现象。
이 기록 소설은 요즘 사회의 불평등 현상을 반영하고 있다.

15

仔细 = 认真　　세밀하다 = 열심히 하다

[zǐ xì] = [rèn zhēn]

请你仔细地再给我讲一遍好吗？
당신 다시 한 번 나에게 자세하게 설명해주시겠습니까?

请你再认真地看一遍，这么重要的数字马虎不得。
당신 다시 한 번 자세히 보세요. 이렇게 중요한 일을 대충 할 수 없어요.

16

暗暗 = 悄悄　　남몰래, 암암리에, 은근히 = 조용하다, 은밀하다

[àn àn]
= [qiāo qiāo]

我暗暗地下了决心，一定要超过他。
나는 반드시 그를 이기겠다고 조용히 결심했다.

等女儿睡熟后，她悄悄地离开了房间。
딸아이가 푹 잘 때를 기다려 그녀는 조용히 방을 나갔다.

吼 = 喊

고함치다, 부르다 = 부르다, 큰소리로 부르다

[hǒu] = [hǎn]

你别吼了，孩子刚刚睡着了。

너 소리치지 마. 아이들이 방금 잠들었어.

你凭什么对我这么大声地喊，我做错了什么？

너는 무슨 근거로 나한테 이렇게 소리지르니, 내가 뭘 잘못했어?

一切 = 全部

일체, 모든 것 = 전부, 다

[yī qiè] = [quán bù]

你是我的一切，离开你我真的不能生活。

너는 나의 전부야. 너를 떠나서 나는 살아갈 수 없어.

父母全部的心思都在教育孩子上。

부모는 모든 마음을 전부를 아이들 교육에 쓰고 있다.

神情 = 表情

안색, 얼굴빛 = 표정

[shén qíng]
= [biǎo qíng]

他的脸上总是一幅骄傲而看不起人的神情。

그의 얼굴에는 늘 다른 사람을 무시하는 거만함이 있다.

看他冷淡的表情，她不再继续说下去了。

그의 냉담한 표정을 보고 그녀는 말을 잇지 못했다.

20

强盗 = 匪徒

강도 = 무뢰한, 악당

[qiáng dào]
= [fěi tú]

再可恶的事情，只要是强盗干的，也就觉得顺理成章，不足怪。

아무리 괘씸한 일이라도 만약 강도가 한 것이라면 그도 그럴것 같이 이상하지 않다.

你们这些人简直没有人性，像匪徒一样。

너희 같은 사람들은 그야말로 인성이 없는 악당과도 같아.

08 Word power

01

拖 = 拉

끌다, 잡아당기다 = 끌다, 당기다

[tuō] = [lā]

有一对夫妻一直陪着我，直到车行把我的汽车拖去修。

어떤 한 쌍의 부부가 나와 함께 자동차 수리센터까지 함께 가서 수리해 주었다.

我今天很累，可是她硬拉着我去逛街。

나는 오늘 너무 피곤한데 그녀는 나를 억지로 끌고 쇼핑을 갔다.

02

底下 = 下面

밑, 아래 = 다음, 아래

[dǐ xià] = [xià miàn]

师傅对李见营斥责道："在你眼皮底下什么都看不见!"

선생님은 리찌엔잉을 꾸짖었다 : "너는 눈에 보이는게 없니?"

这双鞋就放在书桌的下面。

이 신발은 책상 밑에 놓아두어라.

03

忍受 = 承担

버티다, 참다 = 담당하다, 맡다

[rěn shòu]
= [chéng dān]

实际上，他在此前此后一直蒙受着常人难以忍受的污蔑和攻击。

사실 그는 이 일 전후로 줄곧 보통사람은 참을 수 없는 모욕과 비난을 받았다.

我们要有勇于承担责任的勇气。

우리는 과감히 책임을 맡는 용기가 필요하다.

04

吃力 = 费劲　힘들다, 고생스럽다 = 힘들다, 애쓰다

[chī lì] = [fèi jìn]

他的话里有太多的我不熟悉的东西，我吃力地想着，一时半会儿想不开。

그의 말 속에는 내가 잘 모르는 것들이 너무 많아, 내가 힘들게 오랫동안을 생각해도 이해하지 못했다.

他的腿有关节炎，上下楼的时候很费劲。

그는 다리에 관절염이 있어 계단을 오르내릴 때 매우 고생스럽다.

错误 = 过失　틀리다, 잘못되다 = 실수

[cuò wù] = [guò shī]

一定要从过去的错误中汲取教训。

반드시 지난 잘못에서 교훈을 얻어야 한다.

人一生中都会有或大或小的过失。

사람은 일생 중에 크고 작은 실수가 있기 마련이다.

安全 = 保险　안전하다 = 확실하다

[ān quán] = [bǎo xiǎn]

据说它们已为数极少且躲到更安全的地方。

소식에 따르면 그들의 수는 아주 적고 더 안전한 곳으로 숨어버렸다고 한다.

我觉得你先去打听一下更保险。

내 생각에 네가 먼저 가서 물어 보는 게 확실할 것 같다.

比赛 = 较量　시합 = (힘, 기량 등을) 겨루다

[bǐ sài] = [jiào liàng]

彼此暗中好像在比赛，花的品种亦愈趋名贵。

은연중에 서로 경쟁을 하고 있는 것 같다. 꽃의 품종도 더욱더 명품화 되는 추세다.

他们看起来比较要好，实际上在暗中较量。

그들은 보기에는 사이가 비교적 좋아 보이지만, 사실상 은연중에 경쟁하고 있다.

08

辩论 = 争执   논쟁하다, 변명하다 = 논쟁, 의견의 충돌

[biàn lùn] = [zhēng zhí]

他知道和周如水再辩论下去，也不会有什么结果。

그는 저우루쉐이와 다시 논쟁한다 해도 무슨 결론이 안 날 것이라는 것을 알고 있다.

他正在为一个问题激烈地争执着。

그는 지금 한 문제에 대해 격렬히 논쟁 중이다.

09

捕 = 捉   잡다, 포획하다 = 잡다

[bǔ] = [zhuō]

眼下正是捕鱼的旺季，他能回来吗？

눈앞에 바로 고기잡이의 성수기인데, 그는 올 수 있니?

这只瞎猫捉到了一只死老鼠，真是好运气。

이 눈먼 고양이는 늙어 죽은 쥐를 잡았다. 정말 운이 좋다.

10

遵守 = 服从   준수하다, 지키다 = 복종하다

[zūn shǒu] = [fú cóng]

遵守厂规厂纪，那是一名工人起码应该做到的。

공장 내의 규율을 준수하는 것은 노동자들이 최소한 지켜야 할 일이다.

我们个人一定要服从集体，不能只考虑自己。

개인은 반드시 집단에 복종해야 한다. 단지 자신만 생각해서는 안 된다.

11

自豪 = 骄傲   긍지를 느끼다 = 자랑스럽게 생각하다

[zì háo] = [jiāo ào]

女学生插下的这个小铁旗子再也没有谁超过，她很自豪。

여학생이 꽂아 놓은 이 작은 철 깃발은 누구도 앞지른 적이 없어 그녀는 매우 자랑스러웠다.

我为我们取得这么大的成绩而感到骄傲。

나는 우리가 이렇게 큰 성적을 거둬낸 것이 자랑스럽다.

12

总结 = 概括　　총결산하다 = 간단하게 요약하다

[zǒng jié]
= [gài kuò]

我可以在这个时候回忆很多事，总结我的生活。
이때 나는 많은 일을 추억하며 나의 생활을 총결산했다.

我把刚才把大家说的意见概括了一下。
나는 방금 모두가 말한 의견을 요약 정리했다.

13

涨 = 贵　　오르다 = 비싸다

[zhǎng] = [guì]

过了一个礼拜,他去了趟重庆,发现什么东西都涨了。
한 주가 지나고, 그는 충칭에 갔는데 어떤 물건이든지 값이 오른
걸 발견했다.

因为南方水灾,北方旱灾,所以蔬菜的价格也贵了。
남방은 수해가 있고 북방은 가뭄이 있어서 채소가격도 비싸졌다.

14

嘱咐 = 提醒　　당부하다 = 주의를 주다, 일깨우다

[zhǔ fù] = [tí xǐng]

小王这样嘱咐了她一句,人就像发疯般地奔走了。
샤오왕이 그녀에게 이렇게 당부 한마디를 하자 그녀는 미친듯이
달려갔다.

我已经再三提醒过你了，做这样的题一定要仔细。
내가 벌써 세 번이나 너에게 주의를 줬잖니, 이런 일은 반드시
자세하게 해야 한다니까.

15

努力 = 用功　　노력하다 = 열심히 하다

[nǔ lì] = [yòug gōng]

我真羡慕你们，你们都太努力了。
나는 정말 너희가 부럽다. 너희 모두 매우 노력하는구나.

他从小学到大学一直都很用功。
그는 초등학교 때부터 대학교 때까지 줄곧 매우 열심히 했다.

16

懂得 = 了解　깨닫다 = 이해하다

[dǒng dé] = [liǎo jiě]

他可不像你那么懂得小王的性格。

그는 너만큼 샤오왕의 성격을 알지 못해.

我学汉语的目的就是想了解中国的历史和文化。

내가 중국어를 배우는 목적은 중국의 역사와 문화를 이해하고 싶어서이다.

17

恨 = 后悔　후회하다, 원망하다 = 후회하다

[hèn] = [hòu huǐ]

她只恨没有早点告诉乃文她是爱他的。

그녀는 단지 나이원에게 그를 좋아한다고 일찍 말하지 않은 것을 후회한다.

我一直为我做的那件草率的事情而后悔。

나는 내가 그 일을 대충 한 일에 대해 계속 후회하고 있다.

18

小伙子=男人　젊은이, 총각 = 남자

[xiǎo huǒ zi]
= [nán rén]

你个大小伙子怎么抢我的买卖？

다 큰 젊은이가 어떻게 내 장사를 빼앗을 수 있지?

你怎么这么胆小，没有一点男人的气概。

너는 어쩌면 이렇게 겁이 많니, 남자의 기개가 조금도 없잖아.

19

未必=不一定 =不见得

꼭 ~한 것은 아니다, 반드시 ~하지는 않다

[wèi bì]
= [bù yī dìng]
= [bú jiàn dé]

他说他挺满意现在的生活，出国对他来说未必是件好事。

그는 그의 현재 생활에 매우 만족하고 있다고 했다. 그에게 있어 출국하는 것은 반드시 좋은 일이라고 할 수 없다.

我觉得你们对他的评价不见得客观。

나는 너희가 그의 평가에 대해 반드시 객관적일 수는 없다고 생각한다.

20

新闻 = 报道　뉴스 = 보도하다

[xīn wén]
= [bào dào]

据报道，今年我国的经济增长率很高。
보도에 따르면 올해 우리 나라의 경제 성장률은 매우 높다.

09　Word Power

01

形势 = 情况　정세, 형편 = 상황, 정황

[xíng shì] =
[qíng kuàng]

从目前的情况看，你们应该大力合作。
지금 정세로 보아 너희는 반드시 크게 협력해야 한다.

02

准 = 一定　정확하다 = 반드시, 틀림없다

[zhǔn] = [yí dìng]

你明天一定别忘了把我的书带来。
너는 내일 반드시 내 책을 가져 오는 것을 잊어서는 안 된다.

03

动人 = 感人　감동적이다 = 감명을 주다

[dòng rén]
= [gǎn rén]

这个电影太感人了，很多观众都流下了热泪。
이 영화는 매우 감동적이어서 많은 관중이 모두 뜨거운 눈물을 흘렸다.

04

反映 = 展示　반영하다 = 분명하게 나타내다

[fǎn yìng]
= [zhǎn shì]

这次展览会向观众展示了建国以来经济取得的明显成就。
이번 전람회는 관중에게 건국 이래로 경제가 이룩한 성과를 분명하게 나타내고 있다.

05

破 = 旧

[pò] = [jiù]

낡다, 고물이다, 오래되다 = 헐다, 낡다

这件衣服已经旧了，还是扔了吧。

이 옷은 이미 낡았어. 버리는 게 낫겠다.

06

喷 = 洒

[pēn] = [sǎ]

뿜어져 나오다, 분출하다 = 뿌리다

你在打扫之前，应该先往地上洒点水。

너는 청소하기 전에 반드시 바닥에 물을 좀 뿌려야 한다.

07

美 = 满意

[měi] = [mǎn yì]

만족하다 = 만족스럽다, 만족하다

我对我现在的生活很满意。

나는 지금의 나의 생활에 대해 매우 만족한다.

08

脸色 = 面孔

[liǎn sè]
= [miàn kǒng]

안색, 얼굴빛 = 낯, 얼굴

参加这次活动，没想到见到的都是陌生的面孔。

이번 활동에 참가했을 때, 모두 낯선 얼굴일 줄은 생각지도 못했다.

09

好处 = 优点

[hǎo chù]
= [yōu diǎn]

장점 = 장점, 우수한 점

我觉得你这个人最大的优点就是认真。

내 생각엔 너의 최대 장점은 바로 열심히 하는 것이다.

10

勇敢 = 无畏

[yǒng gǎn]
= [wú wèi]

용감하다 = 두려움을 모르다

在这些正直勇敢的人身上，我们不是看到了许多
共同的品德和胆量吗？

이런 정직하고 용감한 사람에게서 우리는 많은 공통된 성품과
담력을 보지 않았는가？

11

将来 = 以后
앞날, 미래 = 이후, 차후

[jiāng lái]
= [yǐ hòu]

他甚至没有想过爸爸将来知道了会怎样。
그는 심지어 장차 아버지가 알게 되면 어떨지조차 생각한 적 없었다.

想想以后的生活真的有点担心。
앞으로의 일을 생각하면 정말 조금 걱정이야.

12

怪 = 特别
매우, 아주 = 유달리, 아주 특별하다

[guài] = [tè bié]

这个头衔在我看来够怪的了，也很滑稽。
내가 보기에 이 직함은 매우 이상하고 우스꽝스럽다.

我觉得这件事没什么特别的，可他们却对此议论
纷纷。 내가 봤을 때 이 일은 뭐 특별한 게 없는데, 그들은 오
히려 의견만 분분하다.

13

温和 = 亲切
온화하다 = 친밀하다, 친절하다

[wēn hé]
= [qīn qiè]

他惊奇地耸耸肩，温和地笑问："你想卖多少？"
그는 이상하다는 듯 어깨를 들썩이며 온화한 미소를 띠고 물었
다. "당신 얼마나 팔 생각이오?"

他亲切地询问我最近的学习和生活情况。
그는 내 최근 학습과 생활 정황에 대해 친절하게 물어보았다.

14

影响 = 改变
영향을 주다 = 변하다, 바뀌다

[yǐng xiǎng]
= [gǎi biàn]

我要用人格力量来影响他们。
나는 인격의 힘으로써 그들에게 영향을 줄 것이다.

很多穷人家的孩子都认为只有知识能改变他们的
命运。 많은 가난한 집 아이들은 지식만이 그들의 운명을 바꿀
수 있다고 생각한다.

15

当前 = 现在

직면하다 = 바로, 당장에

[dāng qián]
= [xiàn zài]

当前影响个体经济健康发展的因素有三个方面。
오늘날 개인 경제의 건강한 발전에 영향을 주는 요소로는 세 가지가 있다.

现在很多的年轻人结婚后都不想生孩子，当丁克族。
지금은 결혼 후 아이를 낳지 않고 딩크족이 되려고 한다.

16

收拾 = 整治

고치다, 수리하다, 혼내다 = 수리하다, 고치다

[shōu shí] =
[zhěng zhì]

这匹马太不老实了，你替我好好收拾收拾。
이 말은 너무 온순하지 못하다. 네가 나 대신 잘 다뤄봐.

这个人太骄傲了，不把我们放在眼里，我要想办法整治他一下。
이 사람은 너무 거만해서 우리들은 안중에도 없어. 나는 방법을 생각해서 그를 고쳐 놓으려고 해.

17

看不惯 = 讨厌

눈에 거슬리다 = 싫다, 혐오하다

[kàn bú guàn] =
[tǎo yàn]

我们这些老百姓真看不惯这种官气十足的人。
우리 같은 평민들은 이런 권위적인 사람을 매우 싫어한다.

我最讨厌的就是这种没有礼貌的年轻人了。
내가 제일 싫어하는 것은 바로 이런 예의 없는 젊은이이다.

18

紧 = 不富裕

어렵다, 빠듯하다 = 부유하지 않다

[jǐn] = [bú fù yù]

这个月花得有点多，手头显得紧了。
이번 달은 좀 많이 썼어. 주머니 사정이 어려워 보인다.

因为家庭经济情况不富裕，他不得不放弃了读大学的梦想。
가정 형편이 부유하지 않기 때문에 그는 어쩔 수 없이 대학에 가는 꿈을 포기했다.

19

一切 = 全部　모든, 온갖 = 전부, 모두

[yí qiè] = [quán bù]　不能把一切希望寄托在商品经济上。

모든 희망을 상품경제에 걸 수는 없다.

这件事情全部的责任都在于我, 我请求你的原谅。

이 일은 책임은 모두 저에게 있으므로 당신께 용서를 구하려고 합니다.

20

熬 = 煮　삶다, 끓이다 = 삶다, 익히다

[áo] = [zhǔ]　让小王喝了姜汤, 我又给他熬了一碗粥, 看着他吃下去。

샤오왕에게 생강차를 마시게 하고 나는 또 그에게 죽 한 그릇을 끓여 주어 그가 먹는 것을 지켜보았다.

10　Word power

01

报酬 = 薪水　보수, 사례비 = 월급, 급여

[bào chou] = [xīn shuǐ]　我不是常替学生补习的, 我不能要报酬。

나는 학생을 위해 보충수업을 자주 하지 않는 편이다. 보수를 요구할 수 없기 때문이다.

很多人上班后都要找一个薪水高的工作。

많은 사람이 보수가 높은 직업을 찾아 일하길 바란다.

보충

* 收入[shōu rù] 수입

工资[gōng zī] = 월급, 급여(일반적인 회사의 수입을 뜻함)

工钱[gōng qián] = 노임, 임금(주로 육체노동을 통해 벌어들인 수입을 뜻함)

薪水[xīn shuǐ] = 월급, 급여 (비교적 고급스러운 표현. 참고로 年薪[nián xīn] 연봉, 月薪[yuè xīn] 월급)

02

部门 = 单位　부문 = 단체, 기관 등의 회사

[bù mén]
= [dān wèi]

这件事比较难办，有关部门一直不同意。
이 일은 비교적 처리하기 어렵다. 관련 부서에서 계속 동의하지 않는다.

现在的大学毕业生都希望去事业单位工作。
지금의 대학 졸업생들은 모두 기업에서 일하기를 희망한다.

03

猜想 = 估计　추측하다, 예상하다 = 추측하다, 생각하다

[cāi xiǎng] = [gū jì]

的确，我有过这样的猜想。
확실히 나는 이렇게 추측한 적이 있다.

我估计今天他可能不回来了。
나는 그가 아마 오늘 못 올 것이라고 예상한다.

04

才能 = 天分　지식과 능력 = 선천적인 재능

[cái néng]
= [tiān fèn]

他当了演员，我还记得你对他说过他很有才能。
그는 배우가 되었다. 나는 네가 그에게 재능이 있다고 말한 것을 아직도 기억한다.

看来我没有唱歌方面的天分。
보아하니 나는 노래 부르는 데 재능이 없어.

 보충

两下子[liǎng xià zi], 本领[běn lǐng], 本事[běn shì]	솜씨, 재주
能力[néng lì], 能耐[néng nài], 能干[néng gàn]	능력, 깜냥, 능력이 있다
才[cái], 才能[cái néng], 才干[cái gàn], 才华[cái huá], 才赋[cái fù]	재능, 재질, 소질
天才[tiān cái], 天赋[tiān fù]	천부적인 자질, 소질, 능력

05

车间 = 厂房　생산 현장, 현장 = 현장, 작업장

[chē jiān]
= [chǎng fáng]

进到里面的车间，那儿有几位师傅在画图构思。
안쪽의 현장에 들어가면 거기에는 제도구상 중인 몇 명의 숙련 공들이 있다.

这几间厂房是后来新建的。
이 몇 현장은 나중에 새로 지은 것이다.

06

沉默 = 安静　과묵하다, 침묵하다 = 조용하다

[chén mò]
= [ān jìng]

他一直沉默地听诗人说他和他爱人的故事。
그는 시인이 그와 그의 아내의 일을 말하는 것을 계속 묵묵히 들 었다.

请你们安静地先听我说完，再发表你们的意见。
우선 조용히 내가 말하는 것을 다 듣고, 다시 당신들의 의견을 발표하세요.

07

癌 = 肿瘤　암 = 종양

[ái] = [zhǒng liú]

他们走了以后，他拿出来了关于癌的书。
그들이 간 후에 그는 암에 관련된 책을 꺼내 들었다.

他的这个肿瘤已经是晚期了，需要进行化疗。
그의 이 종양은 벌써 말기이다. 약물치료를 진행해야만 한다.

08

争 = 抢　다투다, 경쟁하다 = 빼앗다

[zhēng] = [qiǎng]

他们争着对他说去买什么，或去找哪位。
그들은 가서 무엇을 살지 혹은 가서 누굴 찾을지 앞을 다투어 그 에게 말했다.

朋友们吃完以后都抢着结账。
친구들은 밥을 먹은 후에 서로 앞다투어 계산하려 했다.

09 包 = 皮包

보자기, 꾸러미 = 가죽가방, 가방의 통칭

[bāo] = [pí bāo]

她把钱和首饰小心地放在小包里。

그녀는 돈과 보석을 조심스레 가방 안에 넣었다.

你别看这个皮包小，可是东西却不少装。

너 이 가방이 작다고 보지마. 물건을 많이 담을 수 있거든.

10 报 = 回赠

대답하다, 회답하다 = 선물로 답례하다

[bào] = [huí zèng]

她很默默地向我笑了， 我也报她一笑。

그녀는 나를 향해 가볍게 웃었다. 나도 그녀에게 가벼운 미소로
회답했다.

他今天对我说话不客气，我也回赠了他几句。

그는 오늘 나에게 예의 없는 말을 했다. 나도 그에게 몇 마디 해줬다.

11 本领 = 两下子

수완, 능력 = 능력, 기량

[běn lǐng]
= [liǎng xià zi]

这种本领其实社会向和他一样的青年传授过。

이런 수완은 사실 사회가 그와 같은 청년에게 전수한 적 있다.

你们的领导者有两下子,这么难的问题也能解决。

너희들의 지도자는 능력이 있어. 이렇게 어려운 일도 해결하잖아.

12 打扮 = 装束

분장하다, 단장하다 = 옷차림

[dǎ bàn]
= [zhuāng shù]

那男人跟我差不多高，一身山里人打扮皮帽子下是
一双深邃的眼。

그 남자는 나랑 키가 비슷해, 온몸에 산골 사람의 옷차림에 가
죽모자 아래에는 심오한 눈을 가지고 있지.

韩国的女人爱赶时髦，所以很多女人的装束都
差不多。

한국 여성들은 유행 따르기를 좋아한다. 그래서 많은 여성들의
옷차림은 거의 비슷하다.

13

把握 = 决定　정하다, 결정하다 = 결정하다

[bǎ wò]
= [jué dìng]

她想她要尽最大的努力去把握她的命运。
그녀는 최대한 노력하여 그녀의 운명을 결정하려고 한다.

我觉得孩子的学历不一定由父母的学历来决定。
나는 아이들의 학력이 반드시 부모의 학력에서 결정되는 것은
아니라고 생각한다.

14

优越 = 富裕　(경제적인 면을 언급할 때)우월하다 = 부유하다, 여유있다

[yōu yuè] = [fù yù]

我和她仍旧生活在一起，过着表面上风平浪静、
和谐、幸福的优越生活了。
나와 그녀는 여전히 함께 생활한다. 겉으로는 무난하고 화목하
며 행복한 여유있는 생활을 하고 있다.

随着经济的发展，人们的生活越来越富裕了。
경제의 발전에 따라 사람들의 생활도 갈수록 부유해졌다.

15

勉强 = 困难　강요하다, 강압적으로 하다 = 어려움, 고난

[miǎn qiǎng] =
[kùn nan]

他说，为了显得镇静，他勉强露出了笑容。
그는 침착함을 보이기 위해 억지로 웃음을 지었다고 말했다.

这件事情我看要想解决有点困难。
이 일은 내가 봤을 때 해결하기 좀 어려울 것 같다.

16

挨 = 靠　바짝 붙다 = 기대다, 의지하다

[āi] = [kào]

秀莲累得头一挨枕头就睡着了。
시우리엔은 너무 피곤하여 머리를 누이자마자 곧바로 잠이 들어버
렸다.

请你不要靠着门站着。
당신 문에 기대어 서있지 마세요.

17

踩 = 踏
밟다 = (발로) 밟다

[cǎi] = [tà]

你们大家绕它走，别踩了这朵花。
너희는 이 꽃을 밟지 말고 돌아서 가라.

这里的草坪是不能随便踏的。
이 곳의 잔디밭은 맘대로 밟아서는 안돼.

18

得意 = 高兴
우쭐대다, 득의양양하다 = 즐거워하다

[dé yì] = [gāo xìng]

更让老五得意的是，这回她胜了老六。
라오우를 더 우쭐대게 만들었던 것은 이번에 그녀가 라오리우를 이긴 것이다.

令人高兴的是，他得了班里的第一名。
기쁜 것은, 그가 반에서 일등을 한 것이다.

19

建造 = 盖
짓다, 세우다 = (건물을)짓다, 올리다

[jiàn zào] = [gài]

我们东边大楼建造得很快，据说五月就可以交工。
우리 동쪽의 건물은 매우 빨리 지어서, 오월이면 완공된다고 한다.

我们准备在东边盖一个花房。
우리는 동쪽에 온실 하나를 지으려고 준비 중이다.

20

其中 = 里边
그 중의, 그 가운데 = 안쪽, 안

[qízhōng] = [lǐbiān]

这其中的奥妙太多了，我毕竟来这儿不久。
이 속의 오묘함이 너무 많아, 난 어쨌든 여기 온지 얼마 되지 않아.

这篇文章里边的词太含糊了，我也看不明白。
이 문장 속의 단어가 너무 모호해서 나도 무슨 뜻인지 모르겠다.

饮食 음식 yǐn shí			
抄饭 chǎo fàn	볶음밥	面包 miàn bāo	빵
炒面 chǎo miào	볶음면	炸猪排 zhà zhū pái	돈까스
饺子 jiǎo zǐ	만 두	热狗 rè gǒu	핫도그
汤面 tāng miàn	국 수	火腿 huǒ tuǐ	햄
粥(稀饭) zhōu (xī fàn)	죽	沙拉 shā là	사라다
泡菜 pào caì	김치	白菜 bái caì	배 추
排骨汤 pái gǔ tāng	갈비탕	葱 cōng	파
参鸡汤 shēn jī tāng	삼계탕	可口可乐 kě kǒu kě lè	코카콜라
海鲜 hǎi xiān	해산물	茉莉花茶 mò lì huā chá	쟈스민 차

PART 4

종합 기출어휘

01~15 Word power

01

特殊

특수하다, 특별하다

[tè shū]

这是一种极为特殊的情况。

이것은 매우 특수한 상황이다.

02

辅导

개인 지도하다, 과외하다

[fǔ dǎo]

现在很多家长给孩子请了辅导老师。

현재 많은 가장들이 아이에게 과외선생님을 붙여주고 있다.

03

实现

실현하다, 달성하다

[shí xiàn]

他经过不懈的努力终于实现了他的理想。

그는 꾸준한 노력을 통해 마침내 자신의 꿈을 실현했다.

04

希望

소망, 희망

[xī wàng]

天下的父母都希望孩子能成才。

이 세상의 모든 부모들은 자신의 아이가 인재가 되기를 희망한다.

05

简单

간단하다

[jiǎn dān]

这道题其实很简单。

이 문제는 사실 정말 간단하다.

06

标准

표준이다, 표준

[biāo zhǔn]

她说的是标准的普通话。

그녀가 하는 말은 표준어이다.

07

温泉

온천

[wēn quán]

这座都市是以天然温泉而闻名于世的。

이 도시는 온천으로 세상에 알려진 도시이다.

08

规模

규모

[guī mó]

这项工程规模相当大。

이 사업의 규모는 매우 크다.

09

酒店

호텔

[jiǔ diàn]

如今，这样的大城市饭店酒店多如牛毛。

오늘날 이런 대도시에는 호텔이나 식당은 셀 수도 없을 만큼 많다.

10

公民

공민, 백성

[gōng mín]

我国签署了联合国《公民权利和政治权利国际公约》。

우리나라는 UN의 〈국민권리와 정치관리에 관한 국제공약〉에 서명하였다.

01

责**任**
책임(지다)

[zé rèn]

你应该对这件事负责**任**。
당신은 이 일에 책임을 져야합니다.

02

宣**传**
선전하다, 홍보하다

[xuān chuán]

广告上都那么**宣**传，其实这几种手机的功能都差不多，还是哪种便宜买哪种吧。
광고에서는 모두 그렇게 광고하지만, 사실 휴대폰들의 성능은 다 비슷하니까 그냥 싼 거 사세요.

03

群**众**
군중, 무리

[qún zhòng]

人民群**众**是历史的创造者吗?
인민군중은 역사의 창조자인가?

04

树**立**
수립하다, 세우다

[shù lì]

怎样才能对自己树**立**信心!
어떻게 해야 자신에게 자신감을 갖을 수 있는가?

05

价**值**观
가치관

[jià zhí guān]

人有社会价**值**观和自我价**值**观。
사람은 사회적 가치관과 자아 가치관을 갖고 있다.

06

小事

작은 일

[xiǎo shì]

我的男朋友总是用一些小事欺骗我，但给我感觉他还是挺在乎我，挺爱我的，我不知道还该不该相信他呢？

남자친구는 늘 작은 일로 나를 속이지만, 여전히 날 생각해주고 날 정말 사랑한다는 것을 느낄 수 있어요. 그를 믿어야 할지 모르겠네요.

07

节约

절약하다

[jié yuē]

他是个勤俭节约的人。

그는 검소하고 절약하는 사람입니다.

08

支持

지지하다

[zhī chí]

我的意见没有人支持。

내 의견은 지지하는 사람이 없어요.

09

控制

억제하다

[kòng zhì]

他经常控制不了自己的感情。

그는 자주 자신의 감정을 억제하지 못합니다.

10

污染

오염되다

[wū rǎn]

北京的环境污染严重吗？

베이징의 환경오염은 심각합니까?

Word Power

01

合伙
동업하다

[hé huǒ]

他们合伙开了一家西餐厅。
우리는 동업하여 레스토랑을 열었다.

02

进步
진보하다

[jìn bù]

谦虚使人进步，骄傲使人落后。
겸허함은 사람을 진보시키고, 교만은 사람을 도태시킨다.

03

健康
건강

[jiàn kāng]

随着生活水平的提高，人们也更重视健康生活了。
생활 수준이 높아짐에 따라, 사람들이 건강을 중시하게 되었다.

04

角色
배역, 각색, 역할

[jué sè]

我们每个人都在生活中扮演着几个角色。
우리 각 사람은 다 삶 속에서 각각 몇 가지 역할을 맡고 있다.

05

决定
결정하다

[jué dìng]

这件事经过大家的讨论终于做出了决定。
이 일은 모두의 토론을 통해 결정된 바이다.

06

失败 실패하다

[shī bài]

失败是成功之母。

실패는 성공의 어머니

07

批评 비평하다, 혼내다

[pī píng]

我们应该常常做自我批评。

우리는 종종 자신을 비판해야 한다.

08

积极 적극적이다, 열성적이다

[jī jí]

他每次都很积极主动地帮助别人。

그는 매 번 적극적이고 주동적으로 남을 돕는다.

09

满意 충분하다, 넉넉하다

[mǎn yì]

我现在对我的生活很满意。

나는 현재 나의 생활에 아주 만족한다.

10

公里 킬로미터

[gōng lǐ]

汽车走了100多公里了。

자동차가 100킬로를 갔다.

---

01 关照 [guān zhào]
관심을 가지고 보살피다

请多多关照!
잘 부탁 드립니다.

---

02 似乎 [sì hu]
마치 …인 것 같다, 인 듯하다

似乎生气了。
화가 난 것 같다.

---

03 涉及 [shè jí]
관련되다, 미치다, 언급하다

这件事涉及到你。
이 일은 너에게 영향을 주었다.

---

04 申请 [shēn qǐng]
요구하다, 청구하다, 신청하다

我要申请银行业务。
은행 업무를 신청하려고 합니다.

---

05 曾经 [céng jīng]
일찍이, 이전에, 예전에

我曾经看过这本畅销书。
나는 전에 이 베스트셀러를 읽어본 적이 있다.

06

勇气

용기

[yǒng qì]

我没有勇气见她。

나는 그녀를 볼 용기가 없다.

07

编辑

편집하다, 편찬하다

[biān jí]

出版社正在编辑我的书。

출판사는 내 책을 편집하고 있다.

08

努力

노력하다, 힘쓰다

[nǔ lì]

我正在努力解决这个问题。

나는 이 문제를 해결 하는 데 노력하고 있다.

09

软件

소프트웨어(software)

[ruǎn jiàn]

他是搞软件的电脑专家。

그는 소프트웨어 컴퓨터 전문가이다.

10

辞职

사직하다, 그만두다

[cí zhí]

他辞职后就下海了。

그는 일을 그만둔 후 장사를 시작했다.

05 Word Power

01
面包　　빵
[miàn bāo]

爱情不是面包，还需要经济基础。
사랑은 빵이 아니다, 경제적인 기초가 필요하다.

02
饥饿　　굶주림, 기아
[jī è]

饥饿的他向食物扑去。
굶주린 그는 음식을 향해 달려들었다.

03
终于　　결국, 마침내, 끝내
[zhōng yú]

我终于见到了我心中的偶像明星。
나는 마침내 내 마음속의 우상인 스타를 만났다.

04
到达　　도달하다
[dào dá]

我们很快就到达了目的地。
우리는 아주 빨리 목적지에 도달하였다.

05
独立　　독립, 자립
[dú lì]

家长应该培养孩子独立能力。
부모는 아이들에게 자립심을 키워 주어야 한다.

06

基础

[jī chǔ]

토대, 기초

他在原有的基础上有了很大的提高。

그는 원래의 기초를 토대로 더 큰 향상을 거두었다.

07

外面

[wài miàn]

겉면, 밖, 바깥

外面的雨下得很大。

밖에는 비가 많이 내리고 있다.

08

电影

[diàn yǐng]

영화

我昨天看了一部恐怖电影。

나는 어제 공포영화를 한 편 보았다.

09

大概

[dà gài]

대략

这件事大概要一个月的时间才能完成。

이 일은 대략 한 달 정도 있어야 완성할 수 있다.

10

网络

[wǎng luò]

네트워크

现在是一个网络经济的时代。

지금은 네트워크 경제의 시대이다.

Word Power

01

师范

[shī fàn]

본보기, 모범, 사범

我是师范大学毕业的学生。

나는 사범대학을 졸업한 학생이다.

02

兴趣

[xìng qù]

흥, 재미, 취미

我的兴趣广泛。

나의 취미는 광범위하다.

03

支援

[zhī yuán]

돕다, 지원하다

大家都在支援西部建设。

모두 서부 건설에 지원했다.

04

活动

[huó dòng]

활동

我们准备组织一次纪念活动。

우리는 기념활동 조직을 준비할 계획이다.

05

新闻

[xīn wén]

(신문, 방송 등의) 소식, 뉴스

据一则新闻报道

한 신문 기사에 따르면

06

母亲   어머니

[mǔ qīn]

她是一位温柔善良的母亲。

그녀는 따뜻하고 선량한 어머니이다.

07

必须   반드시, 꼭

[bì xū]

你必须把这些工作做完才能回家。

너는 반드시 작업을 다 끝내고 나서 집에 돌아가야 한다.

08

目前   지금, 현재

[mù qián]

看目前的情况，没有太大问题。

현재 상황을 보니, 큰 문제는 없다.

09

责任   책임

[zé rèn]

这件事情不是我一个人的责任。

이 일은 나 혼자의 책임이 아니다.

10

代表   대표, 대신하다

[dài biǎo]

她们的意见也代表了我个人的想法。

그녀들의 의견도 나 개인의 견해를 대표한다.

01

光临

광림하다. 왕림하다

[guāng lín]

欢迎光临我们商店。

저희 가게에 오신걸 환영합니다!

02

兴趣

재미, 취미

[xìng qu]

我现在对汉语产生了浓厚的兴趣。

나는 중국어에 깊은 관심을 가지고 있다.

03

现象

현상

[xiàn xiàng]

对于出现的新现象我们要注意。

새로운 현상이 나타난 것에 대해 우리는 주의를 기울여야 한다.

04

然而

그러나, 그렇지만, 그런데

[rán' ér]

他虽然失败了很多次，然而并不灰心。

그는 비록 여러 번 실패했지만, 낙담하지 않았다.

05

硕士

석사

[shuò shì]

她现在的男朋友是一个在读硕士。

그녀의 현재 남자친구는 석사과정을 밟고 있다.

06

清楚

확실하다, 명백하다

[qīng chu]

这件事我比你清楚。

이 일은 내가 너보다 잘 알고 있다.

07

形式

형식

[xíng shì]

目前就业的形式很严峻。

현재 취업의 형식은 매우 어렵다.

08

消息

소식

[xiāo xi]

这个小道消息，你可千万别信。

이 근거 없는 소식을 절대 믿지 마라.

09

早日

하루속히, 하루빨리

[zǎo rì]

希望你早日实现你的理想。

하루빨리 너의 꿈을 이루기를 바래.

10

健康

건강

[jiàn kāng]

有了健康的身体才能做很多的事。

건강한 신체를 가진 사람이 많은 일을 할 수 있다.

Word Power

01

永远

영원하다

[yǒng yuǎn]

我会永远默默地祝福你。

나는 영원히 묵묵히 너를 축복할 거야.

02

元旦

설날

[yuán dàn]

留学生们准备开一个元旦晚会。

유학생들은 설날 파티를 열 준비를 한다.

03

特别

특히, 각별히, 유난히

[tè bié]

今天的天气特别冷。

오늘 날씨가 유난히 춥다.

04

外面

겉면, 밖, 바깥

[wài miàn]

外面刮起了大风，别出去了。

바깥에는 바람이 많이 부니, 나가지 말아라.

05

电影

영화

[diàn yǐng]

这是一部反映农村新面貌的电影。

이 영화는 농촌의 새로운 모습을 반영하는 영화이다.

06

大概

[dà gài]

대략, 대개, 아마

他今天大概不能来了，我们别等了。

오늘 그는 아마 못 나올 것 같으니, 기다리지 말자.

07

身体

[shēn tǐ]

몸, 신체, 건강

他的身体状况越来越不好。

나의 몸 상태는 날이 갈수록 나빠지고 있다.

08

服药

[fú yào]

약을 먹다

你服药后应该好好地睡上一觉。

약을 복용하신 후에 충분히 수면을 취하세요.

09

各位

[gè wèi]

여러분

欢迎今天各位能来参加我们的婚礼。

오늘 저희의 결혼에 참석해 주신 여러분을 환영합니다.

10

首先

[shǒu xiān]

맨 처음, 무엇보다 먼저, 우선

首先我向大家表示衷心的感谢。

먼저 모두에게 진심의 감사를 표시하고 싶네요.

01

意思

뜻, 의미

[yì si]

他话里话外的意思就是我不应该来。

그의 말 속의 뜻은 내가 와선 안 되었다는 것이다.

02

影响

영향

[yǐng xiǎng]

吸烟会严重影响身体健康。

흡연은 신체 건강에 큰 영향을 끼친다.

03

负责

책임을 지다

[fù zé]

出了问题你要负责的，不能推卸责任。

문제가 생기면 네가 책임을 져야지 남에게 전가해서는 안 된다.

04

身体

몸, 신체, 건강

[shēn tǐ]

身体是革命的本钱。

건강은 혁명의 자본이다.

05

给予

(서면이) 주다, 베풀어 주다

[jǐ yú]

我们期待着你一如既往地给予我们关怀。

우리에게 한결같은 관심을 주시길 기대하고 있습니다.

06

仔细

자세하다, 상세하다

[zǐ xì]

请你仔细阅读该《说明书》。

이 설명서를 자세히 읽어 주시기 바랍니다.

07

努力

노력

[nǔ lì]

她不管做什么都有一种努力向上的精神。

그녀는 무슨 일을 하던 상관 없이, 노력해서 향상하려는 정신을 가지고 있다.

08

服务

봉사하다, 서비스하다

[fú wù]

我们应该有一种为别人服务的精神。

우리는 남을 위해 봉사 하는 정신을 가져야 한다.

09

最后

최후, 맨 마지막

[zuì hòu]

最后我们在这场比赛中输了。

결국 우리는 이 경기에서 졌다.

10

已经

이미, 벌써

[yǐ jīng]

我已经很长时间没见过他了。

나는 이미 오랫동안 그를 보지 못했다.

01

消息

소식, 정보, 뉴스

[xiāo xi]

这对你来说，无疑是一个好消息。

너의 입장에서 말하자면, 이것은 의심할 것도 없이 좋은 소식이다.

02

甚至

심지어, …까지도, …조차도, …마저

[shèn zhì]

我今天没有时间，甚至这个星期都很忙。

오늘은 시간이 없어, 심지어 이번 주말마저도 바빠.

03

结果

결실, 결과

[jié guǒ]

这是一个出人意料的结果。

이것은 뜻밖의 결과이다.

04

举办

열다, 개최하다

[jǔ bàn]

北京将在2008年举办奥运会。

베이징은 2008년에 올림픽을 개최한다.

05

照片

사진

[zhào piàn]

每当看到这张照片时，我就情不自禁地想起他。

이 사진을 볼 때마다, 나도 모르게 그가 생각난다.

06

爱好者

애호가

[aì hào zhě]

他是一个高尔夫球爱好者。

그는 골프 애호가이다.

07

邮政编码

우편번호

[yóu zhèng biān mǎ] 你信上的邮政编码错了。

네 편지의 우편번호가 틀렸다.

08

服务员

서비스업종사자, 종업원

[fú wù yuán]

这位年轻的服务员态度真的太热情了。

이 젊은 종업원의 태도는 정말 친절하다.

09

面积

면적

[miàn jī]

他一直想买一个面积大的房子。

그는 줄곧 넓은 집을 살 생각을 한다.

10

监督

감독(하다)

[jiān dū]

政府应该发挥其监督的职能。

정부는 그 감독기능을 잘 발휘해야 한다.

01

注册
등록하다

[zhù cè]

我们最近在中国注册了一家新的公司。
우리는 최근 중국에 새로운 회사를 등록했다.

02

担任
책임지다

[dān rèn]

他今年担任了我们公司的总经理。
그는 올해 우리 회사의 총경리를 맡았다.

03

随着
…따라서, …를 뒤이어, …에 따라

[suí zhe]

随着科学技术的发展，我们的生活越来越方便了。
과학 기술의 발전에 따라, 우리의 생활도 날로 편리해졌다.

04

朋友
친구, 벗

[péng you]

朋友多了路好走（在家靠父母，在外靠朋友）。
친구가 많으면 쉽게 길을 갈 수 있다.(집에서는 부모에게 의지하고, 밖에서는 친구에게 의지한다.)

05

或者
…이 아니면 …이다

[huò zhě]

明天或者后天再去吧。
내일 아니면 모레 다시 가자.

06

手机

휴대폰

[shǒu jǐ]

这是一部最近流行的手机。

이건 최근 유행하는 휴대폰이야.

07

业务

직업, 직무

[yè wù]

我写了一份简短的业务报告。

나는 짧은 업무보고를 작성했다.

08

感谢

감사하다

[gǎn xiè]

对大家的帮助表示衷心的感谢。

모두의 도움에 대해 진심으로 감사한 마음을 표시합니다.

09

岗位

직책, 위치

[gǎng wèi]

你首先应该明白你的岗位职责。

너는 먼저 너의 직책에 대해 잘 이해해야 한다.

10

周围

주변, 주위

[zhōu wéi]

周围的人给了我很大的帮助。

주의 사람들이 나에게 큰 도움을 주었다.

01

非常　　대단하다

[fēi cháng]

我对我过去的行为感到非常后悔。

나는 나의 과거 행위에 대해 매우 후회한다.

02

能力　　능력

[néng lì]

他的能力很强，但性格不太好。

그의 능력은 뛰어나지만, 성격은 정말 별로이다.

03

健康　　건강

[jiàn kāng]

现在的人们越来越重视健康理念。

사람들은 점점 건강 이념을 중시한다.

04

影响　　영향, 영향을 주다

[yǐng xiǎng]

他的话使我受到了很大的影响。

그의 말은 내게 큰 영향을 받게 했다.

05

如何　　어떻게

[rú hé]

如何跟别人交往，这是一门很大的学问。

어떻게 다른 사람과 교제할 것인가는 아주 큰 학문이다.

06 否则

[fǒu zé]

그렇지 않으면, 아니면

你要努力学习，否则就考不上大学。
너는 노력해야 한다, 그렇지 않으면 대학에 합격할 수 없어.

07 时候

[shí hou]

때, 시각

我在中国留学的时候有过很多有意思的事。
내가 중국에서 유학할 때 재미있는 일들이 많이 있었다.

08 想办法

[xiǎng bàn fǎ]

방법을 생각하다

你要想办法解决这件事。
너는 이 일을 해결할 방법을 생각해야 한다.

09 眼睛

[yǎn jing]

눈

她有一双漂亮的大眼睛。
그녀는 예쁘고 큰 눈을 가지고 있다.

10 人民币

[rén mín bì]

인민폐

我们要把人民币换成美元。
우리는 인민폐를 달러로 환전하려고 한다.

13 Word Power

01

信用卡　신용카드

[xìn yòng kǎ]　我们这里可以用信用卡结帐。
우리는 이곳에서 신용카드로 결제할 수 있다.

02

东西　물건

[dōng xi]　中国的东西物价很便宜。
중국의 물가는 매우 싸다.

03

吸引　끌어들이다. 매료시키다

[xī yǐn]　他们的举动吸引了大批的游客。
그들의 행동이 많은 관광객들을 매료시켰다.

04

视线　시선

[shì xiàn]　因为雾太大，我们的视线变得很模糊。
안개가 너무 심해서, 우리의 시선은 모호하게 되었다.

05

仔细　자세하다, 꼼꼼하다

[zǐ xì]　以后要仔细点，不要这么粗心大意了。
다음부터는 꼼꼼하게 좀 해, 이렇게 대충 하지 말고.

06 回忆

기억을 돌이키다, 추억하다

[huí yì]

这是我人生中一段美好的回忆。

이것은 내 인생의 아름다운 추억이다.

07 图书馆

도서관

[tú shū guǎn]

为了公务员考试他每天泡在图书馆里。

공무원 시험을 위해 그는 매일같이 도서관에 죽치고 있다.

08 罚款

벌금을 물다

[fá kuǎn]

因为酒后开车他被罚款。

음주운전 때문에 벌금을 물었다.

09 申请

신청하다

[shēn qǐng]

我想要申请这个职务。

나는 이 직무를 신청하고 싶다.

10 解释

해석하다

[jiě shì]

不管他怎么解释，朋友们也不相信。

그가 어떻게 설명하든지 간에, 친구들은 모두 믿지 않았다.

Word Power

01

信息

[xìn xī]

정보, 소식, 뉴스

我们可以通过很多途径获得信息。

우리는 많은 경로를 통해 소식을 얻을 수 있다.

02

知识

[zhī shi]

지식

他是一个知识丰富的教授。

그는 지식이 풍부한 교수이다.

03

熟悉

[shú xī]

익숙하다

我们渐渐地从陌生变得熟悉。

우리는 낯설음에서 점차 익숙해졌다.

04

软件

[ruǎn jiàn]

소프트웨어

这里的硬件设施还行，软件方面还差点。

이곳의 하드웨어는 쓸 만 하지만, 소프트웨어는 별로이다.

05

考虑

[kǎo lǜ]

고려하다

请你再慎重考虑一下。

다시 한번 신중하게 생각해 보세요.

06

学校 학교

[xué xiào]

这是一所有名的学校。
이 곳은 아주 유명한 학교이다.

07

习惯 습관

[xí guàn]

父母应该从小培养孩子的学习习惯。
부모는 아이에게 어릴때부터 공부하는 습관을 길러주어야 한다.

08

帮助 도움(주다)

[bāng zhù]

他总是很热情地去帮助别人。
그는 늘 열정적으로 남을 돕는다.

09

环境 환경

[huán jìng]

现在的环境问题已经引起了世界各国的重视。
현재 환경 문제는 이미 세계 각국의 중시를 불러 일으켰다.

10

组织 조직하다, 구성하다

[zǔ zhī]

我们想组织一次韩中学生交流活动。
우리는 한중 학생들의 교류활동을 조직하고 싶다.

15 Word Power

01

顺利
순조롭다

[shùn lì]
他顺利地完成了4年的大学课程。
그는 순조롭게 4년 대학과정을 마쳤다.

02

领导
지도자, 리더

[lǐng dǎo]
他的领导能力是有目共睹的。
그의 지도 능력은 세상이 다 알고 있다.

03

传统
전통

[chuán tǒng]
你的想法太传统太保守了。
너의 생각은 너무 전통적이고 보수적이다.

04

承担
부담하다, 맡다

[chéng dān]
他主动地承担起了照顾孩子的任务。
그는 적극적으로 아이를 돌보는 일을 맡았다.

05

独生子女
외동자녀

[dú shēng zǐ nǚ]
独生子女的教育问题要引起每位家长的重视。
외동자녀들의 교육문제는 모든 가장들의 관심을 불러일으켰다.

06
夫妻　부부

[fū qī]

他们的**夫**妻关系现在越来越差。
그들 부부의 관계는 점점 나빠지고 있다.

07
突出　두드러지다, 눈에 띄다, 우수하다

[tū chū]

去年我们取得了**突**出的成绩。
작년에 우리는 우수한 성적을 거두었다.

08
内容　내용

[nèi róng]

这篇文章的**内**容深刻，中心明确。
이 글의 내용은 깊고 핵심이 명확하다.

09
消费者　소비자

[xiāo fèi zhě]

消**费**者应该保护自己的权利。
소비자는 자신의 권리를 보호해야 한다.

10
作品　작품

[zuò pǐn]

他的作**品**海内外闻名。
그의 작품은 국내외로 유명하다.

脾气 pí qì	성격과 기질		
认真 rèn zhēn	진지하다	老实 lǎo shi	성실하다
开朗 kāi lǎng	명랑하다	积极 jī jí	적극적이다
活泼 huó pō	활발하다	机灵 jī ling	영리하다
(有)礼貌 (yǒu) lǐ mào	예의바르다	杰出 jié chū	뛰어나다
狡猾 jiǎo huá	교활하다	亲切 qīn qiè	친절하다
骄傲 jiāo ào	교만하다	了不起 liǎo bu qǐ	비범하다
吃香 chī xiāng	평판이 좋다	讨厌 tǎo yàn	혐오하다
(有)风度 (yǒu) fēng dù	풍채가 있다	伟大 wěi dà	위대하다
聪明 cōngmíng	똑똑하다	严格 yán gé	엄격하다

PART 5

기출 전치사, 숙어

01~22 idioms

01

跟……争 ……와 다투다, 경쟁하다

那边有空座位，干吗跟我争？
저쪽에 빈자리가 있는데, 왜 나와 자리다툼을 하려고 하는 거야?

02

跟……较劲(量) ……와 겨루다, 대들다, 경쟁하다

他动不动就跟他上司较劲。
그는 툭하면 직장상사와 맞서려고 한다.

03

跟(给) **……解释** 설명하다, 해명하다

他跟我解释这件事。
그는 나에게 이 일을 설명해주었다.

04

跟(向) **……交待** (이미 벌어진 어떤 문제에 대해) 설명하다, 해명하다

你得好好儿跟父亲交待。
너는 아버지께 잘 해명(설명)해야 한다.

05

给 ……添麻烦 ……에게 폐를 끼치다

真不好意思，我又给你添麻烦了！
미안해요. 또 당신에게 폐를 끼쳤군요.

06

和(跟)……联系 ……와 연락하다, ……와 관련하다

他跟某一个官有联手关系。

그는 어떤 관리와 연락이 닿는 사이다.

07

与(跟)……沟通 ……와 통하다, 교류하다, 소통하다

与父母缺少沟通。 부모와의 소통이 부족하다.

08

与(跟)……聊天 ……와 잡담하다, 한담하다

放学以后，与同学聊天。 방과 후 친구들과 잡담하다.

09

马上就…… 금방 곧, 이제 곧 (= 眼看就\立刻就\立马就\即将)

我们马上就动手。 우리는 곧바로 일올 시작할 것이다.

公公一进来，新娘马上就让位。

시아버지가 들어서자 새색시는 바로 일어나 자리를 비켰다.

许多动物即将进入冬眠。 많은 동물들이 곧 겨울잠에 들어갈 것이다.

10

也都…… ……도 모두 VS **也就……** ……도 곧, 즉시

虽然是他乡，但是扎下根生活，也就跟故乡没有什么两样。

타향이지만 뿌리박고 살다 보니 고향이나 다름없다.

不分黑白，也就是说不顾事情的结果，随便做。

흑백을 가리지 않는다는 말은 이를테면 일의 결과를 생각하지 않고 마음대로 한다는 것이다.

我们也都喜欢学中文。

우리들도 모두 다 중국어 공부하는 것을 좋아한다.

大家也都那样嘛！

모두 다 그러잖아 !

11

坐公共汽车去的话慢**不说**，还得走一大段路，我看咱们还是打的去吧。

버스를 타고 가면 말이지 느린 것은 말할 것도 없고, 한참을 걸어가야 하잖아, 그냥 택시 타고 가는 것이 나을 것 같은데.

别说是我了，连中国人也看不懂这个古文。

나는 말할 것도 없이, 중국인들조차도 이 고문은 보고 이해하지 못한다.

12

'了'의 활용

(1) 동사의 용법 了 liǎo

① 동사로 完(다하다)의 의미와 같지만 술어의 역할은 할 수 없다.

我**了**了我的工作。（X）

我**完**了我的工作。（O）

② 결과보어로는 잘 쓰이지 않는다.

我吃**了**了这个菜。（X）

我吃**完**了这个菜。（O）

③ 가능보어로 잘 쓰인다.

동사 + 得了(할 수 있다) / 不了(할 수 없다)

走**得**了、走**不**了。

걸을 수 있다, 없다.

吃**得**了、吃**不**了。

먹을 수 있다, 없다.

(2) 조사의 용법 了 le

동태조사

① 동사의 뒤에 쓰인다.

看**了**报 신문을 보다, 听**了**音乐 음악을 듣다, 做**了**广告 광고를 하다

② 동사와 결과보어의 뒤에 쓰인다.

看到了长城 만리장성을 보았다.
听到了那个声音 그 소리를 들었다.

③ 동사와 방향보어의 사이나 동사와 방향보어의 뒤에 모두 쓸 수 있다.

走了出来 걸어서 나왔다.   走出来了 걸어 나왔다.

④ 과거.현재.미래 완료를 나타낸다.

下了课就要去图书馆找资料。
수업이 끝나면 곧장 도서관에 가서 자료를 찾을 거야.
수업이 아직 끝나지 않았으므로 '끝난다면'이라는 의미의 미래완료이다.

下了课就去图书馆找资料了。
수업이 끝나고 나서 도서관에 가서 자료를 찾았다.
문장끝의 어기조사 '了'가 과거임을 나타주고,
下了课 는 '수업이 끝나고'라는 의미의 과거완료이다.

어기조사

① 문장의 동작이나 상황이 이미 발생했음을 나타낸다. 과거형이다.

我去年去过台湾了。
나는 작년에 대만에 가본 적이 있다.

② 새로운 상황의 출현이나 변화를 보여준다.

他突然有事，我不去看电影了。
그에게 갑자기 일이 생겨 영화를 보러 가지 않기로 했다.

天黑了。
날이 어두워졌다.

春天了。
봄이 되었다.

13

동사 + 就 + 동사 + 个 + 형용사 동사의 동작을 최선을 다해 하다(가정)

咱们要玩儿就玩儿个痛快。
우리 놀려면 제대로 한 번 놀아보자.

要喝就喝个痛快。
일단 마시려면 시원하게 마셔보자.

你要问就问个明白。
물어보려면 이해가 될 때까지 확실하게 물어봐.

14

동사＋都不(没)＋동사…… 동사의 동작조차도 하지 않았다

我给她买了很多辅导书，可是她看都不看一眼。

나는 그녀에게 많은 과외 교재를 사줬는데, 그녀는 눈길조차도 주지 않았다.

别人的东西，他碰都不碰一下儿。

다른 사람의 물건은 손조차도 대지 않는다.

她一心一意准备考研究生，搞对象的事她想都不想。

그녀는 오로지 대학원 시험만 준비했지, 배우자를 찾는 문제는 생각조차도 안 해봤다.

15

非……才…… 반드시……를 해야지만……하다

他非把工作做完才回家。

그는 일을 다 마쳐야지만 집에 간다.

他非把汉语学好才回国。

그는 중국어를 잘 배우고 나서야만 귀국한다.

16

给……做介绍 ……에게 소개를 해주다

老板给大伙儿做个简单的介绍。

사장님이 모두에게 간단한 소개를 했다.

17

又不是…… ……(한 것)도 아닌데

我又不是第一次做这件事，你干吗那么担心?

내가 처음 하는 것도 아닌데, 뭘 그렇게 걱정하니?

18 又没有······ ······(한 것)도 아니었는데

他又没有惹你，干吗要打他？
걔가 너를 건들지도 않았는데 가만히 있는 애를 왜 때려?

她又没有跟我说，我怎么知道？
그녀가 나에게 말한 것도 아닌데, 내가 어떻게 알겠어요?

19 주어 可··· 주어가 정말 ···하다 VS 可 주어··· 그러나 주어는 ···하다

你这娘们再多嘴，我可不饶你了。
너 이 계집애 한번 더 주둥이를 놀리면 난 정말 가만두지 않을 거다.

我很乐意，可我实在帮不了你。
저는 기꺼이 해드리고 싶지만, 정말 도와드릴 수가 없군요.

20 '作为'의 활용

① **把 A 作为(当作) B : ～로 삼다, ～되다**
我们要把他作为我们的榜样。
우리들은 그를 우리의 본보기로 삼아야 한다.

② **作为 + 직업, 신분 등 : ～로서**
作为校长，您对这次高考的结果怎么看？
교장선생님으로서, 이번 대입결과에 대해 어떻게 생각하십니까?

作为一个电影演员，他应该把观众对他的承认当成鼓励。
영화배우로서, 그는 반드시 관중들의 자신에 대한 인정을 격려로 삼아야 한다.

③ **명사 – 성과, 업적, 결과**
他干了五年这行工作，但到目前为止没有什么特别的作为。
그는 이쪽 일을 5년이나 했지만 지금까지 무슨 특별한 성과가 없다.

21

自 A 以来 A한 이래로(현재시점까지)

(A자리에는 주로 시간, 년도, 사건, 계기 등이 잘 온다.)

自他开始做生意**以来**，就没有带孩子出去玩过。

그는 장사를 시작한 이래로 아이를 데리고 놀러 가 본 적이 없다.

22

一定会（能）把…… 반드시 ……을/를 할 것이다.(하겠다)

我相信他**一定会把**这项工作做好。

나는 그가 이 일을 반드시 잘 해낼 것이라고 믿습니다.

23

绝对不（没）…… 절대로 …… 가 아니다

我想你是**绝对没**问题的。 내가 생각하기에 당신은 절대 문제 없다.

24

你可别忘了…… ……을 절대로 잊으면 안 돼

你可别忘了，三分治，七分养。 절대 잊지 마, 치료보다는 몸조리가 중요해.

25

不妨…… ……해도 무방하다

你们**不妨**举两个例子来说明这个问题。

너희들은 이 문제에 대해 두 개의 예를 들어 설명해도 무방하다.

你们虽然比较陌生，也**不妨**交换意见。

비록 둘은 좀 낯설겠지만 서로 의견을 좀 나눠도 될 것 같아.

26

但是 + S + 倒 그러나 S는 오히려/도리어
就是　　　却
可是　　　反而、反倒

大家都说这个主意不错，就是他一个人倒不同意。

모두들 이 아이디어가 좋다고 말하지만 그 사람만 동의를 하지 않는다.

吃葡萄不吐葡萄皮儿，（但是）不吃葡萄倒吐葡萄皮儿。

포도를 먹고 포도껍질을 뱉지 않고, 포도를 먹지 않고 오히려 포도껍질을 뱉는다.

27

'就' 의 활용

① V 를 하자마자 곧……

　刚(一) V……就……, 一 V……就……, V 了……就……

刚一到北京就去王府井吃了羊肉串。

[해석] 이제 막 북경에 도착하자 마자 왕푸징에 가서 꼬치를 먹었다.

一下班就去练瑜伽。 퇴근하자마자 요가를 하러 간다.

② 我就…… 나는 곧…… VS 就我…… 오직 나만……

如果我说的不对，我就改名换姓。

[해석] 만약에 내가 한 말이 틀렸다면, 내가 성을 간다.

我们班里就我一个人没去过中国。

[해석] 우리 반에서 딱 나 한 사람만 중국에 가보지 않았다.

③ 就 = 对 ~에 대하여, 대해(전치사용법)

A 他们正在 B 孩子教育问题 C 进行 D 热烈的讨论。
　　　　　　　↑──── 就

그들은 자녀교육 문제에 대해 열띤 토론을 진행했다.

会谈中 A 两国领导 B 进一步发展和加强 C 双方关系的
问题 D 交换了意见。↑
　　　　　　　　　　就

[해석] 회담 중에 두 나라의 지도자는 양국관계를 한층 더 발전시키고 강화하는
　　　　문제에 대해 의견을 나누었다.

④ 就 = 坚决 : 단호하고 강경한 태도를 나타낸다.

我跟儿子说了好好吃饭，儿子只说"我就不吃！"
A.马上　B.对　　C.坚决　　D.取得

[해석] 나는 아들에게 밥 좀 잘 먹으라고 했는데, 아들은 "난 절대 안먹어요."라고 말했다.

28

‘光’ 의 활용

① 술어의 용법

光了。　　　　　　　　아무것도 없다. 싹 다 사라졌다.

A:你的工资呢? 钱呢?　월급은? 돈은?

B:光了。　　　　　　　없어, 다 날아갔어.

② 보어의 용법

동사 + 光 : 동사의 동작을 다 해서 남는 것이 없다.

깨끗이 다 어떻게 되었다.

卖光了衣服　　　옷을 다 팔았다.

吃光了饭菜　　　밥과 요리를 깨끗하게 먹어치웠다.

忘光了汉语　　　중국어를 다 까먹었다.

喝光了啤酒　　　맥주를 다 마셨다.

脱光了上衣　　　상의를 다 벗었다.

③ 부사어의 용법

光 + 동사 : ‘~오로지, 단지’ 의 의미로 쓰인다.

(＝就、但、单、仅、只、净) 오로지 ~하다

光想挣钱　　　오로지 돈 벌 생각만하다

光凭感觉　　　단지 느낌만으로

光顾说话　　　이야기만 신경 쓰다

光看身材　　　몸매만 본다

29

‘越’ 의 활용

① 越来越 + 형용사/상태변화동사 (동작을 나타내는 동사는 안쓴다.)

越来越做(X)　越来越走(X)

越来越好(O)　越来越紧张(O)

A 到 B 中国以后，C 喜欢 D 泡菜了。
　　　　越来越 ──↑

[해석] 중국에 온 후 김치가 점점 더 좋아졌다.

② 동사 + 得 + 越来越 + 보어

A 来中国以后，他 B 说汉语 C 说得 D 流利了。
越来越 ——————↑

[해석] 중국에 온 이후에 그는 중국어가 점점 더 유창해졌다.

③ 越 + 동사 + 越 + 동사/형용사

____让他干，干得____来劲。
A. 还 —— 还 ——
B. 越 —— 越 ——
C. 又 —— 又 ——
D. 边 —— 边 ——

[해석] 그에게 자꾸 하라고 하면 그는 더 신나서 한다.

____是相爱的人，为什么____互相伤害呢?
A. 一 —— 就 ——
B. 又 —— 又 ——
C. 越 —— 越 ——
D. 边 —— 边 ——

[해석] 서로 사랑하는 사람일수록, 왜 서로 상처를 주는 것일까?

> **참고** 부사의 위치를 암기하세요!
>
> • ① 정도, 정태보어기출
>
> 变得这么漂亮。(O)　　　　　这么变得漂亮。(X)
>
> 说得越来越流利。(O)　　　　越来越说得流利。(X)
>
> 踢得的确很好。(O)　　　　　的确踢得很好。(X)
>
> ② 부사기출
>
> 骑自行车大概要骑一个半小时。(O)
>
> 大概要骑自行车骑一个半小时。(X)
>
> 好像见过他一次。(O)　　　　见过他好像一次。(X)
>
> 一连几天(O)　　　　　　　　连续三个月(O)

30

凭借······优势、智慧、意志、刚毅、努力、关系、
毅力、能力、关系＋서술어

주로 뒤에 나온 단어를 통해 어떤 소기의 목적을 달성한다는 의미
(증서나 표 등을 나타낼 때 쓸 수 있다. 따지는 듯한 말투를 나타낸다.)

 참고

- 호응하는 단어 – 힘, 의지, 능력, 지혜, 관계, 끈기 등
- 靠, 凭과 대체 가능하다
- [주요예문]

本人有小轿车、面包车、越野车，顾客凭身份证、驾
驶证，有一定数量的押金，即可租用。

본인은 소형차, 소형봉고차, SUV차량 등을 보유하고 있습니다.
고객께서는 신분증, 운전면허증 등을 가지고 일정금액의 보증금
이 있으면 언제든지 렌트가 가능합니다.

凭借人高马大的优势，战胜了敌人。

아주 큰 우세를 이용하여 적들에 승리했다.

凭借主场的优势，踢进了世界杯四强。

홈 그라운드의 우세를 이용하여 월드컵 4강에 진출했다.

羊凭借自己的智慧战胜了狼，没被吃掉。

양은 자신의 지혜로 늑대와 싸워서 이겼고 잡아 먹히지 않았다.

凭票入场

표에 따라 입장하다.

凭学生证优惠

학생증이 있으면 할인됩니다.

凭护照免税

여권을 가지고 오면 세금이 공제됩니다.

凭什么不让我进去？

뭣 때문에 못 들어가게 하는 거에요?

31

根据……报道、研究、调查、统计、资料、消息、内容 + 서술어

주로 뒤에 나온 단어를 근거, 바탕 또는 토대로 어떤 판단이나 정의를 내린다는 의미

참고

- 호응하는 단어 – 조사, 통계, 뉴스, 보도, 연구결과, 자료, 내용

  据와 대체 가능하다
- [주요예문]

  根据工作的难易程度，给予不同薪水。

  일의 난이도에 따라 보수를 달리 준다.

  根据报道，目前中国人民的生活水平基本上达到了小康水平。

  보도에 따르면, 오늘날 중국인민들의 생활수준은 기본적으로 최저생계보장 수준에 도달하다.

32

按照……规定、习惯、风俗、命令、吩咐、话、意思 + 서술어

주로 뒤에 나온 단어를 근거, 바탕 또는 토대로 어떤 조치나 행동, 실천을 한다는 의미

참고

- 호응하는 단어 – 습관, 규정, 명령, 의중, 말 등
- 按 혹은 照와 대체 가능
- [주요예문]

  按照老板的意思去做。

  사장님의 뜻대로 일을 하다.

  按照中国人的礼俗，我一定要替他接风洗尘。

  중국인들의 습관에 따라 그를 잘 대접해야 한다.

根据 [gēn jù]	−근거, 토대로 −판단을 내리다. −이다. −라고 한다. −한다.	调查、统计、研究、报道 新闻、消息、法律、规定
按照 [àn zhào]	−대로, 따라 −−행동, 조치를 하다. −했다, 한다.	习惯、风俗、命令、吩咐 计划、话、意思、规定
凭借 [píng jiè]	−로, 으로, 근거로 −했다. 도달하다. −을 가지고 −을 했다.	努力、智慧、优势、能力 关系、证件(票、护照等)
依据 [yī jù] 依照 [yī zhào]	근거, 토대로 −판단을 내리다. 대로, 따라 −행동, 조치를 하다.	法律 用어 交通法、刑事法

33

병렬관계공식

① 동사 + 并 + 동사

研究………并发布…… : ……를 연구하고 또한 ……를 발표하다

② 형용사 + 而 + 형용사

古老而现代

고전적이면서도 현대적인

快速而猛烈的动作

빠르고 맹렬한 동작

长远而艰苦的路程

멀고도 험난한 노정

③ 명사 + 和(= 与, 同) + 명사

韩国总统卢武炫同中国主席胡锦涛

한국대통령 노무현과 중국주석 후진타오

34

믿을 만하다, 믿을 수 있다

可靠(형용사) + 목적어(X)

靠得住(동사) + 목적어(O)

信得过(동사) + 목적어(O)

信不过我吗？
날 못 믿니?

他这个人很可靠。
이 사람은 정말 믿을 만하다.

这个消息靠不住。
이 소식을 정말 믿을 수가 없어요.

05 idioms

35

急于…… ……하는 데 급급하다, 정말……하고 싶다

急于想了解的女生
정말 친해지고 싶었던 여학생

绝大多数学生并不急于回家。
많은 학생들은 집에 돌아가는 것에 급급해 하지 않는다.

36

并非(并不是=并没有)…… 결코 ……이 아니다

综合实力很强的学校也并非所有的专业都名列前茅。
전체적인 실력이 센 학교도 모든 전공의 성적이 다 뛰어난 것은 결코 아니다.

37

还(倒)不如… …하는 것이 더 낫다, …만 못하다, 차라리…할지
언정(=宁可、宁愿、宁肯……)

与其整天担心被公司炒鱿鱼，倒不如先把老板给炒了。
하루 종일 회사에서 잘릴까 걱정하느니 먼저 네가 그만두는 것이 낫지.

宁可一辈子当单身贵族，也不想嫁给那个老头。
한평생 화려한 싱글이 되는 한이 있어도 그 노인에게는 시집가기 싫어.

悲伤忧愁，不如握紧拳头。
슬퍼하고 근심하기보다 주먹을 불끈 쥐는 것이 낫다.

(甚至)(连) A 也／都 B 심지어 A 조차도 B하다

甚至连媳妇儿**都**不知道做辣椒酱的秘诀。

고추장 만드는 비결은 며느리조차도 모른다.

连这么简单的道理**都**不懂。

이렇게 간단한 이치도 모르다니.

‘朝’의 활용

……동사(신체의 일부와 관련된 동작) ……를 향해 ……를 하다

朝她挥了挥手。

그녀에게 손을 흔들었다.

朝我摇了摇头。

나를 향해 고개를 저었다.

朝我们点了点头，表示同意了。

우리를 보고 고개를 끄덕이면서 허락했다.

‘自’의 활용 (동사 + 自)에서, ~로 부터 ……를 하다

来自 : **来自**中国的留学生。

중국에서 온 유학생

寄自 : **寄自**中国的包裹。

중국에서 부쳐 온 소포

摘自 : **摘自**《青年文摘》。

《청년문재》에서 발췌하다

发自 : **发自**内心的感激。

마음속에서 우러나온 감격

41

出于…… 에서 나오다

青**出于**蓝(而胜于蓝) 청출어람

出于无奈。　어쩔 수 없이 그런 것이다.

莲花**出于**污泥。

연꽃은 진흙에서 나온 것이다. (매우 열악한 조건과 환경에서도 고상한 성품의 인물이 나올 수 있음을 비유.)

相劝这么诚恳，**出于**尊重也得把那个药用一次看看。

간곡히 권하시니 말대접으로라도 그 약을 한번 써보아야지요.

42

不(就是) …… 吗?　……한 것 아닙니까?

这**不就是**您的帽子**吗**?

이것은 당신의 모자 아닙니까?

干吗那么紧张? **不就是**吃顿饭、喝杯茶**吗**?

뭘 그렇게 긴장해? 그냥 밥 한끼 먹고, 차 한 잔 마시는 건데.

43

都(已经)……了(啦) 벌써, 이미……하다

病势**都**转好**了**。

병세가 이미 호전되었다.

窗帘**已经**掉色**了**。

커튼이 이미 색이 바랬다.

44

像……一样 ……와 같다, 닮다

像 (= 好像、如同、仿佛、似乎、犹如、好似)
一样 (= 这么、这样、那么、那样、一般、般的、似的)
像飞**一样**向前直进。 나는 듯 앞으로 직진하다.

他听到这个消息以后，**似乎**疯狂**般地**跑出去了。

그는 이 소식을 듣고 난 후 마치 미친 사람처럼 뛰쳐나갔다.

45

跟……学习 ……에게(기술.학문)을 배우다, 익히다

跟师傅学到了不少技术。

사부에게 많은 기술을 배웠다.

跟王老师学习汉语水平考试。

왕 선생님께 HSK를 공부하다.

46

向……学习 ……를 배우다, 본받다 (존경의 대상)

全国人民应该向雷锋同志学习。

모든 인민들은 레이펑 동지를 본받아야 한다.

 참고　雷锋精神(1)

- 雷锋时时处处都以党、人民和祖国的利益为重，把毫不利己专门利人看作是最大的幸福和快乐，把有限的生命投入到无限的为人民服务中去。

레이펑은 언제 어디서나 당과 인민 그리고 조국의 이익을 가장 중요하게 생각했고, 자신의 이익은 추호도 생각하지 않고 오로지 남의 이익을 가장 큰 행복으로 생각했다. 자신의 유한한 생명, 즉 목숨을 인민을 위한 봉사와 희생에 기꺼이 던져 넣었다.

47

到……(之)中去／来 ……까지 가다

참고　雷锋精神(2)

- 人的生命是有限的，但为人民服务是无限的。我要把有限的生命投入到无限的为人民服务之中去。

인간의 생명은 유한하다, 그러나 인민을 위한 봉사는 무한한 것이다. 나는 내 유한한 생명을 무한한 인민을 위한 봉사의 한 가운데로 던지겠다.

48

由……引起 ……로부터 일으키다, 야기시키다

果然不出所料，这件事引起了很大的风波。
과연 그러면 그렇지, 이 일은 큰 풍파를 일으켰다.

由感冒引起了肺炎。　감기로 인해 폐렴이 생겼다.

49

当(在)……的时候(时／之际) ……할 때, 즈음

当我刚来中国的时候，生活上感到有点别扭。
내가 갓 중국에 왔을 때는 생활하는데 다소 거북하였다.

50

等……的时候(时／之际) ……할 때, 즈음

等我看完这本书，我们一起出发吧。
내가 이 책을 다 보면 우리 함께 출발하자.

当钟鼓敲响的时候，新年已经悄悄地来临了。
종이 울릴 때, 새해가 조용히 다가왔다.

51

一而再，再而三 거듭, 재차, 반복해서 (=再三、再次、一再)

필수 암기 : 一再强调, 再三嘱咐, 再次要求

父亲一而再，再而三地嘱咐我多保重身体。
아버지께서는 거듭 건강에 유의하라고 당부하셨다.

52

再也不…… 다시는 ……하지 않다

从那以后，他再也不闪面儿了。
그 이후로 그는 다시 얼굴을 내밀지 않았다.

过了今夜，再也不会有这样的美好时光。
오늘 밤이 지나면 다시는 이런 아름다운 때가 없을 것이다.

我再也不管你了，随你的便好了。
난 다시는 네게 간섭을 안 할 테니 네 마음대로 해도 좋다.

53

동사(형용사) + 一点儿 조금 ……하다(보어용법)

虽然工作累一点儿，但能发挥自己的专长。

비록 일은 좀 힘들지만, 자신의 능력을 발휘할 수가 있다.

54

有点儿 + 동사(형용사) 조금 ……하다(부사어용법)

今天我有点儿累。

오늘 난 조금 피곤하다.

55

给……带来 ……에게 무엇을 가져다 주다

5月的东海，天气变幻莫测，给捕鱼活动带来了许多困难。

5월의 동해는 날씨변화를 예측하기 힘들어 어획활동에 많은 어려움을 가져다 준다.

现代科学的发达给人类带来了许多利弊。

현대과학의 발달은 인류에게 많은 이익과 폐단을 가져다 주었다.

참고

- 利大于弊 이익이 폐단보다 크다
  弊大于利 단점이 장점보다 많다

56

给……(做)贡献 ……에 공헌을 하다

给国家做贡献。

조국에 공헌을 하다.

鲁迅给中国现代文学做出了很大的贡献。

노신은 중국현대문학에 아주 큰 공헌을 했다.

57

给……起作用　……에 ……역할(작용)을 하다

邓小平的改革开放政策给中国社会起到了很重要的作用。

등소평의 개혁개방정책은 중국사회에 아주 중요한 역할을 했다.

58

跟……有关(无关)　……와 관계 있다(없다)

这件事情跟他无关。

이 일은 그와 상관없다.

我想在一家跟中国有关的公司工作。

난 중국과 관련 있는 회사에서 일하고 싶다.

59

(故意)跟……过不去(刁难)　(고의로) …를 괴롭히다, 못살게 굴다

别为了一点小事就跟人过不去。

조그만 일로 남을 곤란하게 하지 마라.

你怎么老跟我过不去呢?

넌 어떻게 매번 나만 괴롭히니?

这鬼天气总和我过不去。

이 이상한 날씨는 늘 나만 괴롭히는구나.

你这不是故意刁难我吗?

너는 일부러 나를 괴롭히는 거지?

60

经……批准　……의 허가를 거쳐, 통해

经国家XX管理局的批准。

국가XX관리국의 허가를 거치다.

应当经侦查机关批准。

반드시 수사기관의 허가를 받아야 한다.

根本就不(没) 전혀……해본 적이 없다

我觉得那是根本不可能的事情。
내 생각에 저것은 근본적으로 불가능한 일이다.

我根本就无法解决这件事。
나는 도저히 이 일을 해결하지 못하겠다.

压根儿就不(没) 전혀……해본 적이 없다

好像压根儿没有看到似的。
마치 전혀 보지 못한 것 같아.

他全忘了，好像压根儿没有这回事。
그는 마치 원래 이 일이 없던 것처럼 모두 잊었다.

几乎从来都没有(不) ……거의 여태껏 해본 적이 없다

他几乎从来都没参加过这样的活动。
그는 이런 활동에는 거의 참가해 본 적이 없다.

几乎每 양사 都…… 거의 모든 것들이 다

我几乎每次都参加HSK考试。
나는 거의 매 번 HSK시험에 참가한다.

几乎差不多都…… 거의 대부분 다

陕西的名牌大学几乎差不多都在这儿建立了新校区。
섬서성의 명문대학은 거의 대부분 다 여기에다 새로운 교육지역을 세웠다.

 **66**

从来不曾有过…… 지금까지 ……한 적이 없다

三十年如一日，**从来不曾有过**间断。
30년을 하루같이 한 번도 중단된 적이 없다.

67

未能顶住…… 견디지 못하다, 감당해 내지 못하다

未能顶住压力。
스트레스를 감당해 내지 못하다.

未能顶住风浪。
풍랑을 견디지 못하다.

68

未能回答全面…… 대답을 확실하게 하지 못했다

只可惜考试时太紧张**未能回答全面**。
시험 볼 때 너무 긴장해서 대답을 확실하게 하지 못한 것이 아쉽다.

69

到达……장소 : 장소에 도착하다 = 抵达 도착하다(서면어)

到达目的地。
목적지에 도착하다.

韩国前任总统金大中昨天应中国胡锦涛主席的邀请晚上八点**抵达**中国首都北京了。
한국 김대중 전 대통령은 중국 후진타오 국가주석의 초청을 받아 어제 저녁 여덟 시에 중국의 수도 베이징에 도착했다.

达到…… 程度、水平、效果、目的、目标
수준이나 정도에 다다르다, 이르다

达到国际水平。
국제 수준에 도달하다.

平均支持率**达到**58%。
평균 지지율이 58%에 이르렀다.

达到国家标准。
국가 표준에 달하다.

A，顺便 B A 하는 김에 B하다.

你去家乐福，请**顺便**替我买一个馒头。
까르푸에 가는 김에 나한테 만두 하나만 사다 줘요.

我可以**顺便**(儿)带来。
제가 오는 김에 갖고 와도 됩니다

随时(随地)都 언제 어디서나 다

有问题可以**随时都**来问我。
문제가 있으면 언제든지 나에게 물으러 와도 좋다

我**随时都**欢迎你来我家玩儿。
나는 언제든지 당신이 우리 집에 놀러 오는 것을 환영합니다.

除非(只有)…才 …해야지만 비로소…하다

除非你去请他，他**才**会来。
네가 그를 초대해야지만, 비로소 그가 올 것이다.

除非你答应我不见她，我**才**原谅你。
네가 그녀와 만나지 않겠다고 약속해야지만 너를 용서할 것이다.

除非我帮助他，他**才**能成为律师。
내가 그를 도와서 그는 비로소 변호사가 되었다.

74

除非(只有)…要不然(否则)
반드시…해야지 그렇지 않으면…하지 않다

除非你放弃，要不然我是不会放弃的。
네가 포기해야지 그렇지 않으면 나는 결코 포기하지 않을 거야.

除非学习好，否则进不了这个高中。
공부를 잘 해야 해, 그렇지 않으면 이 고등학교에 진학할 수 없어.

75

只不过…而已 단지 …할 따름이다
(= 只是, 不过, 只不过, 无非…罢了)

做不到的计划无非是一场梦而已！
지키지 못할 계획은 단지 꿈에 불과하다.

你不用这么凶吧，我只不过忘了打电话嘛！
그렇게 무섭게 할 필요 없잖아, 전화하는걸 잊었을 뿐인데!

我们只不过是一般的朋友而已！
우리는 그냥 친구일 뿐이에요!

 요약

天才无非是长久的忍耐，努力吧！
천재란 오랜 시간의 인내심에 지나지 않는다. 열심히 하자!

天赋、天分 천부적 소질. 타고난 솜씨 才能、才华、才干、才赋 재주. 솜씨. 재간. 재능 能力、能耐、能干(형용사) 능력. 재주. 솜씨 两下子、本领、本事 능력. 재주. 솜씨	无非、只不过、不过 단지~에 불과하다. 而已、罢了 ——할 뿐이다. 따름이다.	长久 오랜 시간 天长地久、地久天长 天长日久、日久天长 시간이 오래되고 시일이 지나다

76

三 A 两 B 동작이 여러 번이거나 횟수가 잦음

三番两次
재삼재사, 거듭, 여러 번

三长两短
뜻밖에 발생한 재난이나 사고[특히 사람의 죽음을 가리킴]

三天两头
사흘이 멀다 하고 자주, 빈번히

三下两下
일을 별로 힘들이지 않고 대강대강 해치우다

三言两语
한 두 마디 말, 몇 마디 말, 말수가 아주 적다

77

A 三 B 四 하나하나 빠짐없이 일이 진행되거나 정도가 심함

颠三倒四
(말이나 일을 하는 데) 조리와 순서가 없다, (정신상태가) 몽롱하다

丢三落四
건망증이 심하다, 잘 잊어버리다, 소홀하다

急三火四
매우 조급해하는 모양

说三道四
아무런 말이나 마구 지껄이다, 책임지지 못할 말을 마구 내뱉다

朝三暮四
조삼모사, 얄팍한 꾀로 남을 속이다

78 四 A 八 B 여러 방면이나 여러 상황

四通八达
사통팔통, 통하지 않는 길이 없다

四面八方
사면팔방, 모든 방면, 모든 지역

四平八稳
(말이나 행동이) 타당하다, 온당하다

79 七 A 八 B A와 B의 상태가 많이 이루어지다

七嘴八舌
사람이 많으면 의견도 가지가지다, 왁자지껄하다, 제각기 말하다

七上八下
마음이 몹시 불안하다

七颠八倒
(마구 뒤섞여) 엉망이 되다, 서로 구별이 되지 않다, 뒤죽박죽이 되다

七手八脚
사람이 많으면 일손이 어지럽고 두서가 없다

七扭八歪
기울다. 휘다, 구부러지다, 우그러지다

80 千 A 万 B A와 B의 동작이나 상황을 아주 많이 하다, 심하다

千叮咛万嘱咐
온갖 당부를 하다

千头万绪
매우 뒤얽혀 있다 (⋯⋯**无法下手** : 일이 매우 복잡해지다, 손을 쓸 방법이 없다)

千真万确
아주 확실하다

千辛万苦

온갖 고생을 하다, 천신만고

千言万语

아주 많은 말

千差万别

천차만별

似 A 非 A A 하는 것 같기도 하고 A가 아닌 것 같기도 하다

似懂非懂 아는 듯 모르는 듯

似笑非笑 웃는 듯 마는 듯

连 A 带 B A부터 B까지 모두

连说带唱

말에서 춤까지

连老带小

어른부터 아이들까지

连蹦带跳

팔짝팔짝 뛰면서

连讽刺带挖苦

풍자부터 비꼬는 것까지

没 A 没 B A도 B도 없다

没完没了

한도 끝도 없다

没吃没喝

먹고 마실 것이 없다

没大没小

말이나 행동에 예의가 없다

84

自 A 自 B 혼자서 A하고 B 하다

自言自语 혼자 말하다

自卖自夸 자화자찬하다 (老王卖瓜，自卖自夸)

自问自答 자문자답하다

自作自受 자기가 자기의 고생길을 만들다

85

时 A 时 B 때때로 A 하기도 하고 B 하기도 하다

时好时坏。
때때로 좋기도 하고 좋지 않기도 하다.

时冷时热。
더웠다가 추웠다가 한다.

10 idioms

86

左 A 右 A(B) A와 B의 동작을 이리저리 하다, 전체

左思右想
이리 저리 생각해보다

左邻右舍
관계가 밀접한 다른 부서나 사람, 인근, 이웃(집)

左等右等
조바심하며 초조하게 기다리다

左膀右臂
유력한 조수. 좌우 양쪽의 팔

左顾右盼
마음이 동요하고 있어 정견이 없다, 이리저리 두리번거리다

87 上A下B A와 B의 동작을 모두 하다, 모든 상황, 전체

上行下效
(나쁜 일을) 윗사람이나 연장자가 하는 대로 하급자나 아랫사람이 배워 그대로 하다

上吐下泻 토하고 설사하다

上有老下有小
집에 부양하는 노인과 어린아이가 있다

88 A上B下 A와 B의 동작을 모두 하다, 모든 상황, 전체

欺上瞒下
윗사람을 기만하고 아랫사람을 속이다, 모두 속이다

楼上楼下
주변사람. 이웃

天上地下
세상에, 천하에

跳上跳下
위아래로 오르락내리락 거리다

89 前A后B A와 B의 동작을 이리저리 하다, 모든 상황, 전체

前思后想
앞뒤로 곰곰히 따져 하다, 심사숙고하다

前因后果
(일의) 원인과 결과, (일이) 전개되는 전 과정

前街后巷
앞 거리 뒷골목

前怕狼后怕虎
구더기 무서워 장 못 담그다

90

A 前 B 后 A와 B의 동작을 이리저리 하다

忙前忙后 일이 매우 바쁘다

脚前脚后 앞서거니 뒤서거니 하다

91

天 A 地 B 하늘과 땅만큼 A, B 하다, 큰 기세

天经地义
영원히 변할 수 없는 진리나 도리. 도리상 당연한 일

天长地久
하늘과 땅처럼 영원하다[일반적으로 사랑에 대한 것을 가리킴]

天翻地覆
천지가 뒤집히는 듯하다, 변화가 매우 크다. 매우 떠들썩하다

天时地利
하늘이 내린 좋은 기회와 지리적 우세

天旋地转
하늘과 땅이 빙빙 돌다, 중대한 변화, 정신이 어질어질하다

92

A 天 B 地 하늘과 땅만큼 A, B 하다

谢天谢地
하늘과 땅에 감사하다, 만족하여 홀가분한 심정, 감지덕지한 마음

改天换地
하늘과 땅을 바꾸다, (사회 등의) 커다란 변화가 생기다

翻天覆地
하늘과 땅이 뒤집히다, 매우 큰 변화가 일어나다

顶天立地
하늘을 떠받치고 땅 위에 우뚝 서다, 기세가 당당하고 늠름하다

谈天说地
(본 주제에서 벗어나) 아무거나 마구 지껄이다, 이것저것 끝없이 이야기하다

93

东 A 西(A)B A와 B의 동작을 이리저리 하다

东张西望。

주변을 두리번거리다.

东奔西走。

동분서주하다.

东一句西一句。

너나 나나 한 마디씩 하다.

11 idioms

94

先 A 后 B 먼저 A 하고 그 다음에 B 하다

先礼后兵
부드러운 회유책이나 칭찬을 먼저 하고 강경책이나 비판을 하다

先茶后酒
먼저 차를 마시고 다음에 술을 마시다

先公后私
사사로운 일이나 이익보다 공사나 공익을 앞세우다

先人后己
먼저 남을 생각한 후에 자신을 생각하다

95

能 A 善 B A와 B 에 능하고 익숙하다, 잘한다

能歌善舞 춤과 노래에 능하다

能言善辩 언변에 능숙하다

96

各 A 各 B 각양각색, 각각의, 온갖, 여러 가지, 갖가지

各式各样 여러 가지, 여러 종류

各家各户 각 가정마다, 여러 집

各种各样 각양각색의

各付各的 더치페이하다(= AA制)

97

忽 A 忽 B 갑자기 이랬다가 저랬다가 하다

忽冷**忽**热 1. 갑자기 추웠다 더웠다 하다
　　　　　 2. (변덕스럽게) 화를 내기도 하고 냉정해지기도 하다

忽上**忽**下 1. 올라갔다 내려갔다 하다
　　　　　 2. 마음이 두근두근 하다. 가슴 속이 흠칫흠칫 하다

忽左**忽**右
이랬다가 저랬다가 한다

忽高**忽**低
기온이 높았다가 낮았다가 한다

说 A 就 A A 한다고 말하자마자 곧 A 한다

他**说**干**就**干，很快把房间收拾整齐了。
그는 한다면 한다. 벌써 방을 다 가지런하게 정리했다.

他怎么**说**走**就**走，连个招呼也没打呢?
당신은 어떻게 간다고 바로 갑니까? 인사 한마디 하지 않고?

人嘛! **说**变**就**变了，真快啊!
사람은 변하면 금방이야. 참 빠르지!

我**说**没问题**就**没问题的，你放心吧!
내가 문제없다면 문제 없는 거야. 괜찮아!

你怎么**说**翻脸**就**翻脸呀!
넌 어떻게 그렇게 쉽게 태도를 바꾸는 거니?

99

爱 A 就 A A 하고 싶으면 A 한다

你**爱**干什么**就**干什么，和我没有任何关系。
당신은 하고싶은 대로 하세요, 나와는 어떠한 관계도 없습니다.

你**爱**去哪里**就**去哪里。
당신이 가고 싶은 곳으로 가세요.

100

爱 A 不 A A의 동작을 하든지 말든지, 하는 둥 마는 둥

这本书你爱看不看，我已经通知你了。

이 책을 보는지 말든지(너 맘대로 해라)나는 이미 너에게 알려줬으니깐.

这瓶酒你爱喝不喝，我放在这里了。

이 술 마시든지 말든지(마음대로 하세요)나는 여기에 둘게요.

101

半 A 半 A 서로 상반되는 의미를 지닌 두 개의 단어 앞에 쓰여 상대적인 두 가지의 성질 또는 상태가 동시에 존재하는 것을 나타냄

我今天告诉他我要出国了，他对我说的话半信半疑。

나는 오늘 그에게 출국할 것을 알려주었다. 그는 내가 한 말을 반신반의했다.

102

A 来 A 去 이리 저리 동사의 동작을 하다

走来走去 왔다갔다하다　　　说来说去 이리저리 얘기하다

看来看去 이리저리 보다

我想来想去，不知道怎么回答他。

난 이것저것 생각해보아도 어떻게 그에게 대답해야 할 지 모르겠다.

103

不 A（也）不 B A 하지도 B 하지도 않다

今天的天气不冷也不热，真舒服。

오늘 날씨는 춥지도 덥지도 않아 참 편하다.

这件衣服不大也不小，正合适。 이 옷은 크지도 작지도 않아 딱 맞다.

老师说话不快也不慢，我能听懂。

선생님의 말은 빠르지도 늦지도 않아서 우리는 다 알아 들을 수 있다.

你别站在那里不上不下地挡着别人了。

너는 거기 그렇게 우물쭈물하게 서서 다른 사람 가로막지 마라.

她整天不说不笑、不吃不喝。

그녀는 하루 종일 말하지도 웃지도 않고 먹지도 마시지도 않는다.

104

难道 … 吗? 설마 …한단 말인가(란 말인가)?
(=莫非,莫不是) (=不可,不成)

我这么大年纪难道还会说谎吗?
내가 이렇게 나이를 먹었는데 거짓말 따위를 하겠습니까?

他难道不参加婚礼吗?
설마 결혼식에 참석하지 않겠다는 말이야?

105

免得(省得,以免)…… ……하지 않도록, ……를 피하도록

扫地时，泼一点水，免得尘土飞扬。
땅을 쓸 때, 먼지가 날리지 않도록 물을 좀 뿌리시오.

拿点儿钱吧，免得出丑！ 돈 좀 내라. 우스운 꼴 안 보이려면!

亲朋好友之间，最好不要住在一起，免得发生冲突。
친한 친구 사이일수록 함께 살지 말아야 합니다. 서로 싸움이 생기지 않도록.

106

非(得) A 不可(不行,不成) A 하지 않으면 안 된다, 꼭 A 해야 한다(= 一定要 A)

非说他不可。 그를 꾸짖지 않으면 안 된다.

那件事很重要，非你亲自出马不行。
그 일은 매우 중요해, 네가 친히 나서줘야만 되겠다.

非得忘记他吗?
그를 꼭 잊어야만 합니까?

这事非要干不可，只能成功，不能失败。
이 일은 꼭 성공해야 한다. 성공만이 있을 뿐 실패란 없다.

107

随着…… ……함에 따라

随着人们生活水平的提高和保健意识的增强……
사람들의 생활수준의 향상과 보건의식이 강화됨에 따라……

随着压力的增大……
스트레스가 커져 감에 따라

108

A 的 A，B 的 B A 는 A 하고 B 는 B 하다

他们爬到山顶，**照相的照相，看风景的看风景**，都很开心。
그들은 모두 산 정상에 올라가 사진 찍는 사람들은 사진 찍고, 풍경 구경하는 사람은 구경을 하고, 모두 매우 즐겁다.

他家凑在一块儿，**说的说，笑的笑**，都很开心。
그의 집 사람들은 함께 어울려 말하는 사람은 말하고 웃는 사람은 웃고 모두 즐겁다.

109

A 是 A，B 是 B A 는 A 이고 B 는 B 이다

一是一，二是二。
일처리가 확실하다. 사실이 틀림없다.

打是**亲**，**骂**是**爱**。
때리는 것은 친해서이고, 혼내는 것은 사랑하기 때문이다.

110

凭什么 뭘 근거로(주로 따지듯이 물을 때 쓰는 표현)

你**凭什么**批评我？
무엇 때문에 날 욕하는 거요?

他能去我**凭什么**不能去？
그는 갈 수 있는데 난 왜 못 가는 것에요?

他**凭什么**这样对待我？
그는 뭐 때문에 이렇게 날 대하는 거죠?

按……说(讲)来说(来讲) ……대로 말하자면

按理说，这个忙你不该不帮的。
이치대로라면 이 어려움은 안 도와줄 수가 없는 것이다.

按一般情况来说，这时他早该到了。
일반적인 상황으로 볼 때 지금이면 그는 싶어 왔어야 한다.

给……出难题 ……문제 거리를 만들다, 난처하게 하다

你怎么净给我出难题呢？
너는 어째서 나만 힘들게 만들어？

你还不是故意给我出难题吗？
이러면 일부러 날 괴롭히는 것 아닙니까？

应……的邀请 ……의 요청에 응해서
应……的要求 ……의 요구에 부응해

应美国总统布什的邀请，韩国总统于2005年8月中旬去美国访问。
미국대통령 부시의 초청을 받고 한국 대통령은 2005년 8월 중순 미국을 방문했다.

应中国的邀请，外交部长于昨天来中国访问。
중국의 요청에 따라 외교부장은 어제 중국을 방문했다.

13 idioms

为……发愁 ……때문에 고민하다, 걱정하다

我也正为这件事发愁呢!
나도 마침 이 문제 때문에 고민하고 있었어!

115

为……担心 ……때문에 걱정하다

你不用为他担心。
너는 그 사람에 대해서 걱정할 것 없다.

116

为……操心 ……때문에 조바심을 내다

我正为这件事操心。
나는 지금 이 일 때문에 걱정이다.

117

为…提心吊胆 …마음 졸이다

老母亲总是为儿子找对象的事情提心吊胆。
노모는 언제나 아들의 결혼문제에 마음을 졸이고 있다.

118

为…高兴 …때문에 기뻐하다

妈妈为我拿奖金的事情很高兴。
엄마는 내가 장학금을 타서 기뻐하신다.

119

为…难受 ……괴로워하다, 힘들어하다

他为这件事难受。
그는 이 일 때문에 힘들어한다.

121

为 A 着想 A를 위해 착상하다, 고안하다, 생각하다

为孩子们的将来着想。 어린이들의 미래를 위해 생각하다.

这全都是为你着想。 이것은 모두 당신을 위해 생각한 것입니다.

父母下决心移民到加拿大去，都是为你着想的。
부모님이 캐나다로 중국 가기로 결심한 것은 다 너를 위해서야.

122

为了 A 而 B (앞 뒤에 서로 다른 동사) A하기 위해서 B 하다

为了这个目的**而**拨付了二十万元的经费。

이 목적을 위해 20억 원의 경비를 지불했다

为了得到更多**而**放弃眼前利益。

더욱 많은 것을 얻기 위해 눈앞의 이익을 버리다.

母亲宁愿**为了**儿女**而**放弃自己的幸福。

어머니는 당신의 자녀를 위해 행복마저도 포기하신다.

123

为 A 而 B（= 因为 A 所以 B） A하기 위해서 B 하다

为正义**而**战。 정의를 위해 싸우다.

为信仰**而**奋斗，这是值得的。

신앙을 위해서 분투하는 것은 가치 있는 일이다.

我们**为**祖国的荣誉**而**战。 우리는 조국의 영예를 위해 싸워야 한다.

124

为(以)…(而)自豪 …때문에 자긍심을 느끼다, 자랑스럽게 여기다

我们**为**祖国有悠久的历史遗产**而自豪**。

우리는 조국이 유구한 역사 유산을 보유하고 있다는 데에 자부심을 느낀다

不管是在故土还是在异国他乡，每次听到大韩民国国歌的时刻，作为一名韩国人，**为**韩国人**而感到自豪**。

조국에서든 이국 타향에서든 매번 대한민국 국가를 들을 때면 한 사람의 한국인으로서 자긍심을 갖는다.

14 idioms

125

就（以）……而论 ……에 대해 논하자면(진술)

以他的个人能力而论，完成这项任务很困难。
그의 개인능력에 대해 논하자면, 이 임무를 완성하기란 힘들다

就产品质量而论，这种产品是不错的。
상품의 품질에 대해 논하자면 이 상품은 문제없다.

126

拿……来说 ……을 들어보면(예를 들면), ~를 가지고

就拿青年们来说
단지 청년들의 경우를 두고 말해 봐도

拿商品质量来说，最近有了很大的提高。
상품의 품질을 말하자면 최근 아주 크게 향상되었다.

你不能总是拿老眼光来看人。
언제나 고정관념을 가지고 사람을 봐서는 안 된다.

127

对…有意见（看法） …에 대해 불만 있다, 의견이 있다(주로 나쁜 의미)

尽管大家都承认他是神通广大的，
但是还是有不少人对他当经理有看法。
비록 모두들 그의 능력이 대단하다고 말은 하지만,
그래도 몇 명은 그가 사장이 되는 것에 이견이 있다.

128

对……来说（说来） ……에 대해 말하면(대상을 보여줌)

听和说对学外语来说很重要。
듣고 말하기는 외국어공부에 있어서 정말 중요하다.

语言环境对留学生来说是很重要的。
언어환경은 유학생들에게는 매우 중요하다.

129

对……产生 ……에 대해 생겨나다

对工作产生厌烦感。

일에 대해 지겨움을 느끼다

130

对…有着XX …에 대하여 XX를 갖고 있다

自古以来，人们对月亮有着无限的幻想。

예로부터 사람들은 달에 대해 끝없는 환상을 가지고 있었다.

131

对……满意 ……대하여 만족하다

大家对他的成绩都表示满意。

모두 그의 성적에 대하여 만족했다.

132

对……好／不好 ……좋다, 좋지 않다

吸烟对身体不好，戒烟吧。

흡연은 몸에 좋지 않으니 금연하세요.

133

以 A 为 B（＝把 A 作为 B）A를 B로 삼다

以北京语音为标准音，以北方方言为基础方言，以典范的现代白话文著为语法规范的汉语标准语。

북경어음을 표준음으로 하고, 북방 사투리를 기초어휘로 삼고 본보기가 될 만한 현대백화문학작품을 어법의 규범으로 하는 현대표준 중국어 (보통어의 정의)

我们都要以他为榜样。

우리는 그를 본보기로 삼아야 한다.

你不能总是以自己为主。

당신은 늘 자신을 주로 삼아서는 안 된다.

134

拿 A 当 B　A를 B 로 삼다

我一直拿她当我的女朋友。
나는 줄곧 그녀를 내 여자친구라고 여겼다.

妈妈总是拿我当小孩子。
엄마는 늘 나를 어린 아이로 여기신다.

她总是拿零食当饭吃，主食吃得很少。
그녀는 늘 간식을 즐겨먹어서 정식은 거의 안 먹어.

135

选 A 为 B　A를 B로 선발하다, 뽑다

我们要选他为我们的代表。
우리들은 그를 우리의 대표로 삼을 것이다.

136

树 A 为 B　A를 B로 세우다, 수립하다

我们要树他为我们的榜样。
우리들은 그를 우리의 모범으로 세울 계획이다.

137

为 A 所 B（＝被 A 为 B）　A에 의해서 B 되다

我这样做实在是为贫穷所困住了。
우리가 이렇게 하는 것은 정말로 가난에 의해 힘들기 때문이다.

咱们不能总是为他们的花语巧言所迷惑。
우리는 그들의 교언영색에 빠져들어서는 안 된다.

138

在……看来 ……입장에서 보면(……생각하는)

在一般人**看来**，他是个很冷漠的人。
일반인들이 보기에 그는 아주 냉담한 사람이다.

在我**看来**，学生没有理由不上课。
내 생각에 학생들이 수업에 오지 않을 이유가 없다.

139

在……同时 ……하는 동시에

人们**在**享受现代文明的**同时**，也受到了种种危害。
사람은 현대문명을 누리는 동시에 여러 가지 위험을 받게 된다.

教师**在**教授知识的**同时**，还要教孩子们做人的道理。
교사들은 지식을 가르치는 동시에 아이들에게 사람 된 도리를 가르쳐야 한다.

140

在……上[방면, 조건] ……면에, 방면에

文章水平高低是体现**在**质量**上**的。
문장의 수준은 그 질적인 면에서 드러난다.

他**在**实践基础**上**，总结了一套自己的理论。
그는 실천의 기초 위에 일련의 이론들을 결론지었다.

141

在……下[조건, 전제] ……아래에서

在饭店的协助**下**，解决了学生中午用餐的难题。
식당의 협조아래 학생들의 점심문제 해결의 난제를 풀었다.

在朋友们的帮助**下**，他终于成功了。
친구들의 도움아래 그는 마침내 성공했다.
(情况下，条件下，指导下，护送下)

142

在……中 [과정, 범위] ……하는 중에

在我们班的学生**中**，他最努力。
우리 반 학생들 중에서 그는 가장 열심히 한다.

他**在**与人的交往**中**，恢复了自信。
그는 사람들과 사귀는 중에 자신감을 회복했다

16 idioms

143

由……组成 (构成/组合) ……로 구성되다, 짜다, 꾸며지다

地名**由**专名和通名两部分**组成**。
지명은 고유 이름과 통명 두 부분으로 구성된다

这个旅游团**由**各个不同年龄段的游客**组成**。
이 여행단은 각기 서로 다른 연령대의 여행객들로 구성되었다.

石油是**由**多种物质**组成**的混合物。
석유는 많은 물질들로 구성된 혼합물이다.

144

由……产生 ……부터 생겨나다, 만들어지다

大会代表**由**民主选举**产生**。
회의대표는 민주선거로 선출되었다.

代表是**由**全体职工推选**产生**的。
대표는 전체직원들의 추천으로 생겨났다.

145

由…引起／导致／造成／所致 …일어나다, 초래되다, 야기하다

由垄断引起的弊害。

독과점으로 인해 발생하는 폐해.

火灾由吸烟引起。

화재는 담배 때문에 일어났다.

他的肺炎由着凉所致。

그의 폐렴은 감기에서 시작된 것이다.

146

由 A 到 B A에서 B까지

任何事情都有个由不懂到懂的过程。

어떠한 일이든 모르는 단계부터 알아가는 단계까지 있다.

他由早上八点到晚上五点一直有课。

그는 아침 8시부터 저녁 5시까지 계속 수업이 있다.

由不熟悉到掌握好。

잘 모르고 익숙하지 않은 것부터 잘 파악하고 아는 것까지.

147

由……带大／长大／养大 ……가 키우다

她从小就由舅父母养大。

그녀는 어려서부터 외삼촌 내외가 키웠다.

148

由……负责／决定 ……가 책임지다/결정하다

这个错误应该由你负责，你绝对不能扯拉别人。

이 잘못은 네가 책임져야지, 절대로 다른 사람을 걸고 넘어가서는 안 된다.

149

给……指出 ……지적하다, 혼내다

我很想给他指出。

나는 정말 그에게 지적하고 싶었다.

150

自A向B A에서 B로

自西向东
서에서 동으로

151

自(=打／自／自打／自从) …… 以来 ……이래(현재까지)

自从开办以来已有六十年的历史。
창립 이래 60년의 역사를 가지고 있다

自开学以来，我还没真正休息过呢。
개학한 이래로 나는 제대로 쉬어본 적이 없다.

自韩中建交以来，很多韩国人到北京去留过学。
한중수교이래로 많은 한국인들이 베이징으로 공부하러 간다.

17 idioms

152

从……着手 ……에서 착수하다, 시작하다

从改进技术着手。
기술 개혁부터 시작하다

要想学好一门外语必须从基础着手。
외국어를 잘 하려면 기초부터 시작해야 한다.

下星期开始讲课，我得从今天着手备课。
다음주부터 수업을 하려면 난 오늘부터 준비를 해야 한다.

153

从……出发 ……에서 출발하다.

计划要从实际出发。

계획은 모두 실제에서 출발해야 한다.

凡是做事应从实际情况出发。

무릇 일이라고 하는 것은 반드시 실제상황에서 출발한다.

154

从…来看（来看／来说／看／角度来看） …면(각도, 입장)에서 보면

从这篇作文来看，这个同学汉语基础很扎实。

이 작문을 통해서 볼 때, 이 학생은 기초가 아주 튼튼하다.

从营养学的观点来说，你这种吃法有害于健康。

영양학의 관점에서 보면 당신의 이런 식습관은 건강에 좋지 않아요.

155

从……동사＋起（开始） ……부터 ～하기 시작하다

从今天算起

오늘부터 계산해서

156

从……起（开始） ……부터 시작하다

学习语言该从基础学起。

언어를 배울 때는 기초부터 해야 한다.

从十六岁起他就坚持每天写一篇日记。

열여섯 살 때부터 그는 날마다 일기를 쓰기 시작했다.

157

从……以后（之后） ……이후로

从今儿以后，我不会再理睬这种人了。

오늘 이후로 나는 다시는 이런 사람을 상대하지 않겠다。

从今以后，我叫你大哥吧。

오늘 이후로 나는 당신을 형이라고 부를게요.

158

从 A 到(向) B　A에서 B까지(로)

中国目前已基本完成从计划经济向市场经济的转化。

중국은 지금 기본적으로 계획경제에서 시장경제로 나가고 있다.

财富是积累的，都得从无到有，知识也是如此。

재산은 조금씩 쌓이면서 무에서 유로 가는 것이고 지식도 마찬가지이다.

159

当……面　……를 마주하고

孩子喜欢当着众人的面唱歌。

아이는 많은 사람의 얼굴을 마주하고 노래 부르기를 좋아한다.

你别当着别人的面说我们的事。

너 다른 사람들 앞에서 내 얘기하지마.

160

当……的时候／时／之际　……할 즈음, ……할 때

当我回来的时候，他已经离开了。

내가 돌아왔을 때 그는 이미 떠나있었다.

当你走进社会的时候，你就完全独立了。

당신이 사회에 나갈 때 당신은 완전히 독립된 것이다.

161

到……为止　……까지 해서 그치다

到目前为止，他们已经学完了三本书了。

오늘까지 그들은 이미 세 권의 책을 배웠다.

比赛的分界线就划到这里为止。

시합의 경계선은 여기까지 긋자.

162

据……观察 ……바탕으로 관찰하다

据我们十年的观察　우리들이 10년 동안 관찰한 바에 의하면

163

据……分析 ……의 분석에 따르면

据研究分析　연구소의 분석에 따르면

164

据……研究 ……의 연구에 따르면

据我们的研究　우리가 연구한 바에 따르면

165

据……介绍 ……의 소개에 따르면

据新华社介绍　신화사 소개에 따르면

166

据……了解 ……알고 있는 바에 따르면

据我了解　내가 알고 있는 바에 따르면

167

据……报道 ……보도에 따르면

据人民日报报道　인민일보 보도에 따르면

据美国联合报社报道　미연합통신의 보도에 따르면

168

据……调查 ……조사에 따르면

据我们的调查， 这件事跟他无关。
우리의 조사에 따르면 이 일은 그와 무관하다.

169

据……电(报道) ……자 보도에 따르면

据新华社杭州3月26日电
신화사 항주 3월 26일자 보도에 따르면

170

向……报告(汇报) ……에게 보고하다

向公司报告。
회사에 보고하다.

向老板汇报这次出差的成果。
사장님께 이번 출장성과를 보고하다.

171

向……投资 ……에 투자하다

向外资企业投资。
외자기업에 투자하다.

172

向……敬礼 ……께 예의를 갖추다

向老师敬个礼。
선생님께 경례하다.

173

向……行礼 ……께 선물을 하다

我们准备向对方公司行礼。

우리는 상대방 회사에 선물을 할 것이다.

174

向……问好 ……께 안부를 묻다

请向大家问好。

모두에게 안부 전해 주시기 바랍니다

175

向……表达 ……께 전하다, 전달하다

我们要以书信的方式向北大的各位教授们表达衷心的谢意。

우리는 서신의 방식으로 북경대학의 여러 교수님들께 감사의 뜻을 전한다.

176

向……表示 ……나타내다, 표현하다

我向老师表示感谢。

나는 선생님께 감사함을 표현했다.

177

向……求爱(求婚) ……에게 프로포즈하다

我正准备向她求婚。

나는 그녀에게 프로포즈를 할 계획이다.

178

向……道歉 ……에게 사과하다

你应该向我道歉。

당신은 저에게 사과해야 합니다.

179

向……辞职 ……사의를 표하다, 사표를 쓰다

我已经向公司提出了辞职。 나는 이미 회사에 사의를 표했다(사표를 냈다).

20 idioms

180

只有(除非) 才 ／ 只要(凡是) 就

只有清楚地认识自己，
才有可能根据自身的优点做好就业规划。
자신을 확실히 알아야지만, 자신의 장점에 근거하여 취업계획을 잘 세울 수 있다.

只要你事先害怕了，你就等于输了一半。
네가 먼저 사전에 겁을 먹기만 하면 이미 반은 진 것이다.

181

答应(下来)…要求 …의 요구에 응할 수 없다, 수락할 수 없다

我实在不能答应你的要求。
나는 정말 당신의 요구를 수락할 수가 없습니다

182

减轻……压力、负担 스트레스/부담을 덜다, 경감하다

既降低了成本，又减轻了农民负担。
생산비를 낮출 뿐 아니라 농민의 부담도 경감시킨다.

183

多会儿 = 哪会儿 = 什么时候 = 啥时候 = 何时 언제, 어느 때

多会儿开船? 배가 언제 떠납니까?

多会儿大家都齐心，事就好办了。
언젠가 모두가 마음을 합치기만 하면, 일은 잘될 것이다.

给……以…… ……에게 ……을 주다

父母**给**他**以**很大的支持。 부모님은 그에게 엄청난 지지를 보낸다.

你应该**给**孩子加**以**关心。 당신은 아이에게 관심을 가져야 한다.

于의 용법

① 在 ~ 에서, 에

李保田出生**于**北京，土生土长。

리바오티엔은 베이징에서 태어나 자란 토박이이다.

② 对 ~ 에 대해

吸烟不利**于**身体健康。 = 吸烟对身体健康不利。

흡연은 건강에 좋지 않다.

③ 从 ~ 로부터

这个故事出自**于**朝鲜王朝。 이 이야기는 조선왕조로부터 시작되었다.

④ 比 ~ 보다

他们足球队的水平远远高**于**我们队的水平。

=他们足球队的水平比我们队的水平高很多。

그들 축구팀의 실력은 우리 팀보다 훨씬 뛰어나다.

动不动就…… 걸핏하면, 툭하면

动不动就发脾气。 걸핏하면 성질을 부린다.

动不动就是这工程那工程，这可能是现在北京的特点了。

툭하면 이 사업 저 사업하는 것은 어쩌면 지금 북경의 특징일 것이다.

21 idioms

187

受(到)……	주로 추상적인 기운이나 대우, 영향 등을 받다

受欺负	무시당하다. 업신여김을 당하다.	受压力	스트레스 받다.
受欢迎	사랑을 받다. 인기가 좋다.	受青睐	총애를 받다. 각광을 받다.
受关爱	관심과 사랑을 받다.	受厚爱	두터운 사랑을 받다.
受刺激	자극을 받다.	受打击	타격을 받다.
受遗传	유전을 받다.	受侮辱	모욕을 당하다.
受批评	비판을 받다.	受感动	감동을 받다.
受影响	영향을 받다.	受深爱	깊은 사랑을 받다.
受教育	교육을 받다.	受委屈	부당한 대우를 받다

188

丰과 관련된 표현

丰富 풍부하다 [재물, 지식, 경험, 자원]

他是 HSK 老师，他的教学经验很丰富。

그는 HSK선생님인데, 가르친 경험이 풍부하다.

丰盛 풍성하다, 성대하다 [음식이나 먹을 것]

今天我在中国朋友家吃了一顿丰盛的晚餐。

오늘 나는 중국친구 집에서 풍성한 저녁식사를 했다.

丰满 풍만하다 [풍만한 몸매]

男人们喜欢苗条的女人多一点还是丰满的多一点?

남자들은 날씬한 여자를 좋아하는 사람이 많아요 풍만한 여자를 좋아하는 사람이 많아요?

丰硕 잘 여물고 알이 크다 [과일.열매]

希望大家通过不断的努力能结出丰硕的果实。

모든 분들이 끊임없는 노력으로 큰 결실을 맺기 바랍니다.

丰厚 두툼하다, 두텁다 [신뢰, 우정, 사랑, 수입, 돈, 지갑]

大企业不一定都能拿到**丰厚**的分红。

대기업이라고 모두 다 인센티브를 많이 받는 것은 아니다.

丰收 풍작이다 [농업, 사상, 사업]

到北大去调查，使我在思想上获得了一个大**丰收**。

북경대에 가서 조사한 것은 내 사상에 큰 수확을 거두었다.

丰产 풍작이다 [식량, 과일, 소설]

今年粮食**丰产**了，农民很高兴。

올해 양식이 풍년이라 농민들은 매우 기뻐한다.

吃와 관련된 표현

吃亏 손해보다

我昨天**吃**了个哑巴**亏**。

나는 어제 말도 못할 손해를 보았다.

吃苦 고생하다

现在的独生子女往往不能**吃苦**。

오늘날의 외동자녀들은 종종 고생을 견디지 못한다.

吃香 인기가 좋다

这个人在公司里非常**吃香**。

이 사람은 회사에서 인기가 대단히 좋다.

吃豆腐 성희롱 성폭행

有的男人常常在地铁里**吃**女人的**豆腐**。

어떤 남자는 종종 지하철에서 여자들을 성희롱한다.

吃惊 깜짝 놀라다

听到这个消息，大**吃**了一**惊**。 이 소식을 듣고 크게 놀랐다.

吃力 힘쓰다, 애쓰다

刚进公司的时候，工作上有点儿**吃力**。

막 회사에 들어갔을 때는 일하는 것이 좀 힘들다.

吃醋 질투하다

他的女朋友动不动就**吃醋**。 그의 여자친구는 툭하면 질투한다.

吃官司 소송을 당하다

她最近因为生意上的事**吃了官司**。

그녀는 요즘 장사일 때문에 소송을 당했다.

吃闲饭 놀고 먹다

他已经大学毕业了，没找到工作，只能在家**吃闲饭**。

그는 이미 대학을 졸업했는데, 직업을 구하지 못해, 집에서 놀고 먹을 수 밖에 없다.

190

紧张의 용법

(1) 경제적으로 힘들다

手头紧 = 拮据　　（⟷ 여유 있다 : 手头方便 = 宽裕、富裕）

(2) 공부, 일이 바쁘다

学习很紧张、工作很紧张

(3) 기분, 감정 등이 나쁘다

不舒服、别扭

(4) 사이나 관계가 악화되다, 나쁘다

关系不好、别扭、恶化、疏远

(5) 정신적으로 긴장, 불안하다

忐忑不安、七上八下 ⟷ 放松

191

难以와 잘 호응하는 목적어

难以置信 믿기 어렵다.　　　　难以相信 믿기 어렵다.

难以理解 이해하기 어렵다.　　难以克服 극복하기 힘들다.

难以控制 억제하기, 참기 어렵다.　难以解释 해명하기 어렵다.

难以说明 설명하기 쉽지 않다.　　难以接受 받아 들이기 어렵다.

难以解决 해결하기 어렵다.　　　难以实现 실현되기 어렵다.

难以忘记 잊혀지지 않는다.　　　难以成功 잊혀지지 않는다.

难以掌握 파악하기 어렵다.　　　难以否定 부정하기 어렵다.

难以成功 성공하기 어렵다.

192

骄傲의 용법

① **自豪、自负** 자긍심을 느끼다. 자랑스럽게 생각하다.

不管是在故土还是在异国他乡，每次听到大韩民国国歌的时候，作为一名韩国人，为韩国而感到**骄傲**。

고국에서건 이국타향에서건 매번 대한민국 국가를 들을 때면 한국인으로서 한국에 대해 자긍심을 느낀다.

② **自满、自高自大** 거만하다. 자만하다. 건방지다.

就算她真获得世界冠军的名誉，她也不能这么**骄傲**，何况还不是呢！

그녀가 세계 챔피언의 명예를 얻었다고 하더라도 이렇게 거만해져선 안 된다. 하물며 지금 그런 것도 아니지 않는가!

193

什么Ａ不Ａ的 무슨 A하고 말고가 있어

什么条件**不**条件**的**，我什么都不在乎。

무슨 조건이고 말고가 있어, 난 아무것도 신경 쓰지 않아!

什么部长**不**部长**的**，我管他是谁呢？

무슨 과장이니 말고가 있어, 내가 그가 누군지 알게 뭐야?

194

Ａ着也是Ａ着,(不如)…… 어차피 A 할 거라면

呆**着也是**呆**着**，**不如**我们去外边走走吧！

어차피 가만히 있을 거라면, 우리 나가서 좀 걷는 게 좋겠다.

你闲**着也是**闲**着**，就帮帮他吧！

너 어쨌든 한가하니깐 그를 도와줘!

195

比를 이용한 비교문

A 荖 B 형용사 + (得多 / 一点儿 / 구체적상황)：
A 荖 B + 동사 + 得 + 형용사 + (得多 / 一点儿)

我比他大。　　　　　　　　나는 그보다 나이가 많다.

我比他大得多。　　　　　　나는 그보다 나이가 훨씬 많다.

我比他大一点儿。　　　　　나는 그보다 나이가 좀 많다.

我比他大五岁。（＊ = 我大他五岁。）
나는 그보다 5살이 많다.

他比我跑得快。　　　　　　그는 나보다 더 빠르다.

他比我跑得快得多。　　　　그는 나보다 훨씬 더 빠르다.

他比我跑得快一点儿。　　　그는 나보다 약간 더 빠르다.

196

有를 이용한 비교문

A 有 B （得）+ 这么 / 那么 / 这样 / 那样 + 형용사
A 没有 B （동사＋得）+ 这么 / 那么 / 这样 / 那样 + 형용사

弟弟有哥哥高了。동생은 형보다 키가 좀 크다.

火车没有飞机快。기차는 비행기보다 빠르지 않다.

火车没有飞机跑得快。기차는 비행기만큼 빠르지 않다.

火车没有飞机跑得那么快。기차는 비행기만큼 그렇게 빠르지는 않다.

197

跟을 이용한 비교문

① 마치-처럼, 흡사-처럼, --을 방불케 하다, --와/과
像= 和、跟、同、如、好像、如同、仿佛、似乎、犹如、好似、正如
*각 단어마다 약간씩의 의미와 용법의 차이는 있지만 기본적으로 같은 의미이다.

② -과/와 같다. -- 처럼 그렇게, 이렇게 -와 같이, -마냥
一样 = 这么、那么、这样、那样、似的、般的、一般
这本书跟那本书一样。이 책은 그 책과 똑같다.

女儿跟妈妈一样漂亮。 딸은 엄마와 똑같이 예쁘다.

女儿跟妈妈一样喜欢运动。 딸과 엄마는 똑같이 운동을 좋아한다.

妹妹的性格不像姐姐那样开朗。
여동생의 성격은 언니처럼 명랑하지 않다.

他不像父亲那样善于交往。
그는 아버지처럼 그렇게 사람들과 잘 사귀지 못한다.

北京的乌龙茶又浓又香，她好像喝老酒那样慢慢地品味着。
북경의 우롱차는 향기가 짙고 깊다. 그녀는 마치 좋은 술을 마시는 것처럼 천천히 음미하고있다.

如同以往的许多家庭一样我们之间从来不曾有过谈心这种事。
마치 예전의 많은 가정처럼, 우리들 사이에서는 이런 일에 대해 허심탄회하게 얘기해본 적이 없다.

这儿的风景仿佛一幅美丽的油画。
이곳의 풍경은 마치 아름다운 유화같다.

A 不如 B (형용사+동사단어) A는 B 만 못하다

这本书不如那本书。
이 책은 그 책만 못하다.

这本书不如那本书好。
이 책은 그 책보다 좋지 않다.

这本书不如那本书写得好。
이 책은 그 책만큼 잘 쓰여지지 않았다.

수량사 + 比 + 수량사 + 형용사 점점 더 …하다

他的身体一天比一天好。
그의 건강은 나날이 악화되고 있다.

参展的车一辆比一辆漂亮。
박람회에 나온 차들은 한 대 한 대가 모두 다 예쁘다.

人们的生活一天比一天好。
사람들의 생활은 갈수록 좋아진다.

PART 6

기출 부사

01~10 Adverb

Adverb

---

01 按时
[àn shí]

제때에, 규정된 시간대로, 제시간에

你要听父母的话，**按时**吃饭，好好照顾自己。
부모님 말 들어야 해, 제때에 밥 먹고, 자기 몸 잘 챙겨.

他每天按时起床，**按时**吃饭，生活很有规律。
그는 매일 제시간에 일어나고 제시간에 밥을 먹는 등 생활이 규칙적이다.

---

02 暗暗
[àn' àn]

암암리에, 몰래, 남몰래, 슬며시

他**暗暗**给我使了个眼色，让我快点向她道歉。
그는 슬며시 나에게 빨리 그녀에게 사과하라고 눈짓했다.

他**暗暗**下了决心，一定要考上名牌大学。
그는 남몰래 명문대학에 합격해야겠다고 결심을 내렸다.

---

03 白
[bái]

공연히, 쓸데없이, 헛되이, 공짜로, 무보수로

吃了不少减肥药，却不见一点儿效果，真是**白**花钱。
많은 다이어트 약을 먹었지만 조금의 효과도 보지 못했어. 정말 헛돈 썼어.

你太过分了，放了我的鸽子，让我**白**等了你半天。
너 정말 너무해. 날 그냥 내버려 두고 한참이나 쓸데없이 너를 기다리게 하다니.

---

04 本来
[běn lái]

본래, 원래

他**本来**身体胖，现在可苗条了。
그는 원래 몸집이 뚱뚱한데 지금은 날씬해졌어.

我**本来**不知道，听了他的话我才恍然大悟。
나는 원래 몰랐는데 그의 말을 듣고 문득 깨달았지.

05

比较 　비교적

[bǐ jiào]

这篇文章内容比较深刻，值得大家读一读。
이 문장의 내용은 비교적 심오한 편이어서 읽어볼 만한 가치가 있어.

这里是新开发的住宅小区，交通比较方便。
이곳은 새로 개발된 주택 구역이라 교통이 비교적 편리하지.

06

必须 　반드시, 꼭,

[bì xū]

要学好任何一门外国语，必须多听，多说，多读，多写。
어떤 외국어든지 잘 하려면 반드시 많이 듣고, 말하고, 읽고, 써 봐야 해.

我们9点钟开会，现在你必须要准备了。
우리는 아홉 시에 회의를 여니까 당신은 지금 반드시 준비해야 합니다.

07

毕竟 　마침내, 드디어, 결국

[bì jìng]

这件衣服虽然有点儿贵，但毕竟是名牌，值得买。
이 옷이 조금 비싸더라도 결국 유명상표잖아. 살만한 가치가 있어.

这件衣服毕竟买了已经两年了，已经不流行了。
이 옷은 산지 이 년이 지나서 이미 유행이 지났다.

08

别 　…하지 마라

[bié]

下了这么大的雨，你就别走了。
이렇게 비가 많이 내리니 가지 마.

让他别去买了，我刚回来时已经顺便买了。
그를 사러 가지 못하게 해, 내가 방금 돌아오는 길에 샀으니까.

不断

끊임없이, 부단히, 늘

[bú duàn]

我们的生活随着科学技术的发展在不断地变化着。

과학기술의 발전에 따라 우리들의 생활도 끊임없이 변화하고 있다.

如果你想干出一番事业来，就必须不断地努力。

만약 네가 사업을 하고 싶다면 반드시 끊임없이 노력해야 해.

不曾

아직 …않다, (일찍이) …한 적이 없다

[bù céng]

我不曾看过这么精彩的演出。

나는 지금껏 이렇게 훌륭한 공연을 본 적이 없어.

这样大规模的检查，是从来不曾有过的。

이렇게 큰 규모의 검사는 지금껏 없었어.

02 Adverb

不禁

참지 못하다, 견디지 못하다, 자기도 모르게

[bú jìn]

看到他送给我的手表，不禁想起我们在一起的情景。

그가 나에게 준 손목시계를 보고 나도 모르게 우리가 함께했던 광경을 떠올랐다.

看到他们滑稽幽默的表演，人们不禁哈哈大笑起来。

그들의 익살스러운 공연을 보며 사람들은 큰소리로 웃는 것을 참지 못했다.

12

不免

면할 수 없다, 아무리 해도 …가 되다.

[bù miǎn]

等了一个小时也不见他的影子，这不免使我很生气。

한 시간이나 기다렸지만 그의 그림자 조차도 보이지 않아, 나는 화나는 것을 면할 수 없었다.

他刚参加工作不久，工作中不免出些差错。

그는 일한 지 얼마 되지 않아서, 일할 때 착오가 생기는 것은 어쩔 수가 없다.

13

不由得 저도 모르게, 저절로, 자연히, …하지 않을 수 없다

[bù yóu de]

第一次站在台上讲话，她不由得紧张起来。

무대에서 이야기 하는 게 처음이라 그녀는 긴장하지 않을 수 없었다.

这部表现母爱的感人的电影，使同学们不由得流出了热泪。

모성애를 표현한 이 감동적인 영화는 학우들로 하여금 저절로 눈물을 흘리게 하였다.

14

才 막, 방금, …에야, 비로소, 겨우, …야말로

[cái]

他才放下书包，就打开电视看起来。

그는 막 가방을 내려놓고 바로 tv를 켜 보기 시작했다.

经过老师的反复说明讲解之后，我才明白这道题。

선생님의 반복적인 설명 후에야 나는 겨우 이 문제를 이해했다.

15

曾 일찍이, 이미, 이전에

[céng]

我曾跟她说过你的不幸的遭遇。

나는 일찍이 너의 불행한 일에 대해 그녀와 이야기 한적이 있다.

我曾去过海南岛，那是两年前新婚旅游的时候。

나는 이전에 하이난따오에 가 봤어. 2년 전 신혼여행 때였지.

16

曾经 일찍이, 이전에, 예전에

[céng jīng]

我们俩曾经到中国学习过这方面的技术。

우리 둘은 일찍이 중국에 와서 이 기술을 배운 적이 있다.

这本书我曾经到很多书店买过，但都没买到。

나는 여러 서점에 가서 이 책을 사려고 했지만 사지 못했다.

17

差点儿

하마터면, 자칫 잘못했더라면 ; 가까스로, 겨우, 간신히

[chà diǎnr]

要不是及时送到医院，他差点儿就死了。

제때에 병원에 실려오지 않았다면, 그는 하마터면 죽을 뻔 했어. (죽지 않았다)

要不是及时送到医院，他差点儿没死。

제때에 병원에 와서 그는 간신히 죽지 않았다. (죽지 않았다)

18

常常

자주, 종종, 가끔, 때때로, 이따금, 수시로

[cháng cháng]

上课时遇到不能理解的生词，老师常常用肢体语言来解释。

수업 중에 모르는 단어가 나오면 선생님은 온 몸으로 설명하신다.

虽然我要回国了，但我会常常和大家联系的。

나는 귀국하지만 여러분과 자주 연락할 거예요.

19

成天

하루 종일, 온종일

[chéng tiān]

我成天瞎忙，也没有时间来看看你们。

나는 하루 종일 공연히 바빠서 너희들을 보러 올 시간조차 없어.

成天跟中国人在一起，汉语进步得可真快。

온종일 중국인들과 함께 있으면 중국어를 빠르게 향상시킬 수 있다.

20

重新

다시, 재차 ; 새롭게

[chóng xīn]

我又把这件事情的重要性重新讲了一遍。

나는 이 일의 중요성을 다시 한번 말했다.

病好以后，她又重新出现在电视屏幕上。

병이 낫자 그녀는 다시 스크린에 얼굴을 비췄다.

03 Adverb

21

从来
지금까지, 여태껏, 이제껏

[cóng lái]

她总是喝茶，从来不喝咖啡或饮料。

그녀는 늘 차를 마신다. 이제껏 커피나 음료는 마시지 않았다.

别人总是捉弄他，可他从来没有生过气。

다른 사람이 늘 그를 놀려도 그는 지금껏 화를 내본 적이 없다.

22

大大
크게(수량이 크거나 정도가 매우 깊음을 나타낸다.)

[dà dà]

今年他们公司的经济效益大大提高了。

올해 그들 회사의 경제 효율은 크게 높아졌다

一见面他就大大地竖起了大拇指。

그는 보자마자 엄지손가락을 높이 치켜들었다.

23

大都
대부분, 대다수

[dà dōu]

童年时代无忧无虑的生活，我大都还记得。

어렸을 때의 근심걱정 없는 생활을 나는 아직도 대부분 기억한다.

这些问题大都可以通过自己的思考找到答案。

이런 문제의 대부분은 자신의 사고를 통해 답을 얻을 수 있다.

24

大概
아마, 대개, 대략

[dà gài]

我想他大概会迟到。

내 생각에 그는 아마 늦을 것 같아.

大概他有什么事脱不开身吧，否则他不会失约的。

아마 그는 무슨 일이 있어서 많이 바쁜 것 같아. 그렇지 않고서야 약속을 안 지킬리 없지.

25

大力

강력하게, 힘껏

[dà lì]

现在世界上的水资源迅速减少，我们要大力提倡节约用水。

현재 세계의 수자원이 빠른 속도로 감소하고 있다. 우리는 힘껏 물 절약을 제창해야 한다.

为了使教育适应现在时代的发展，我们将大力推行教育改革。

사교육의 알맞은 시대 발전을 위해, 우리는 앞으로 강력하게 교육개혁을 추진할 것이다.

26

大约

아마, 다분히, 대개는 ; 대략, 대강, 얼추

[dà yuē]

我们公司有研究生学历的人大约占公司职员的一半。

우리 회사에서 대학원 학력을 가진 사람은 대략 회사직원의 반을 차지한다.

如果我没记错的话，他大约今年25岁了。

만약 내가 기억하는 게 틀리지 않았다면 그는 올해 아마 스물 다섯 살일 것이다.

27

到处

가는 곳마다, 여기저기, 도처에

[dào chù]

我到处都打听了，就是找不到他的下落。

내가 가는 곳 마다 물었지만 그의 행방은 찾을 수 없었다.

把东西放回原处，不要到处乱放。

물건을 원래 자리에 갖다 놔. 여기저기 아무 곳에나 놓지 말고.

28

到底

도대체 ; 아무래도, 역시; 마침내, 결국

[dào dǐ]

你到底知不知道，快点说吧。

너는 도대체 아니 모르니, 빨리 말해봐.

你到底是想去中国上大学，还是想在韩国上大学?

넌 도대체 중국에서 대학 다니고 싶니 아니면 한국에서 대학 다니고 싶니?

29 倒

역으로, 거꾸로(예상과 어긋나는 것을 말하는 경우에 쓰임, 역접 관계를 나타냄, 양보를 나타냄, 재촉이나 힐문을 나타낸다.)

[dào]

他的个子不高，可力气倒挺大。
그의 키는 별로 크지 않지만 힘은 정말 세다.

你想得倒简单，可做起来并不容易。
너는 쉽게 생각했겠지만 해보면 쉽지 않을 걸.

30 的确

확실히, 분명히, 정말, 참으로

[dí què]

他写得的确不错，看起来像书法家写的。
그가 쓴 것은 확실이 훌륭해. 딱 보면 서예가가 쓴 것 같아.

噢，想起来了，这个地方我的确去过。
오. 생각났다. 이곳을 나 확실히 가봤어.

04 Adverb

31 顶

매우, 극도로, 아주 (정도가 가장 높음을 나타낸다.)

[dǐng]

最近这本书在各大书店顶畅销。
요즘 이 책은 각 대형서점에서 매우 잘 팔리고 있다.

顶快也要再过两天才能告诉你结果。
빨라도 이틀은 더 지나서야 너에게 결과를 알려줄 수 있어.

32 都

모두, 다 ; 심지어, …조차도, …까지도 ; 이미, 벌써

[dōu]

我们都不赞成你的做法。
우리 모두 네 방법에 동의하지 않아.

不管有多苦多累，我们都不能放弃。
아무리 힘들고 괴로워도 우리는 포기할 수 없어.

33

顿时

일시에, 갑자기, 문득, 바로

[dùn shí]

一提到选举班长的事情，班上顿时像开了锅一样热闹。

반장선거를 언급하기만 하면 일시에 반 모두가 시끄러워진다.

一听说明天有临时考试，大家顿时紧张起来了。

내일 임시테스트가 있다는 말을 듣자 모두가 바로 긴장했다.

34

多半

아마, 대게

[duō bàn]

今天的会议多半要推迟十分钟。

오늘 회의는 아마 십 분 늦춰질 것 같아.

从调查结果看，中国人多半早睡早起，而韩国人多半晚睡晚起。

조사결과로 보아 중국인의 대개가 일찍 자고 일찍 일어난다. 반대로 한국인은 대부분 늦게 자고 늦게 일어난다

35

多亏

다행히, 덕분에

[duō kuī]

这次多亏了老师的帮助，要不这次考试就不及格了。

선생님의 도움이 아니었으면 이번 시험에서 불합격했을 거야.

多亏你的提醒，要不然我就开不了门回不了家了。

네가 알려준 덕분이야, 그렇지 않았으면 나는 문을 열지 못해 집에 돌아가지 못 했을 거야.

36

凡是

대강, 무릇, 거의, 만약 …한다면

[fán shì]

凡是说话不算数的人，他都不喜欢。

무릇 말하고 지키지 않는 사람은 그가 좋아하지 않아.

凡是到中国的人都一定要到长城去看看。

중국에 가본 사람이라면 모두 만리장성에 꼭 가 보려고 한다.

37

反而

오히려, 역으로, 그런데, 글쎄 말이지

[fǎn' ér]

你工作时间最长，反而没有年轻的博士生的工资高。

넌 일하는 시간이 너무 긴데 반해 젊은 박사만큼 임금이 높지 않아.

公司正需要人手的时候，她反而辞职不干了。

회사에서 일손이 필요할 때 그녀는 오히려 그만두었다.

38

反复

반복하다, 되풀이하다

[fǎn fù]

这件事情经过反复讨论最后才决定的。

이 일은 토론을 반복한 후에서야 내린 결정이다.

妈妈反复嘱咐我出去春游时一定要注意安全。

엄마는 내가 봄소풍을 갈 때 안전에 주의해야 한다고 몇 번이고 당부하였다.

39

反正

어차피, 결국, 어쨌든, 아무튼

[fǎn zhèng]

反正你要去中国，为什么不帮我带些东西回来呢?

결국 네가 중국에 갈 거라면 왜 내 물건을 가지고 오지 않았니?

反正我年轻，这次的出差就派我去吧。

어차피 나는 젊은데 뭐, 이번 출장은 내가 갈게.

40

分别

각각, 따로따로

[fēn bié]

他分别给我们三个人发了一封电子邮件。

그는 우리 세 명에게 각각 이메일을 보냈다.

咱们三个分别去陪美贤聊聊，别让她觉得寂寞。

우리 세 명 각각 미현이에게 가서 수다 떨자, 그녀가 적막함을 느끼지 않게 말이야.

41

干脆

아예, 차라리, 깨끗하게, 시원스럽게

[gān cuì]

听说他们现在挺忙的，干脆别去了。

듣자 하니 그들은 지금 매우 바쁜가 봐. 아예 가지 말자.

既然两口子真的过不到一块儿去了，干脆离婚吧。

부부가 함께 살지 못할 거라면 차라리 이혼해.

42

赶紧

서둘러, 급히

[gǎn jǐn]

我感觉有点要感冒，赶紧喝了一袋感冒冲剂。

나는 감기가 걸릴 것 같아 서둘러 감기약 한 봉을 마셨다.

我收到你的信就赶紧准备了。

나는 너의 편지를 받고 서둘러 준비했다.

43

赶快

빨리, 어서

[gǎn kuài]

要下雨了，我们赶快走吧。

비가 올 것 같아. 우리 빨리 돌아가자.

这件事情你赶快告诉老板一声。

이 일을 빨리 사장님께 알려야 해

44

赶忙

서둘러, 급히, 얼른

[gǎn máng]

看到客人们要走了，她赶忙起身相送。

손님들이 가려는 것을 보고 그는 서둘러 일어나 배웅했다.

听到门铃一响，她就赶忙去开门。

초인종 울리는 소리를 듣자 그녀는 바삐 문을 열었다.

45

刚

지금, 막, 바로, 마침, 꼭, 간신히, 겨우

[gāng]

我刚到中国的时候，人生地不熟的。

내가 막 중국에 왔을 때 모든 것이 낯설었다.

雨刚停了一会儿，就又下了起来。

방금 잠깐 비가 멈췄는데 또 오기 시작한다.

46

刚刚

막, 방금, 겨우, 단지, 마침, 꼭

[gāng gāng]

这个箱子刚刚装得下这机器。

이 상자는 딱 이 기계를 담을 수 있다.

我的体重刚刚五十公斤，没超过正常体重。

내 체중은 딱 50kg이다. 정상체중을 초과하지 않는다.

47

格外

특히, 더욱, 별도로, 이외에

[gé wài]

每逢佳节，我格外想念远在异国的亲人。

매번 명절 때 나는 이국의 가족이 더욱 그리워진다.

在这次贸易洽谈会上，海尔集团生产的电子产品格外引人。

이번 무역 협의회에서 단체에서 생산한 하이얼 전자제품은 특히 사람들의 관심을 끌었다.

48

更

더욱, 훨씬, 한결 ; 다시, 또

[gèng]

我们部门应该更多的为大家服务。

우리 회사는 당연히 모두를 위해 한결 나은 서비스를 해야 한다.

自从听了那次报告会以后，我更爱自己的职业了。

그 보고회에서 들은 이후로 나는 내 직업을 더욱 좋아하게 되었다.

49

更加   더욱, 한층, 더

[gèng jiā] 经过一年的努力学习，他的汉语说得更加标准，更加流利了。

열심히 공부한 일 년이 지나고 그의 중국어는 더욱더 정확하고 유창해졌다.

你的经验固然丰富，可是她的经验比你更加丰富。

너의 경험도 풍부하기는 하지만 그녀의 경험이 너보다 훨씬 풍부해.

50

怪   매우, 아주, 정말

[guài] 他很晚了还没有回来，父母怪担心的。

그는 시간이 늦었지만 아직 돌아오지 않아서 부모님이 매우 걱정하신다.

你的新家装修得这么豪华，怪让人羡慕的，这回可满意了吧。

너의 새집 인테리어가 아주 멋스러워 사람을 정말 부드럽게 만드는구나. 이번엔 마음에 쏙 들겠구나!

06 Adverb

51

怪不得   과연, 그러기에, 어쩐지

[guài bu dé] 天气预报说今天有雷阵雨，怪不得大家都带着伞。

일기예보에서 오늘 큰비가 내린다더니 과연 사람들 모두 우산을 가지고 있다.

这是畅销书，怪不得卖得这么快。

이 책은 베스트셀러야. 어쩐지 이렇게 빨리 팔리더라.

52

光

다만, 오직, 단지

[guāng]

光哭没用，还要找个解决问题的方法

울기만 해서는 소용없어, 문제 해결 방법을 찾아야지.

我们公司不需要光放空炮的人。

우리 회사는 허풍만 치는 사람은 필요 없어.

53

果然

과연, 생각한 대로

[guǒ rán]

他调节自己的心情和精神之后，病情果然也有了很大好转。

그가 자신의 마음과 정신을 가다듬자, 과연 병세가 아주 좋아졌다.

我看他这两天不对劲，果然他家里发生了很大的事情。

그가 요 며칠 좀 이상하다 싶었더니, 생각대로 그의 집안에 큰일이 났었구나.

54

还

여전히, 아직(도) ; 또, 더, 더욱 , 역시, 과연

[hái]

这次到了北京，不仅游览了很多名胜古迹，还品尝了很多京味小吃。

이번에 북경에 와서 많은 명승고적을 유람했을 뿐만 아니라 북경의 먹거리도 많이 맛보았다.

我比你小好几岁，但你显得比我还年轻。

내가 너보다 몇 살이 적은데도 네가 나보다 어려 보인다.

55

还是

그냥, 여전히, 역시, 그래도 ; …하는 편이 (더)좋다

[hái shì]

我昨天给他打电话她很忙，今天下午再打，他还是很忙。

내가 어제 그에게 전화했을 때 그녀는 매우 바빴어. 오늘 오후에 다시 전화했는데도 여전히 바쁘더라.

即使他借给我钱，也还是凑不够医药费。

설령 그가 나한테 돈을 빌려준다 해도 의료비는 여전히 부족해.

56

好

아주, 정말로, 퍽, 꽤, 매우 ; 얼마나

[hǎo]

韩国好多中文系的学生都去过中国留学。

한국의 많은 중문과 학생은 모두 중국에 유학 가본 적 있다.

你一个人一声不吭地就走了，害得我好等。

네가 말 한마디 없이 그냥 가버려서 날 얼마나 기다리게 했는데.

57

好容易

가까스로, 겨우, 간신히

[hǎo róng yì]

我好容易才搞到两张音乐会的票，你怎么又不去了呢？

나는 겨우 음악회 표를 두 장 얻었는데 너는 왜 또 안 간다고 하니？

连着下了一个星期的雨，好容易才晴了天，我们出去玩玩吧.

일주일 내내 비가 오다가 겨우 날이 맑아졌잖아. 우리 나가서 놀자.

58

何必

왜 꼭…할 필요가 있는가, …할 필요가 없다

[hé bì]

他明明不想参加我们的聚会，你何必要强迫他参加呢？

그는 분명 모임에 참가하고 싶지 않을 텐데 너는 뭐하러 그에게 참가하라고 강요하니？

何必回家就装哑巴呢？有什么话说出来嘛。

뭐 하러 집에 가 벙어리처럼 입을 다물고 있어？ 할 말 있으면 해.

59

忽然

갑자기, 별안간, 문득, 돌연

[hū rán]

我和朋友正谈得起劲，忽然听见有人敲门。

내가 친구랑 재미있게 이야기 하는데 갑자기 누가 문 두드리는 소리가 들렸다.

忽然，她好像想起了什么事情，一句话也不说了。

갑자기 그녀는 무슨 일이 생각난 듯 한마디도 말하지 않았다.

60

互相　서로, 상호

[hù xiāng]

两个年轻人互相帮助鼓励，终于战胜了困难。
두 젊은이는 서로 돕고 격려하며 결국 어려움을 이겨냈다.

朋友之间要互相信任，互相帮助。
친구간에는 서로 믿음과 도움이 있어야 한다.

07　Adverb

61

回头　잠시 후, 나중에, 이따가

[huí tóu]

你先解决别的事情吧，回头再处理这个问题。
너는 다른 일부터 먼저 해결해봐. 이 문제는 조금 이따가 처리하자.

你别担心，我回头再帮你联系一下。
너 걱정하지마, 이따가 내가 너 대신 연락 해볼게.

62

几乎　거의, 하마터면

[jī hū]

为了完成这个工程，我们几乎连续干了三个通宵.
이 일을 완성하기 위해서 우리는 거의 3일 밤을 지새웠다.

汽车在中途抛锚了，我几乎没赶上飞机。
버스가 도중에 고장 나는 바람에 우리는 하마터면 비행기를 못 탈 뻔 했다.

63

极其　지극히, 매우

[jí qí]

导游极其详细地介绍了这个景点的概况。
가이드는 매우 자세하게 이곳의 개황을 소개하였다.

老师只是极其简单地说明了一下考试的范围和内容。
선생님은 매우 간단하게 시험범위와 내용을 설명하였다.

简直

그야말로, 정말로, 솔직하게, 차라리

[jiǎn zhí]

这里夏天天气热得简直睡不着觉。

여기 여름은 정말 더워서 잠을 잘 수 없을 정도야.

他们哪像是在讨论问题，简直是在吵架。

그들이 어딜 봐서 문제를 토론하고 있는 것 같니. 정말 싸우는 것 같아.

渐渐

점점, 점차, 차차

[jiàn jiàn]

他和公司的新同事们渐渐熟识起来了。

그와 회사의 신입사원들은 점점 친해졌다.

成绩排在后面的同学渐渐赶上来了。

성적이 꼴찌였던 학생이 점점 성적이 향상되었다.

尽管

얼마든지, 하고 싶은 대로 ; 늘, 그냥, 언제나

[jǐn guǎn]

你尽管去做吧，我们都会在背后支持你的。

너 하고 싶은 데로 해. 우리가 뒤에서 응원해줄게.

不管别人的看法怎样，她尽管我行我素。

다른 사람의 생각이 어떻든 간에 그녀는 늘 자기 하고 싶은 데로 한다.

尽量

되도록, 될 수 있는 대로, 가능한 한

[jǐn liàng]

他的英语成绩不好，你作为学习委员要尽量帮助他。

그의 영어 성적은 좋지 않아. 너는 학습위원으로서 힘닿는 데까지 그를 도와줘.

作业你要尽量自己做，不能再抄别的同学的了。

숙제는 되도록 혼자 해야 해. 다른 급우의 것을 베끼면 안 되지.

68

竟

[jìng]

다만, …뿐, …만 ; 뜻밖에, 의외의 ; 드디어, 결국

我以为他今天不去了，他竟去了。

나는 그가 오늘 안 갈 줄 알았는데 뜻밖에도 갔더라.

学了两年的汉语，竟说不了几句汉语，真是不可思议。

2년이나 중국어를 배웠는데 의외로 몇 마디 밖에 못하다니, 정말 이해가 안 가네.

69

竟然

[jìng rán]

뜻밖에도, 의외로, 놀랍게도 ; 결국, 마침내

这么大的工作量他竟然两天就做完了。

이렇게 많은 일을 놀랍게도 그는 이틀 만에 끝냈다.

我们都以为他们会结婚，谁知道他们竟然分手了。

우리들은 다 그들이 결혼할 줄 알았는데, 그들이 뜻밖에도 헤어질 지 누가 알았겠어.

70

究竟

[jiū jìng]

필경, 어쨌든, 요컨대, 도대체, 대관절

这次考试你究竟有没有信心考上？

너는 도대체 이번 시험에 합격할 자신이 있는 거니 없는 거니?

下个月的HSK考试你究竟参加不参加？

너는 다음달 HSK시험에 도대체 참가할 거니 안 할 거니?

08 Adverb

71

居然

[jū rán]

뜻밖에, 생각 밖에, 의외로 ; 확연히, 확실히

这个活动是他出头组织的，没想到居然没参加。

이 활동은 그가 나서서 조직한 것인데 뜻밖에 그는 참가하지 않았어.

他本来是个慢性子，这回居然也着急起来了。

그는 본래 행동이 굼뜬데 이번에는 생각지도 못하게 조급해했다.

72

恐怕

[kǒng pà]

(나쁜 결과) 아마 … 일 것이다 ; 대체로, 대략, 아마도

天阴得这么厉害，恐怕要下雨。
날이 많이 흐리네, 아마 비가 올 것 같아.

你开这样的玩笑恐怕对他来说太过分了吧。
너 이런 농담하면 그는 아마 심하다고 느낄 거야.

73

老

[lǎo]

오래, 오래도록 ; 늘, 항상 ; 매우, 아주

你上班老玩电脑，小心老板炒你的鱿鱼。
너는 근무할 때 항상 컴퓨터하는데, 사장이 너를 해고할지도 모르니 조심해.

我们老早就认识了，我说的绝对是事实。
우리는 이미 오래 전에 알고 있었어. 내가 말한 건 정말 사실이야.

74

立即

[lì jí]

즉시, 곧, 바로

听了朋友的建议，他立即去书店买了那本书。
친구의 제안을 듣고 그는 곧 서점에 가서 그 책을 샀다.

看到他生气的表情，我立即意识到我说错了话。
그의 화난 표정을 보고 나는 내가 말 실수를 했다는 것을 바로 알아차렸다.

75

立刻

[lì kè]

즉시, 당장, 곧, 바로

开完会后，你立刻到我办公室来一趟。
회의가 끝나고 당신은 바로 내 사무실로 오시오.

听了老师的话，我立刻对自己有了信心。
선생님의 말씀을 듣고 나는 곧 스스로에게 믿음이 생겼다.

76

连忙
분주히, 바삐, 얼른, 재빨리

[lián máng]

我一到公司就连忙准备明天会议的材料。
나는 회사에 도착하자마자 바삐 내일의 회의자료를 준비했다.

我明天不能去机场送他，他听了我的话连忙说"没关系。"
나는 내일 그를 공항에 데려다 줄 수 없었다. 그는 내 말을 듣자마자 괜찮다고 말했다.

77

陆续
끊임없이, 계속해서, 연이어, 잇따라

[lù xù]

讲座的时间还没到，学生们已陆续走进了礼堂。
강연 시간이 아직 되지도 않았는데 학생들은 이미 줄지어 강당으로 들어갔다.

春天来了，桃花，李花和海棠花陆续都开了。
봄이 왔구나. 복숭아꽃, 자두꽃과 해당화가 잇따라 피어났어.

78

马上
곧, 바로, 즉시

[mǎ shàng]

马上去恐怕不行，我现在手头的工作还没做完呢。
바로 가는 건 안 될 듯 해. 나는 지금 수중의 일이 끝나지 않았어.

现在已经是农历28了，马上就到春节了。
이제 벌써 음력 28일이야, 곧 있으면 설이 오는구나.

79

每
…마다 ; 늘, 항상

[měi]

在足球比赛现场，每进一个球，都爆发出热烈的掌声。
축구 경기장에서는 한 골 들어갈 때마다 열렬한 박수 소리가 터져 나왔다.

每当我想起那段往事，我就伤起心来。
나는 그 지난 일을 생각할 때 마다 바로 속이 상한다.

80

明明　명백히, 확실히

[míng míng]　这件事情明明我对你说了，你怎么说没听过呢?

이 일은 내가 분명히 말했는데 너는 어떻게 안들을 수가 있니?

明明我昨天还给他钱了，可他偏偏说我没还。

내가 어제 분명히 그에게 돈을 돌려주었는데 그는 내가 돌려주지 않았다고 해.

09 Adverb

难道　설마…하겠는가?, 그래 …란 말인가?

[nán dào]　这件事情大家都知道了，难道你连一点都不知道?

이 일은 모두가 알고 있는데 설마 너 하나도 모르는 거니?

我们难道就被眼前的这么点小问题吓倒了不成?

설마 우리가 눈앞의 이렇게 작은 일로 놀랄까?

难怪　과연, 정말, 어쩐지

[nán guài]　我的好朋友最近失恋了，难怪他最近看起来不对劲呢。

내 친한 친구는 최근에 실연당했어. 그래서 그런지 그는 요즘에 정말 이상하더라.

她和中国人结婚了，难怪她对中国的情况这么了解。

그녀는 중국인과 결혼했어. 어쩐지 그녀가 이렇게 중국 상황을 잘 알고 있더라.

83

怕
[pà]

어쩌면 (… 일지도 모른다.)

我这次出差，怕要过一段时间才能回来。
나는 이번 출장에서 어쩌면 어느 정도 시간이 지나야 돌아올 수 있을 것 같다.

他比以前瘦了很多，怕有十多斤。
그는 이전보다 많이 야위었어, 어쩌면 십 몇 킬로가 빠진 거 같아.

84

偏
[piān]

기어코, 일부러, 굳이

我好容易才抽时间出去玩一天，偏赶上了下雨。
나는 가까스로 시간을 내서 놀러 갔는데 하필이면 비가 왔지 뭐야.

这么多优秀的大学毕业生，他偏录用了一位只有高中学历的人。
이렇게 많은 우수한 대학졸업생들이 있는데 그는 기어이 고졸인 사람을 채용했어.

85

偏偏
[piān piān]

기어코, 꼭, 일부러, 굳이 ; 마침, 예기찮게, 뜻밖에 ; 유달리

老板说明天不能迟到，可是他偏偏迟到。
사장이 내일은 지각하면 안 된다고 말했지만 그는 기어코 지각하였다.

我从大老远跑到这看她，偏偏她不在家。
나는 먼 곳에서부터 그녀를 보러 여기까지 왔는데 하필이면 그녀는 집에 없었다.

86

其实
[qí shí]

사실은, 실제는

这个人看起来很老实，其实他一肚子坏水儿。
이 사람은 매우 온순해 보이지만 사실은 심보가 매우 고약하다.

你们只羡慕他取得了这么大的成就，其实不知道他付出了多大的努力。
당신들은 단지 그가 큰 업적을 거둔 것을 부러워하지만 사실 그가 얼마나 많은 노력을 했는지 모른다.

87

恰好　　바로, 마침

[qià hǎo]

这些钱恰好够买一台笔记本电脑。
이 돈이면 딱 노트북 한 대를 살 수 있다.

你要买的那件衣服，恰好我有一件穿不了。
네가 사려는 그 옷 말이야, 마침 내게 입지 못하는 옷이 한 벌 있어.

88

千万　　부디, 아무쪼록, 꼭

[qiān wàn]

你可千万要注意身体呀！
아무쪼록 몸 건강해야 해!

这个机会千载难逢，你千万不要错过。
이런 기회는 다시 만나기 힘들어, 너 꼭 놓치지 마.

89

悄悄　　은밀하게, 살짝, 조용히, 살며시

[qiāo qiāo]

我怕吵醒他，悄悄地打开门进去了。
나는 그가 시끄러워 깰까봐 조용히 문을 열고 들어갔다.

我悄悄地问他，他是不是有了新的女朋友。
나는 은밀히 그에게 새로운 여자친구가 생긴 것이 아닌지 물어보았다.

90

亲自　　몸소, 직접, 친히

[qīn zì]

不管公司的大事还是小事，他都要亲自过问一下。
회사의 큰일이든 작은 일이든 간에 그는 직접 가서 물어봐야 한다.

这么重要的事情非你亲自去不可。
이렇게 중요한 일은 네가 직접 가지 않으면 안돼.

10 Adverb

91 却

却 하지만, 그런데, 도리어, 그렇지만, 오히려

[què]

这本书我买过，却丢了。
나는 이 책을 샀었는데 잃어버렸어.

我有许多话要说，一时却说不出来。
나는 할 말이 많았는데 갑자기 말이 나오지 않았다.

92 确实

确实 틀림없이, 확실히

[què shí]

我不是不想来，确实是没有时间。
내가 오기 싫은 게 아니고 정말 시간이 없어.

这件事情的确很重要的，确实需要和大家商量一下。
이 일은 사실 아주 중요한 것이니 꼭 모두와 상의해야 해.

93 任意

任意 제멋대로, 임의대로

[rèn yì]

如果我有了很多钱，就可以任意买我喜欢的东西了。
만약에 내가 돈이 많았다면 내가 좋아하는 물건을 마음대로 샀을 텐데.

你怎么能任意向别人说我的坏话呢?
너는 어떻게 다른 사람에게 제멋대로 내 뒷담을 하니?

94 仍

仍 변함없이, 여전히

[réng]

我又去了一趟那家商店，可我仍没买到。
나는 그 상점에 또 갔는데 여전히 사지 못했어.

他去年教高三，今年仍教高三。
그는 작년에고 고3을 가르쳤는데 올해도 변함없이 고3을 가르친다.

95

仍旧

변함없이, 여전히 …이다

[réng jiù]

多年不见，你仍旧是那么年轻。

몇 년간 못 봤는데 너는 여전이 젊구나.

他对别人的批评表面上接受了，可仍旧我行我素。

그는 다른 사람의 비평을 겉으로는 받아들이는 척 하지만 여전히 제멋대로이다.

96

仍然

여전히, 아무리 …해도, 변함없이, 원래대로

[réng rán]

事情已经都过去了两年，但他仍然不能原谅他。

일이 벌써 2년이나 지났지만 그는 여전히 그녀를 용서하지 못한다.

回到家里，他仍然在准备明天会议的材料。

집에 돌아와서도 그는 변함없이 내일 회의 자료를 준비했다.

97

稍

약간, 조금, 좀 ; 잠시, 잠깐

[shāo]

这个东西很小，稍一不注意就可能弄丢了。

이 물건은 매우 작아서 조금만 부주의하면 잃어 버릴 수 있어.

你总是开夜车可不行，得稍休息一下儿。

너 계속 날을 새어서는 안돼, 좀 쉬어.

98

稍微

약간, 조금, 얼마쯤, 다소나마, 좀

[shāo wēi]

我稍微看看，一会儿就还给你。

내가 조금 보고 이따가 바로 돌려줄게.

我们的钱也差不多了，稍微借点就行了。

우리 돈도 거의 비슷해. 조금만 빌리면 돼.

99 甚至
[shèn zhì]

심지어, …까지도, …조차도, …마저

这部电影很卖座，甚至连十几岁的孩子也喜欢看。
이 영화는 관객이 많다. 심지어 열 몇 살짜리 아이들도 즐겨본다.

我这个月很忙，甚至下个月也可能很忙。
나는 이번 달에 배우 바빠, 심지어 다음달도 매우 바쁠지 몰라.

100 十分
[shí fēn]

매우, 충분히

我们必须十分重视孩子的早期教育。
우리는 반드시 아이들의 조기교육을 중시해야 한다.

要想改掉自己的坏毛病，是一件十分不容易的事。
자신의 안 좋은 습관을 고치는 것은 매우 어려운 일이다.

11 Adverb

101 时常
[shí cháng]

늘, 항상, 자주

老师时常提醒我考试时要认真细心。
선생님들 나에게 늘 시험 때에 신중해야 한다고 일깨워 주신다.

她时常担心出门在外的丈夫。
그는 늘 밖에 있는 남편을 걱정한다.

102 时时
[shí shí]

항상, 언제나, 늘, 자주 ; 때로는, 이따금, 간혹

您的教导，我会时时记在心里的。
당신의 가르침은 제가 항상 가슴속에 기억하겠습니다.

我的朋友们在我的身边时时提醒我做事情要慎重。
내 친구들은 내 옆에 있을 땐 항상 나에게 신중하라고 일깨워 준다.

实在

확실히, 진정, 참으로, 정말

[shí zài]

这本书实在是好，对我学习汉语很有帮助。
이 책은 정말 좋아. 중국어 공부에 많은 도움이 돼.

你告诉我这个消息实在太及时了。
네가 이 소식을 나에게 정말 제때에 알려주었어.

始终

처음부터 한결같이, 언제나, 결국, 끝내, 늘

[shǐ zhōng]

在这一年中，她始终没请过假。
이번 일 년 동안 그는 끝내 휴가를 내지 않았다.

我始终想不通他为什么要这样对他的孩子?
나는 그가 왜 이렇게 그의 아이를 대하는지 늘 이해할 수가 없었다.

顺便

…하는 김에

[shùn biàn]

你要去超市，就顺便帮我买一盒牛奶。
시장에 가려거든 가는 김에 내 우유도 사와.

上个月去中国出差，顺便去看了一位老朋友。
지난달 중국 출장 가는 김에 오랜 친구도 만났다.

说不定

단언하기 어렵다, ~일지도 모른다, 아마~일 것이다

[shuō budìng]

这是雷阵雨，说不定一会儿就停了。
이 천둥번개를 동반한 비는 잠시 후에 그칠지도 모른다.

我们别在这里傻等了，说不定他有事不来了。
우리 여기서 바보같이 기다리지 말자. 그가 일이 있어 못 올지도 모르잖아.

107

似乎

마치 …인 것 같다, 마치 …인 듯하다

[sì hū]

看上去他似乎明白了，其实并没有真懂。
그는 이해한 것처럼 보이지만 사실 진짜 알지는 못한다.

你男朋友似乎有点太小气了，分手吧。
네 남자친구는 조금 인색한 거 같아. 헤어져버려.

108

随时

수시(로), 언제나, 아무 때나, 즉시(곧), 제 때

[suí shí]

你学习上有什么问题，随时都可以来问我。
너 공부할 때 문제가 생기면 아무 때나 와서 물어봐.

还是带着伞吧，这儿的夏天随时都可能下雨。
그래도 우산을 가져가 봐. 이곳의 여름은 수시로 비가 내릴 수 있어.

109

太

매우, 몹시, 지나치게, 심하게, 대단히

[tài]

这件事对我来说太重要了。
이 일은 나한테 매우 중요한 일이야.

他长得太帅了，我觉得我佩不上他。
그는 지나치게 잘생겨서 그는 나에게 과분한 것 같아.

110

特别

특히, 각별히, 유달리, 아주 ; 특별히, 일부러

[tè bié]

大家的考试成绩都不错，就我特别不好。
모두의 시험성적이 다 좋은데, 나만 유별나게 좋지 않아.

她对朋友的欺骗让大家对她特别的失望和生气。
그녀가 친구들을 속인 것은 모두가 그녀에게 아주 실망하고 화나게
만들었다.

111

挺　매우, 아주, 대단히

[tǐng]

这件衣服挺肥的，你得改一改。
이 옷은 너무 크다. 수선을 해야만 하겠어.

我对他的行为挺生气的。
나는 그의 행위에 매우 화가 났다.

112

偷偷　남몰래, 살짝, 슬그머니, 슬며시

[tōu tōu]

他瞒着妻子，偷偷攒起了私房钱。
그는 아내를 속이고 몰래 비상금을 모아두었다.

没有告诉任何人，我偷偷去了一次云南。
누구한테도 알리지 않고 나는 남몰래 운남에 갔다.

113

万万　결코, 절대로, 도저히

[wàn wàn]

他的逝世是大家万万没想到的。
그의 별세는 모두가 절대 생각지도 못한 일이다.

你万万不要相信那个女人的话。
너는 절대로 그 여자의 말을 믿어서는 안 된다.

114

万一　만일, 만약, 만에 하나(라도)

[wàn yī]

万一下雨怎么办? 我今天出来时没有带伞。
만약에 비가오면 어떡해? 나는 오늘 나올 때 우산을 안 가져 왔어.

这件事你一定要保密，万一他知道了可不得了。
이 일은 너 반드시 비밀을 지켜야 해. 만약 그가 알면 큰일 나.

115 往往

[wǎng wǎng] 항상, 늘, 간간이, 이따금, 가끔, 때때로

周末的时候，我往往玩电脑玩儿到凌晨。
주말에 나는 가끔 컴퓨터로 새벽까지 논다.

因为没有朋友，她往往一个人去逛街。
친구가 없어서 그는 항상 혼자서 거리를 거닌다.

116 未必

[wèi bì] 반드시…한 것은 아니다, 꼭 그렇다고 할 수 없다

这件事情的结果未必像你想象的那样好。
이 일의 결과는 반드시 네가 생각하는 것만큼 그렇게 좋은 것은 아니다.

这间房子是阴间，他未必会满意。
이 방은 그늘진 방인데 그가 좋아할 거라고 할 수 없다.

117 先后

[xiān hòu] 뒤이어, 계속, 연속적으로, 연이어, 잇따라

我在中国留学期间，先后去过四川，云南，西安等地旅行。
나는 중국에서 유학할 동안 연이어 사천, 운남, 서안 등지를 여행했다.

朋友先后几次给我介绍对象，我真觉得不好意思。
친구들은 계속해서 나에게 결혼 상대를 소개해 주어서 나는 정말 미안했다.

118 向来

[xiàng lái] 본래부터, 여태까지, 줄곧, 항상

他向来直来直去，有什么就说什么。
그는 줄곧 직설적으로 뭔가 있으면 바로 말한다.

你们的关系向来很好，这次怎么闹得这么僵？
너희 관계는 여태까지 매우 좋았잖아. 이번에 왜 이렇게 사이가 벌어졌어?

119

幸亏

다행히, 운 좋게, 요행으로

[xìng kuī]

我**幸亏**多带了一些钱，要不然就白跑了一趟，买不到了。

나는 다행히 돈을 좀 가져왔어. 그렇지 않았으면 사지 못해서 헛걸음 할 뻔 했지.

幸亏老师及时提醒了我，否则后果将不堪设想。

다행이 선생님께서 제때에 알려주셨어, 안 그랬으면 뒷일은 상상도 못했을 거야.

120

眼看

곧, 즉시, 바로

[yǎn kàn]

眼看就要毕业了，应该考虑一下自己的未来了。

곧 졸업이니 자기의 미래에 대해서 고려해 봐야 해.

眼看要迟到了，可是地铁还没来。

곧 지각하게 생겼는데 지하철이 아직도 안 와.

13 Adverb

121

也许

어쩌면, 아마, 아마도, 혹시

[yě xǔ]

你再去做一次实验，**也许**能找到答案。

너 다시 한번 실험 해봐, 어쩌면 답을 찾을 수도 있어.

你们上次说的那个消息**也许**是真的，我今天也亲眼看到了。

너희가 지난번에 말한 그 소식은 아마도 진짜인가 봐. 나도 오늘 직접 봤어.

122

依然

의연하다, 전과 다름이 없다

[yī rán]

我和她**依然**保持着密切的联系。

나와 그녀는 여전이 긴밀한 관계를 유지하고 있다.

她已经过了四十了，**依然**过着独身生活。

그녀는 벌써 40살이 넘었지만 전과 다름없이 독신생활을 한다.

123
一会儿
잠시, 잠깐 사이에, 곧, 짧은 시간 내에

[yí huìr]

别着急，我一会儿就把准考证给你送过去。
조급해 하지마, 내가 곧 수험표를 너에게 보내줄게.

你最好现在先做，别一会儿就忘了。
제일 좋기는 지금 우선 하는 거지, 잠깐 사이에 잊어버리면. 안돼.

124
一下儿
한번, 1회 ; 돌연, 단번, 일시 ; 잠시, 잠깐

[yí xiàr]

我一下儿就听出是你的声音了。
나는 잠시 네 목소리가 들렸어.

上个月你还没有对象，怎么一下儿就要结婚了?
지난달에만 해도 애인이 없던 네가 어떻게 단번에 결혼을 했니?

125
一下子
한번에, 단숨에, 단번에, 일시에

[yí xià zi]

你这么一说，我一下子就明白是怎么回事了。
네가 이렇게 말하니 나는 어떻게 된 일인지 단번에 알겠다.

班里学生很多，但是他的名字我一下子就记住了。
반에 학생이 많지만 나는 단번에 그의 이름을 기억했다.

126
一再
몇 번이나, 수차, 거듭, 반복하여

[yí zài]

他今天没能来参加我的婚礼，一再向我表示歉意。
그는 오늘 나의 결혼식에 참석하지 못한다고 몇 번이나 나에게 사과
했다.

他一再强调，这次的任务很重要。
그는 이번 임무가 매우 중요하다고 거듭 강조했다.

127

已经　이미, 벌써

[yǐ jīng]

随着经济的发展，大多数的家庭都已经买了汽车。

경제의 발전에 따라 대부분 가정은 벌써 승용차를 샀다.

他已经结婚十几年了，可是一直没有孩子。

그는 결혼한지 벌써 십 몇 년이 되었다. 그러나 아직까지 아이가 없다.

128

一口气　단숨에 ; 한 숨, 한 호흡

[yì kǒu qì]

我一口气就把这本小说看完了。

나는 단숨에 이 책을 다 읽었다.

他们一口气干了几个通宵,终于在检查前完成了任务。

그는 단숨에 며칠 밤을 새서 결국 검사 전에 임무를 완성했다.

129

一连　계속해서, 잇따라, 연거푸, 연이어

[yì lián]

今年的梅雨季节很长，一连下了一个月雨。

올해 장마는 아주 길다. 한 달 동안 계속 비가 내렸다.

为了知道检查的结果，我一连去了几次化验室。

검사의 결과를 알기 위해 나는 연거푸 몇 차례나 검사실에 갔다

130

一直　곧바로, 똑바로, 끊임없이, 줄곧, 내내

[yì zhí]

从这里向南一直走就看到那家书店了。

여기서부터 남쪽으로 계속 가면 그 서점을 볼 수 있을 거야.

我一直以为你们是姐妹呢，原来你们是母女。

나는 줄 곧 당신들이 자매인 줄 알았어요, 알고보니 당신들은 모녀 사이였군요.

14 Adverb

131

永远　　늘, 영원히, 언제나, 언제까지나

[yǒng yuǎn]　我**永远**忘不了你曾经给我的帮助。

나는 언제까지나 네가 나에게 준 것을 잊지 못할 거야.

希望你们**永远**恩爱幸福，能够白头偕老。

너희가 늘 금슬 좋게 백년해로 하길 바랄게

132

尤其　　특히, 더욱, 더군다나

[yóu qí]　常常打电手提话对身体不好，**尤其**是对大脑。

자주 전화하는 것은 몸에 좋지 않아, 특히 뇌에 말이야.

这里的风景四季都很漂亮，**尤其**是秋天更美。

이 곳에 풍경은 사계절 모두 아름다워. 특히 가을이 제일 아름답지.

133

有点儿　　조금, 약간, 다소나마, 좀

[yǒu diǎnr]　他们突然分手了，大家都觉得**有点儿**可惜。

그들은 갑자기 헤어져서 모두 조금 아쉬워했다.

明天要去春游，孩子们都**有点儿**兴奋。

내일 봄 소풍을 가게 되어 아이들 모두 약간 신이 났다.

134

有时　　때로는, 간혹, 이따금

[yǒu shí]　他们公司现在缺人手，因此他**有时**周末也要上班。

그들의 회사는 지금 일손이 부족해서 그는 이따금 주말에도 출근을 한다.

这对年轻夫妻常常下馆子，**有时**在家里简单吃。

이 젊은 부부는 종종 외식을 한다. 때로는 집에서 간단하게 먹기도 한다.

有些
[yǒu xiē]

좀, 약간

听了他的建议，我有些心动了。
그의 제안을 듣고 나는 약간 마음이 움직였다.

这次比赛失败了，大家心里都有些难过。
이번 경기에 실패하여 모두 마음속으로 약간 괴로워한다.

原来
[yuán lái]

원래, 본래 ; 알고 보니

原来我有一个很好的投资项目，但是因为没有资金放弃了。
나는 원래 아주 좋은 투자 종목이 있었는데 자금이 없어서 포기하였다.

原来他对中国一点也不感兴趣，可是自从学汉语以后，他开始注意中国的方方面面。
원래 그는 중국에 대해 조금의 관심도 없었지만 중국어를 배우고 나서부터 중국의 각 방면에 관심을 갖기 시작했다.

再三
[zài sān]

재삼, 여러 번

经妈妈再三劝说，她才不哭了。
엄마가 여러 번 타이르자 그녀는 그제서야 울음을 그쳤다.

我们再三邀请他，可是他还是不肯赏脸来参加我们的晚会。
우리는 여러 번 그를 청했다. 그러나 그는 우리의 체면을 생각지 않고 파티에 참가하지 않으려 한다.

早晚
[zǎo wǎn]

조만간, 언젠가는

不听长辈的话，一意孤行，早晚会吃亏的。
어른들의 말을 듣지 않고 자기 뜻대로만 한다면 조만간 고생 좀 할거야.

我看纸里包不住火，这件事大家早晚会知道。
종이로 불을 쌀 수 없는 법이야. 이 일은 조만간 모두가 알게 될 거야.

139

早已

오래 전에, 이미, 벌써, 일찌감치

[zǎo yǐ]

孩子上大学的学费，我早已准备好了。

아이의 대학학비는 이미 준비해 놓았어.

你别说了，对你们这次的投资项目，我早已没有兴趣了。

그만둬, 너희의 이번 투자 종목에 대해서 나는 오래 전에 흥미를 잃었어.

140

照样

그대로 따르다, 예전대로 하다

[zhào yàng]

我多次劝他不要这样做，可是他还是照样做。

나는 여러 번 그에게 이렇게 하면 안 된다고 했지만 그는 여전히 그대로 하고 있다.

即使是旅游淡季，这里的游客照样很多。

비록 여행의 비수기이지만 이 곳의 관광객은 여전히 많다.

15 Adverb

141

只得

부득불, 부득이, 할 수 없이

[zhǐ děi]

因为赶上国庆节放假，会议只得推迟。

국경절 휴일하고 겹쳐서 회의는 할 수 없이 미뤄야 한다.

我不好拒绝他的好意，只得抽时间去了。

그의 호의를 거절하기 힘들어 부득이 시간을 내어서 갔다.

142

只好

할 수 없이, 부득이, 부득불

[zhǐ hǎo]

我们活动的主角还没到，只好再等等。

우리 활동의 핵심인물이 아직 도착하지 않아 우리는 할 수 없이 기다렸다.

今天加班很晚，没有公车了，只好打车回家。

오늘 야근이 늦게 끝나 버스가 없어 부득이 택시를 타고 집에 왔다.

143

只是   다만, 오직, 오로지

[zhǐ shì]

我只是跟你开个玩笑，你至于生这么大的气吗？

나는 단지 너랑 농담 하려던 건데 너는 이렇게 크게 화를 내니?

我们这次来只是想参观一下你们这里的工厂。

이번에 우리는 단지 당신들의 공장을 참관하러 온 것입니다.

144

只有   오직, 오로지 ; 오직 …만 있다

[zhǐ yǒu]

如果你们再不还钱，我们只有投靠法律了。

만약 네가 정말 돈을 돌려주지 않으면 우리는 법에 호소할 수밖에 없어.

如果你还是这样我行我素，那我只有对你不客气了。

만약 네가 계속 이렇게 제멋대로라면 나도 너한테 함부로 할 수밖에 없어.

145

至少   최소한, 적어도

[zhì shǎo]

要想走完全程，至少要十个小时。

일을 완전히 끝내려면 적어도 열 시간은 걸릴 거야.

即使是你不喜欢的人，见了面至少也要打个招呼吧。

설령 네가 싫어하는 사람 일지라도, 만나면 최소한 인사는 해야지.

146

终于   결국, 마침내, 끝내

[zhōng yú]

经过多年奋斗，他终于拥有了自己的事业。

몇 년의 고분분투 끝에 그는 결국 자신의 사업을 가지게 되었다.

由于长期坚持运动，她的身材终于变很苗条了。

오랫동안 꾸준히 운동하여 그녀는 결국 날씬하게 변했다.

147

逐步

한 걸음 한 걸음, 차츰차츰

[zhú bù]

来中国以后，我们逐步了解了中国的文化。

중국에 온 후로 나는 차츰차츰 중국 문화를 이해하였다.

随着经济的发展，人民的生活条件逐步改善。

경제 발전에 따라 사람들의 생활 조건도 차츰 개선되었다.

148

逐渐

차츰, 점점, 점차

[zhú jiàn]

天气逐渐冷了起来。

날씨가 점점 추워지기 시작했다.

在你的帮助下，我的汉语逐渐进步了。

네 도움으로 나의 중국어는 점점 좋아졌다.

149

总算

전체적으로 보아 …할 셈이다 ; 겨우, 간신히, 마침내

[zǒng suàn]

经过多次讨论，总算找出了一个两全其美的方法。

몇 번의 토론 끝에 마침내 둘 다 좋은 방법을 찾아내었다.

一连下了几天的雨，总算晴了。

며칠을 계속해서 비가 오더니 드디어 맑아졌다.

150

最好

가장 바람직한 것은, 제일 좋기는

[zuì hǎo]

看样子要下雨了，你最好带着雨伞。

보아하니 비가 내릴 것 같은데 우산을 가져 가는 게 좋겠다.

最好是你抽时间去一趟，你真去不了我去。

제일 좋기는 네가 시간을 내서 가보는 거지. 네가 정말 갈 수 없다면 내가 갈게.

运动 yùn dòng	운동		
足球 zú qiú	축구	橄榄球 gǎn lǎn qiú	럭비
曲棍球 qū gùn qiú	하키	冰球 bīng qiú	아이스하키
柔道 róu dào	유도	游泳 yóu yǒng	수영
摔跤 shuāi jiāo	씨름	太拳道 tài quán dào	태권도
太极拳 tài jí quàn	태극권	击剑 jī jiàn	검도
射击 shè jī	사격	举重 jǔ zhòng	역도
滑冰 huá bīng	스케이팅	跳远 tiào yuǎn	넓이뛰기
跳高 tiào gāo	높이뛰기	铁球 tiě qiú	투포환
铁饼 tiě bǐng	원반던지기	体操 tǐ cāo	체조
跑步 pǎo bù	달리기	马拉松 mǎ lā sōng	마라톤
篮球 lán qiú	농구	皮球 pí qiú	배구
棒球 bàng qiú	야구	拳击 quàn jī	복싱
乒乓球 pīng pāng qiú	탁구	网球 wǎng qiú	테니스

PART 7

하나부터 열까지
100% 기출어휘 총정리

01

披 걸치다, 돌려 감거나 휘감아 싸다

[pī] 她把大衣披在了女儿的身上。
그녀의 외투를 딸의 몸에 걸쳤다.

02

摘 ① 떼다, 벗다, 벗기다, 따다, 뜯다, 꺾다
② (중요한 부분을) 발췌하다, 뽑아내다

[zhāi] 你快把墨镜摘下来吧。
어서 썬그라스 좀 벗어봐.

03

戴 착용하다, 쓰다, 끼다, 차다

[dài] 她赶紧把帽子戴上了。
그녀는 얼른 모자를 썼다.

04

拖 ①잡아당기다
②(시간을) 끌다, 지연시키다, 늦추다, 미루다

[tuō] 这件事拖了半年的时间，但仍然未解决。
이 일은 반년을 끌었지만, 아직도 해결이 되지 않았다.

05

拉 끌다, 당기다

[lā] 你别把抽屉拉开。
서랍을 열지 마라.

06

藏

도망쳐 숨다, 피하다, 드러나지 않게 하다

[cáng]

他把钱藏在衣柜里了。

그는 돈을 옷장에 숨겨두었다.

07

埋

묻다, 숨기다, 감추다, 밝히지 않다

[mái]

我们把这些东西埋在地里吧。

우리 이것들 땅에 묻어두자.

08

瞒

(진상을) 은폐하다, 숨기다, 속이다

[mán]

这个事情绝对瞒不了大家。

이 일은 모두를 결코 속일 수 없다

09

骗

① 다른 사람을 그럴듯하게 속이다, 기만하다
② 거짓으로 속여서 남의 것을 빼앗다, 사취하다

[piàn]

别骗我，好不好?

나 속이지마, 알았어?

10

干

① [형]건조하다, 마르다
② [동]일하다

[gān]
[gàn]

干洗

드라이클리닝

干活儿

일하다

11

爬

기어서 올라가다, 기어오르다

[pá]

雪下得太大，爬不上山去了。

눈이 많이 내려서 산으로 올라갈 수가 없다.

12

趴

엎드리다, 앞으로 눕다

[pā]

别动，趴下!

움직이지 말고 엎드려!

13

扒

빼다, 발굴하다, 벗기다

[bā]

脸皮扒下来能当鞋底穿。

낯짝을 벗겨 신발창으로 쓸 수 있다.
(얼굴이 두꺼워 부끄러움을 모름을 비유함. 후안무치.)

14

摸

(손으로)짚어보다, 만지다

[mō]

那只猫不喜欢陌生人随便摸它。

그 고양이는 낯선 사람이 만지는 것을 싫어한다.

15

捏

① 손가락으로 집다　② 빚다, 빚어 만들다
③ 날조하다, 위조하다　④ 저지하다, 누르다

[niē]

他捏住我的手不放。

그는 내 손을 잡고 놓지 않았다.

16 抓

① (물건, 요점, 마음 등을) 잡다, 특별히 주의하다
② 붙들다, 체포하다, 붙잡다, 채다
③ (사람의 손톱. 기구 따위로) 긁다

[zhuā] 他抓住了一个正在偷东西的人。
그는 막 물건을 훔치고 있는 사람을 붙잡았다.

17 捕

잡다, 포획하다

[bǔ] 猫捕到了一只老鼠。
고양이는 쥐 한 마리를 잡았다.

18 捉

사로잡다, 포획하다, 체포하다, (손에) 잡다, 쥐다

[zhuō] 老虎捉了一只兔子作晚餐。
호랑이는 토끼를 한 마리 잡아서 저녁식사로 삼았다.

19 逮

잡다, 붙잡다 = 逮捕, 체포하다

[dǎi] 他跑得很快，你逮不住他。
그는 너무 빨리 달려서 너는 그를 잡을 수 없다.

20 刺

① (바늘이나 가시 등으로) 찌르다, 뚫다
② (눈, 코, 귀 등 감각기를) 자극하다

[cì] 强烈的阳光刺得我眼睛睁不开。
강렬한 태양빛이 나의 눈을 뜨지 못하게 했다.

21

拔

① 뽑다, 빼내다
② 선발하다, 뽑다 (주로 인재(人才)를 말함)

[bá]

长了智齿应该去医院拔掉。

사랑니가 자라면 병원에 가서 뽑아야 한다.

22

挡

막다, 저지하다

[dǎng]

我们前进的意志是任何困难都挡不住的。

우리의 나아가는 의지는 어떠한 고난도 막을수 없다.

23

拦

막다, 저지하다

[lán]

他拦下我，让我拿出各种证件。

그는 나를 가로 막고, 신분증을 꺼내게 했다..

24

泼

쏟다, 끼얹다, 뿌리다

[pō]

我要做，你不要给我泼冷水。

내가 할게, 넌 찬물 끼얹지나 마.

25

躲

피하다, 비키다, 숨다

[duǒ]

任何犯人都躲不过他的眼睛。

어떠한 범인도 그의 눈을 피해갈 수 없다.

26

避

피하다, 숨다, 방지하다

[bì]

现在情况危急，你出去避避风头吧。

지금 상황이 위험하니 나가면 조심하거라.

27

御

저지하다, 항거하다, 막다

[yù]

始终一贯采取防御势态。

시종일관 방어 태세로 나오다.

28

伸

펴다, 펼치다, 내밀다

[shēn]

他伸了个懒腰又躺下了。

그는 기지개를 한번 펴더니 다시 누웠다.

29

搁

놓다, 두다, 새겨 놓다

[gē]

我把钱都搁在一个秘密的地方了。

난 돈을 비밀스런 장소에 두었다.

30

放

①(어떤 위치에) 두다, 놓다
②놓아주다, 놔주다, 풀어 주다

[fàng]

你用了东西应该放回到原处。

물건을 썼으면 원래 자리에 가져다 놔야지.

31

擦

비비다, 문지르다, 긁히다, 긋다, 닦다

[cā]

她擦了擦眼泪，接着讲述她的过去。

그녀는 눈물을 훔치고는 계속해서 그녀의 과거를 말하기 시작했다.

32

蹲

웅크려 앉다, 쪼그리고 앉다

[dūn]

我笑得蹲在地上站不起来。

나는 웃느라고 땅바닥에 주저앉아 일어날 수 없었다.

33

滴

[동] (액체가) 한 방울씩 아래로 떨어지다
[명] 한 방울씩 떨어지는 액체

[dī]

这个眼药水你每天要滴三次。

이 안약은 매일 하루에 세 번씩 뿌려야 한다.

34

递

(손으로)전하다, 건네주다

[dì]

请你把我的那双鞋递过来，好吗?

내 신발 좀 건네주겠니?

35

夹

끼우다, 겨드랑이에 끼다, 혼합하다, 한 데 섞이다

[jiā]

他夹着一本书匆匆忙忙走进教室。

그는 책을 겨드랑이에 끼운채로 급하게 교실로 들어갔다.

36

绑

① 감다, 묶다 ②납치 · 유리하다(绑架)

[bǎng]

他用绳子把箱子绑得结实极了。
그는 끈을 이용하여 상자를 단단하게 묶었다.

37

捆

[동] 묶다, 잡아 매다, 동여매다
[양] 단, 묶음, 다발

[kǔn]

他把这些旧报纸捆在了一起。
그는 이 날짜 지난 신문들을 한데 묶었다.

38

握

[동] 쥐다, 장악하다, [양] 움큼, 줌

[wò]

他紧紧握住我的手不放。
그는 내 손을 꼭 잡고 놓지 않았다.

39

踢

내지르다, 걷어차다, 차다

[tī]

他狠狠地踢了我一脚。
그는 매섭게 나를 한번 걷어찼다.

40

扭

① 비틀다, 비틀어 돌리다 ② (얼굴 등을) 돌리다, 돌아보다

[niǔ]

强扭的瓜不甜。
강하게 비튼 과일은 달지 않다.

拧 ①짜다, 비틀다　②꼬집다　③꼬다, (한줄로) 비비다

[níng]　胳膊终归拧不过大腿。

팔은 넓적다리를 문지를 수 없다. (약자는 강자를 이길 수 없다.)

捡 습득하다, (남이 잃어버린 물건을) 줍다

[jiǎn]　他今天意外的在路上捡到了一个钱包。

그는 오늘 뜻밖에도 길에서 지갑을 주웠다.

溅 (물방울, 흙탕물 등이) 튀다, (물방울, 흙탕물 등이) 어떤 힘을 받아 흩어져 퍼지다

[jiàn]　他泼的水溅了路人一身。

그가 뿌린 물이 길가던 사람의 온몸에 튀었다.

见 ①(눈으로) 보다　②만나다, 마주치다, 닿다 ③(사람이나 어떤 일을) 만나다

[jiàn]　我们只见了一面就各奔东西了。

우리들은 단지 한 번 보고 각자 갈 길을 갔다.

看 ①보다, 구경하다　②(눈으로 만) 읽다 ③찾아 가다, 만나러 가다　④진찰하다, 치료하다

[kàn]　他不屑的看了我一眼就走了。

그는 하찮다는 듯이 나를 한번 보고는 가버렸다.

46

拣

[jiǎn]

① 선택하다, 고르다　② (남이 잃어버린 물건을) 줍다, 습득하다

你应该把你随手扔掉的烟头捡起来。

넌 네가 손 가는 대로 버린 꽁초를 주워야 해.

47

煎

[jiān]

① (음식물을 기름에) 지지다　② (약, 차 등을) 달이다, 졸이다

她煎了个鸡蛋充饥。

그녀는 계란을 지져 배를 채웠다.

48

烤

[kǎo]

① 불에 굽다　② (불을) 쪼이다, 쬐다

他今天丢了丑，脸像火烤了一样。

그는 오늘 추태를 부려 체면을 잃어 얼굴이 불에 구운 것처럼 빨갰다.

49

炒

[chǎo]

① 뒤적거리면서 익히다, 볶다　② (사고 팔고를 반복하여 시가(時價) 변동에 따른) 차익(差益)을 얻다

他因为不努力被老板炒了鱿鱼。

그는 열심히 하지 않아서 사장님에게 해고당했다.

50

烧

[shāo]

①기름으로 튀기거나 볶은 다음에, 국물을 붓고 다시 볶고, 먼저 익힌 다음 기름으로 볶다　②태우다

这场火灾烧毁了一栋大厦。

이번 화재는 빌딩을 하나 태워버렸다.

51

炸

기름에 튀기다, 데치다

[zhà]

放菜以前应该炸个锅儿。

채소를 넣기 전에 냄비를 한번 기름에 달궈야 한다.

52

炖

고다, 푹 삶다, 오랜 시간 끓이다

[dùn]

他为了给大家露一手，炖了两只鸡。

그는 모두에게 솜씨를 보이기 위하여, 닭을 두 마리 푹 삶았다.

53

蒸

찌다, 데우다

[zhēng]

他蒸了一锅包子。

그는 만두를 한 냄비 쪘다.

54

抄

베끼다, 옮겨 쓰다

[chāo]

有的学生考试时总是抄别人的。

어떤 학생은 시험볼 때 늘 다른 사람 것을 베끼기만 한다.

55

瞅

보다, 쳐다보다(베이징 방언)

[chǒu]

他瞅了我一眼，就低下了头。

그는 나를 한번 쳐다 보고는 고개를 떨궜다.

56

瞧

보다(회화체)

[qiáo]

你走着瞧吧，我以后一定会超过你。

두고 봐. 앞으로 내가 꼭 너를 앞지르고 말 거야.

57

愣 [lèng]

멍해지다, 어리둥절하다

听了他的话，我一下子愣住了。
그의 말을 듣고, 난 갑자기 멍해졌다.

58

冲
① [chōng]
② [chòng]

① (식기 등의 물건을) 물로 씻어 내다 ② 매우 세차다, 향하다, 상대하다, 대하다

他每天早上都要冲一杯牛奶。
그는 매일 아침 우유를 한 컵 채운다.

他冲我做了个鬼脸跑开了。
그는 나를 향해 우스꽝스러운 얼굴을 하고는 가버렸다.

59

闭 [bì]

닫다, 다물다, 막다

他因为过度劳累，一直闭着眼睛。
그는 과도한 피로 때문에 줄곧 눈을 감고있었다.

60

睁 [zhēng]

눈을 뜨다

阳光刺得我睁不开眼睛。
강렬한 태양빛이 나의 눈을 뜨지 못하게 했다.

61

站 [zhàn]

① 서다, 일어서다, 기립하다 ② 멈추다, 서다
③ [명] 정거장, 역, 정류장

他站在原地一动也不动。
그는 그 자리에 서서 조금도 움직이지 않았다.

62

蹬

(다리와 발을 발바닥 방향으로 힘을 써서) 누르다, 밟다, 디디다

[dēng]

她飞快地蹬着自行车。

그녀는 빠른 속도로 자전거 페달을 밟았다.

63

瞪

눈을 크게 뜨다, 눈을 부릅뜨고 보다, 눈을 부라리다

[dèng]

他瞪着眼睛很愤怒地看着我。

그는 눈을 부라리며 분노의 눈빛으로 나를 보았다.

64

躺

눕다, 드러눕다

[tǎng]

他躺在海滩上，晒着太阳。

그는 해변에 누워 일광욕을 했다.

65

吃

① 먹다 ② (어떤 것에 의지하여) 생활하다 ③ (고통, 상해, 손해, 슬픔 등을) 감당하다, 이겨내다, 참다

[chī]

吃一堑，长一智。

한번 좌절을 하면, 그만큼 현명해진다. (아픈만큼 성숙해진다.)

66

瞟

(얼굴을 돌리지 아니하고) 힐끗 보다, 곁눈질하다

[piǎo]

瞟了一眼。

힐끔 쳐다보다.

67

喊

① 소리치다, 큰소리로 부르다, 큰소리로 외치다 ② (사람을) 부르다

[hǎn]

他喊着妈妈，渐渐进入了梦乡。

그는 엄마를 부르며 점점 꿈속으로 빠져들어갔다.

68

吐

① (답안에 있는 것을) 뱉다, 내 뱉다
② 구토하다, 게우다

① [tǔ]
② [tù]

不能随地吐痰。

아무데나 침을 뱉으면 안 된다.

他喝醉了以后吐了。

그는 술에 취해서 토했다.

恶心想吐。

속이 메스꺼워서 토하고 싶다.

69

吹

① (입술을 오무리고 힘껏) 불다
② 큰소리를 치다, 허풍을 떨다, 떠벌리다
③ (일이나 우정 등이) 깨지다, 틀어지다, 실패하다

[chuī]

你每天在家，吹着电风扇。

그는 매일 집에서 선풍기를 쐬며 시원함을 즐겼다.

70

垂

처져 늘어지다, 드리우다

[chuí]

他高昂的头垂了下来。

그는 의기양양한 얼굴을 떨구었다.

71

吊

걸다, 달다, 매달다

[diào]

门前**吊**着两盏红灯。

문 앞에 두 개의 홍등이 달려있다.

72

揍

① 손해를 주다, 해치다
② (남을) 때리다
③ 깨뜨리다, 망가뜨리다

[zòu]

他昨天被爸爸**揍**了一顿。

그는 어제 아버지에게 맞았다.

73

瞄

조준하다, 겨누다, 주시하다

[miáo]

很多企业正把目光**瞄**准中国市场。

많은 기업들이 중국시장을 주시하고 있다.

74

扇

① (부채 또는 얇은 물건을) 흔들어 바람을 일으키다, 부채질하다
② (손바닥으로) 두드리다, 때리다
③ (다른 사람이 하면 안 될 일을) 하게 부추기다, 선동하다

[shān]

他狠狠**扇**了朋友一个耳光。

그는 매섭게 친구의 뺨을 때렸다.

75

哭

(소리내어) 울다

[kū]

他**哭**得上气不接下气。

그는 숨을 헐떡거리며 울었다.

76 咬
[yǎo]

① 물다, 깨물다, 떼어먹다
② 이를 악물다, 입술을 깨물다

我曾经被狗咬过一次。
나는 이전에 강아지에게 한번 물렸었다.

77 吸
[xī]

① 흡수하다, 들이 마시다, 빨아들이다   ② (끌어) 당기다

他深深吸了一口新鲜的空气。
그는 신선한 공기를 한 모금 깊숙히 빨아들였다.

78 填
[tián]

① 채우다, 메우다, 막다 ② (기입란, 공란 등에) 기입하다

请你把名字和住址填在这张表上。
당신의 이름과 주소를 이 표에 써 넣어주세요.

79 添
[tiān]

보태다, 더하다, 덧붙이다, 첨가하다

你也别太节俭了，该给自己添两件衣服了。
너 너무 절약만 하지 말고 옷 두어 벌 사입어.

80 酸
[suān]

① (맛, 냄새 따위가) 시다, 시큼하다
② 비통하다, 슬프다, 마음이 아프다

这个苹果酸得我牙都倒了。
이 사과는 너무 셔서 내 이빨이 다 빠질 것 같다.

81

甜

① (맛이) 달다 ② (생활이) 즐겁다, 행복하다, 기분 좋다

[tián]

这个孩子睡得真甜。

이 아이는 단잠을 잔다.

82

苦

① 쓰다, 고통스럽다 ② 고통스럽게 하다, 고생시키다

[kǔ]

这年头的独生子女呀，都吃不了苦。

요즘 외아들 외동딸은, 모두 고생할 줄을 모른다.

83

辣

① 맵다, 얼얼하다 ② 지독하다, 잔인하다, 심하다

[là]

泡菜虽然有点辣，可是深受人们的喜欢。

김치는 좀 맵지만, 많은 사람들의 사랑을 받고 있다.

84

咸

(맛이) 짜다, 소금기 있다

[xián]

他的口重，喜欢吃咸的菜。

그는 입맛은 짜서, 짠음식을 좋아한다.

85

腥

① (날고기, 생선 등의) 비린내 나는 것
② (피, 고기 등의) 비린내

[xīng]

韩国人吃不惯羊肉，觉得有腥味。

한국인은 양고기 먹는 데 익숙치 않아 비린내가 난다고 느낀다.

86 挠 [náo]
① 가볍게 긁다, 긁적거리다
② 방해하다, 교란시키다, 훼방놓다

我的背很痒，你给我挠一下。
나 등이 간지러워, 네가 좀 긁어줘.

87 醒 [xǐng]
① 잠깨다
② 잘못을 깨달아 정신을 차리다, 각성하다

病人还未清醒过来。
환자는 아직 의식이 돌아오지 않았다.

88 掀 [xiān]
① 열다, 벗기다, 젖히다
② 힘차게 흔들어 올리다, 뛰어오르다

他把被子掀开一看，只是个枕头。
그는 이불을 젖혀보았으나, 배게만이 있었다.

89 孬 [nāo]
나쁘다, 좋지 않다, 비겁하다

孬人肚里疙瘩多。
나쁜 사람 뱃속에는 덩어리가 많다: 나쁜 사람은 나쁜 생각·방법도 많다.

90 嫌 [xián]
① 불만스럽게 생각하다, 싫어하다, 꺼리다
② 혐의, 의심

她嫌男朋友个子太矮，所以分手了。
그녀는 남자친구의 키가 너무 작은게 싫어서 헤어졌다.

举

들어 올리다, 쳐들다

[jǔ]

他高举着双手，向妹妹求饶。

그는 두 손을 높이 치켜들고, 여동생에게 용서를 구했다.

皱

찡그리다, 찌푸리다, 구기다

[zhòu]

他只是皱了一下眉，但是什么也没说。

그는 단지 눈썹을 찡그렸을 뿐, 어떠한 대꾸도 하지 않았다.

削

(과일 등의) 껍질의 벗기다, 깎다

[xiāo]

这个削好的苹果你吃了吧。

깎아놓은 이 사과 네가 먹었지.

挖

파다, 파내다, 후벼내다, 깎아내다

[wā]

他在地上挖了个坑，把东西埋了起来。

그는 땅에 구덩이를 파서 물건을 감추었다.

抱

① 안다, 껴안다, 포옹하다
② (마음속에 생각, 의견 등을)품다, 가지다

[bào]

他们久别重逢后紧紧抱在了一起。

그들은 오랫동안 헤어졌다 다시 만난 후 서로를 꼭 껴안았다.

96 包

① (종이나 천과 같은 비교적 얇은 것으로 물건을) 싸다
② (모든 책임을) 맡다, 떠맡다

[bāo]

他用纸把照片小心地包起来。
그는 종이로 사진을 조심스럽게 쌌다.

97 剥

(바깥쪽의 껍질이나 피부를) 벗기다, 까다

[bō]

荔枝剥开以后就看到晶莹的果肉。
리치의 껍질을 벗기면 투명한 과육을 볼 수 있다.

98 切

(어떤 사물을 칼이나 기계 등으로) 작은 조각으로 베다, 자르다

[qiē]

他切了一块西瓜大口地吃起来。
그는 수박을 한 조각 자르고 입을 크게 벌려 먹기 시작했다.

99 吞

① (통째로) 삼키다   ② 꾹 참다, 목소리를 삼키다

[tūn]

他一吞就把药丸吞了下去。
그는 한입에 알약을 삼켜버렸다.

100 咽

① (음식물 또는 다른 물건을 입에 넣어 목구멍으로) 넘기다, 삼키다
② (하려던 말을) 그만두다, 억지로 참다, 삼키다

[yàn]

他把刚才要说的话又咽了回去。
그는 방금까지 하려던 말을 또 목구멍으로 삼켜버렸다.

101

拍

① (어떤 물체를 손바닥 또는 가늘고 평평한 물체로) 때리다, 치다
② (전보 등을) 보내다, 치다

[pāi]

他像长辈一样拍拍我的头。

그는 마치 어른이라도 되는 듯이 내 머리를 쳤다.

102

惨

① (차마 눈 뜨고 볼 수 없을 만큼) 슬프고 참혹하다
② (성격, 행위, 용모 등이) 흉악하다, 독살스럽다, 잔인하다

[cǎn]

如果这笔生意谈不成我可就惨了。

만약 이 사업이 잘 되지 않는다면 난 아주 비참해질 거야.

103

停

그만두다, 중단하다, 멈추다, 끝나다

[tíng]

下了一个星期的雨，终于停了。

1주일 동안 내린 비는 결국 멈췄다.

104

敲

두드려 소리가 나게 하다

[qiāo]

他用力地敲了敲门，还是没有开门。

그는 힘을 써서 문을 두드렸지만, 여전히 문은 열리지 않았다.

105

翘

(어떤 물건의) 한쪽 끝을 위로 들다

[qiào]

虽然成功了也不能翘尾巴。

비록 성공했다 할지라도 기고만장할 수는 없다.

106

泡

[pào]

(고의적으로 시간을) 허비하다, 쓰다

他每天泡在网吧里玩电脑游戏。
그는 매일 PC방에서 게임을 하며 시간을 허비한다.

107

跑

① 달리다, 뛰어가다
② 도망하다, 도주하다

[pǎo]

到手的机会又让它跑了。
손에 넣은 기회를 또 놓치고 말았다.

108

挑

① 쳐들다, 받치다, 들어올리다
② 지탱하다, 유지하다, 담당하다, 떠맡다

[tiāo]

因为经济贫困他不得不挑起生活的重担。
그는 경제적 빈곤 때문에 어쩔 수 없이 무거운 생활의 부담을 떠안았다.

109

调

① 옮기다, 이동하다
② 고루 섞다, 배합하다, 조절하다

① [diào]
② [tiáo]

他从一所乡村小学调到了城里。
그는 시골에 있는 작은 학교에서 도시로 옮겨왔다.

牛奶里加点糖调一下。
우유에 설탕을 좀 넣어.

110

眺

바라보다, 전망하다

[tiào]

我站在高山上，向远方眺去。
나는 높은 산에 서서 먼 곳을 바라보았다.

111

点

① 불을 붙이다 ② 지정하다, 정하다

[diǎn]

点蜡烛。   点菜。

양초에 불을 붙이다.   음식을 주문하다.

112

掰

① (손으로) 물건을 분리하거나 부러뜨리다, 뜯다
② (우정을) 끊다, (서로) 교제를 끊다

[bāi]

他把玉米从秧上掰下来。

그는 옥수수줄기를 부러뜨려 옥수수를 꺼냈다.

113

拎

손에 물건을 들다

[līn]

他拎起书包气冲冲地走出了办公室。

그는 손에 가방을 들고 노기등등하여 사무실에서 나왔다.

114

扎

(침이나 가시 등으로) 찌르다

[zhā]

小心漂亮的玫瑰花有刺扎手。

예쁜 장미꽃엔 가시가 있어 손이 찔릴 수 있으니 조심해.

115

扔

던지다, 버리다, 방치하다, 그대로 버려 두다

[rēng]

这些衣服都过时了，干脆扔了吧。

이 옷은 유행이 지났으니 아예 버리는 게 낫다.

116

扑 [pū]

① 앞을 향해 거침없이 곧장 나아가다, 힘껏 달려들다
② (어떤 물체를) 가볍게 두드리다, 치다

他一下子扑进妈妈的怀抱。
그는 엄마의 품으로 달려들었다.

117

扛 [káng]

메다, 짊어지다

这个大箱子少说也得100斤，一个人扛不动。
이 상자는 적어도 백 근은 나가서 혼자서는 옮길 수 없다.

118

扣 [kòu]

① (자물쇠. 단추 등을) 채우다, 걸다　② 압류하다

因为违反交通规则，驾驶证被警察扣了。
교통규범을 위반하였기 때문에, 운전면허증을 경찰에게 압류당했다.

119

扫 [sǎo]

청소하다, 쓸다

不要认为扫大街就是低人一等的工作。
큰길 청소를 하찮은 직업으로 보지 말아라.

120

扶 [fú]

① 돕다, 원조하다, 부조하다 ② (손으로) 붙잡다, 부축
하다, 손으로 일으켜 세우다

他扶起摔倒在地上的路人。
그는 길에 넘어진 사람을 부축하여 일으켰다.

121

抢

① (시간적으로) 앞을 다투다, 매우 급하게 …하다

② (강제로) 빼앗다, 약탈하다

[qiǎng]

他们吃完饭后抢着结账。

그들은 식사를 한 후에 서로 앞다투어 계산을 하려고 했다.

122

挥

① 흔들다, 휘두르다

② (재산 등을) 마구 쓰다, 낭비하다 (=**挥霍无度**)

[huī]

他挥着手和朋友们告别。

그는 손을 흔들며 친구와 작별인사를 했다.

123

招

① 손을 흔들다, 손짓하다   ② 불러모으다, 모집하다

[zhāo]

他站在马路对面向我招手。

그는 길거리에 서서 맞은편의 나에게 손짓을 했다.

124

探

① 찾아가다, 방문하다

② (머리나 상체를) 앞으로 내밀다

[tàn]

他探头看了一下，又缩了回去。

그는 머리를 내밀어 한번 보고는, 되돌아갔다.

125

捻

(손가락으로) 꼬다, 비틀다

[niǎn]

他正在捻着一根绳子。

그는 손가락으로 새끼줄을 꼬고 있다.

126

搀

① 걷는 것을 돕다, 부축하다, 잡아주다
② (어떤 물체를 다른 물체 속에) 타다, 혼합하다, 섞다

[chān] 他搀着老奶奶的胳膊走上楼梯。

그는 할머니의 팔을 부축하여 계단을 올라갔다.

127

端

두 손으로 가지런히 들다, 두 손으로 받쳐 들다

[duān] 他现在在饭馆里端盘子挣钱。

그는 음식점에서 음식을 나르며 애써서 돈을 벌고 있다.

128

投

① 던지다, 투척하다 ② (편지·원고 등을) 부치다, 보내다
③ 집어넣다, 투입하다

[tóu] 他把目光投向了远方。

그는 시선을 먼 곳으로 향했다.

129

偷

훔치다, 도둑질하다

[tōu] 你偷了我的钱为什么还不承认?

네가 내 돈을 훔쳤으면서 왜 인정하지 않아?

130

托

① 받치다, 고이다, 받쳐들다
② 위탁하다, 의탁하다, 맡기다

[tuō] 这张门票是我花钱托一个熟人才买到的。

이 입장권은 내가 아는 사람한테 부탁해서 겨우 얻은 거야.

131

瞎 ① 눈이 멀다, 실명하다 ② 허튼, 쓸데없는, 되는대로 , 막

[xiā] 因为一起交通事故他瞎了一只眼。
그는 교통사고를 당해 눈 한쪽을 잃었다.

132

聋 귀가 먹다, 귀가 어둡다

[lóng] 你的耳朵聋了吗? 我都说了三遍了你还不知道。
너 귀먹었니? 내가 세 번이나 말했는데도 모르는구나.

133

挤 ① (사람이나 물건이) 빽빽하게 들어차다, 채우다, 비집다
② (혼잡한 곳에서 몸으로) 밀치다, 비집다 ③ 물건을 짜다

[jǐ] 每天上下班高峰时都要挤地铁。
매일 출퇴근 러쉬아워 때 지하철이 꽉 찬다.

她把牙膏挤出来了。
그녀는 치약을 짜냈다.

134

扭 ① (얼굴 등을) 돌리다, 돌아보다 ② 비틀다, 비틀어 돌리다

[niǔ] 他扭住我的胳膊不放手。
그는 내 팔을 비틀더니 손을 놓지 않았다.

135

逢 만나다, 마주치다

[féng] 每逢佳节倍思亲。
명절이 오면 가족이 더욱 그립다.

136

乍

[zhà]

① [부] 처음에, 갓, 방금 ② 펼치다, 펴다

乍一到这儿，我人生地不熟的。

처음에 이곳에 왔을 때 나는 모든 것이 낯설었다.

137

眨

[zhǎ]

(눈을) 깜박거리다, 깜짝이다, 깜짝거리다

她眨着一双水汪汪的大眼晴看着我。

그녀는 크고 맑은 눈을 깜빡거리며 나를 쳐다보았다.

138

跛

[bǒ]

(다리나 발을 다치거나 병이 있어) 절뚝대다, 절뚝거리다

他就这样跛着脚走回了家。

그는 이렇게 다리를 절뚝거리면서 집에 걸어 돌아갔다.

139

瘸

[qué]

(다리를) 절뚝거리다, (다리가 아파서) 기우뚱거리며 걷다

他瘸着腿慢慢地向我走来。

그는 다리를 절뚝거리면서 천천히 나를 향해 걸어왔다.

140

掐

[qiā]

① (손톱으로) 누르다, 꼬집거나 끊다
② (어떤 사물을) 움켜쥐다, 손가락을 구부리어 꼭 쥐다

他掐住我的脖子，威胁我。

그는 손톱으로 내 목을 누르며 나를 위협했다.

抠

(손가락이나 가는 막대기 끝으로) 파다, 후비다, 긁어 도려내다

[kōu]

他从鞋底抠出了一块石头。

그는 신발 밑창에서 돌을 파냈다.

掘

파다, 새기다, 조각하다

[jué]

这种新发明的掘土机掘土很快。

이 새로 발명된 굴착기는 빠르게 흙을 파낼 수 있다.

蹦

뛰어오르다, 껑충 뛰다

[bèng]

这件事气得他蹦了起来。

그는 이 일 때문에 화나서 펄쩍펄쩍 뛰었다.

耸

① 치솟다, 우뚝 솟다　② (어깨를) 추키다, 으쓱거리다

[sǒng]

他耸了耸肩，表现出一幅无所谓的样子。

그는 상관없다는 듯 어깨를 으쓱거렸다.

02 2음절

145 知音
[zhī yīn]

마음을 알아주는 친구, 절친한 친구

一次也没听我的劝说，他不是我的知音。

한 번도 내 충고를 듣지 않다니, 그는 내 진짜 친구가 아니다.

146 舒展
[shū zhǎn]

기지개를 펴다

用电脑时间长了要出去舒展一下身体。

컴퓨터 사용 시간이 길면 밖에 나가서 몸을 풀어 주어야 한다.

147 俯卧
[fǔ wò]

엎드리다

俯卧着睡觉的姿势不利于身体健康。

엎드린채 수면을 취하는 자세는 건강에 좋지 않다.

148 挺胸
[tǐng xiōng]

가슴을 펴다

你走路时应该像军人一样挺胸抬头。

길을 걸을 때는 군인처럼 가슴을 펴고 고개를 들고 걸어야 한다.

149 抬头
[tái tóu]

머리를 들다, 고개를 들다

他觉得很没面子，抬不起头来。

그는 염치가 없어 고개를 들 수가 없었다.

150

僵硬

[jiāng yìng] 뻣뻣하다, 융통성이 없다, 딱딱하다

练习瑜伽可以让你僵硬的身体变得柔软一些。

요가를 하면 뻣뻣한 당신의 몸을 유연하게 만들 수 있습니다.

151

挪动

[nuó dong] 옮기다, 이동하다

那个东西太占地，你把它挪动一下。

그 물건은 공간을 너무 많이 차지하니 네가 좀 옮겨놓아라.

152

招惹

[zhāo rě] 일으키다, 야기하다, 건드리다, 놀리다, 집적거리다

你可不要招惹这些社会青年。

이 사회 청년들을 건들지 마라.

153

好说

[hǎo shuō] 쉽게 해결할 수 있다, 할 수 있다

钱好说，我可以借给她。

돈 문제는 쉽지. 내가 그녀에게 빌려줄 수 있어.

只要你没有什么意见，那件事就好说了。

당신이 무슨 별다른 의견이 없다면 그 일은 쉽게 해결될 겁니다.

154

把关

[bǎ guān] 점검하다, 꼼꼼히 살펴보다

结束之前，一定要把好这一关。

끝내기 전에 이 일을 확실하게 점검하세요.

明天给你介绍我的女朋友，请你帮我把把关。

내일 여자친구 소개 시켜 줄게, 내 대신에 사람이 어떤지 좀 봐줘.

155

没门儿

가망이 없다, 방법이 없다, 어림없다, 소용없다

[méi ménr]

你敢拦住我？没门儿！

감히 날 막으려고? 어림없지!

156

恐怖

① 테러 ② 두렵다, 무섭다

[kǒng bù]

最近经常发生恐怖事件。

최근 테러사건이 자주 발생하고 있다.

157

整容

성형수술

[zhěng róng]

我看她做了整容手术以后，眼睛是比以前显得大了。

내가 보기에 그녀는 성형수술을 한 다음에 확실히 예전보다 눈이 커 보여.

158

吵嘴

말다툼하다, 언쟁하다

[chǎo zuǐ]

那对夫妻又吵嘴了。

그 부부는 또 말싸움을 했다.

159

吹牛

허풍치다, 큰소리치다

[chuī niú]

你吹什么牛呀？

넌 무슨 허풍을 치는 거야?

160

丢人

체면이 깎이다, 면목이 없다

[diū rén]

丢什么人，谁没有磕磕碰碰？

뭐가 체면이 깎인다는 거야? 누가 이런저런 문제가 없겠어?

161

发火

발끈 화를 내다

[fā huǒ]

为这点鸡毛蒜皮的小事，不至于发那么大的火吧！

이런 보잘 것 없는 작은 일 때문에 그렇게 화를 낼 필요는 없지!

162

分红

이익을 배분하다, 인센티브

[fēn hóng]

截至上周，今年基金分红次数已经达到114次，而去年全年基金才分红55次。

지난주까지 올해 기금의 성과급 회수는 이미 114차례에 이르렀으나, 작년 한해 동안의 기금 성과 분배는 겨우 55차례였다.

163

搞鬼

음모를 꾸미다, 수작을 부리다

[gǎo guǐ]

这是我女儿前男友搞的鬼！

이것은 내 딸의 전 남자친구가 수작을 부린 것이다.

164

内行

전문적이다 ; 전문가, 숙련자

[nèi háng]

她对会计方面很内行。

그녀는 회계방면에 아주 전문적이다.

165

平整

평평하게 고르다 ; 평평하다, 일매지다

[píng zhěng] 她把这些衣服熨得十分平整。

그녀는 이 옷들을 매우 반듯하게 잘 다렸다.

166

妄想

공상하다 망상하다

[wàng xiǎng] 被打败的对手别妄想卷土重来。

패배한 적은 권토중래를 꿈꾼다.

167

纳闷

마음이 답답하고 우울하다

[nà mèn] 她怎么突然不理我呢? 我感到很纳闷儿。

그녀는 왜 갑자기 날 모른 체하는 거지? 난 정말 답답해!

168

闹事

큰 소동을 일으켜 사회질서를 파괴하다

[nào shì] 警方提高警惕，严防不法之徒闹事！

경찰 측은 경계심을 고취시켜 악당들이 문제를 일으키는 것을 막는다.

169

撒谎

거짓말하다

[sā huǎng] 她这个人特别爱撒谎，你千万别信她的话。

그녀는 거짓말을 너무 잘해, 절대로 그녀의 말을 믿으면 안 된다.

170

跳舞

춤추다

[tiào wǔ] 她一边唱歌一边跳芭蕾舞。

그녀는 노래를 부르면서 발레를 췄다.

171

生气

화내다

[shēng qì] 你还在生我的气呀！

너 아직도 나한테 화났니?

172

道歉
사과하다

[dào qiàn]
我看你应该向她道歉！
내가 보기엔 넌 반드시 그녀에게 사과 해야 해!

173

请假
휴가를 신청하다

[qǐng jià]
我想向公司请一个月的假。
나는 회사에 한 달 정도 휴가를 내려고 한다.

174

让座
자리를 양보하다

[ràng zuò]
在地铁里，见到大人，应该给他让座。
지하철에서 어른을 보면 자리를 양보해야 한다.

175

让路
길을 비키다, 양보하다

[ràng lù]
他经常给人家让路。
그는 사람들에게 길을 잘 양보한다.

176

问好
안부를 묻다

[wèn hǎo]
请你替我向你爸爸妈妈问个好。
내 대신에 엄마아빠께 안부 좀 전해드려.

177

插嘴
말참견하다

[chā zuǐ]
你别插嘴，好不好？
말참견 좀 하지 마라!

178

吃亏
손해보다

[chī kuī] 她又吃了哑巴亏。
그녀는 또 말 못할 손해를 봤다.

179

出事
일이 나다, 사고 나다

[chū shì] A：出了什么事? B：出大事了!
무슨 일이야? 큰일 났어!

180

出气
화풀이하다

[chū qì] 你别跟他出气!
그에게 화풀이하지 마!

181

费劲
힘을 들이다, 애를 쓰다

[fèi jìn] 你费那么大劲，干嘛?
뭐하려고 그렇게 애를 쓰는 거니?

182

帮忙
일손을 돕다, 일을 거들다

[bāng máng] 你能帮帮我的忙吗?
나 좀 도와줄 수 있니?

183

洗澡
목욕하다

[xǐ zǎo] 我洗完澡就给你打电话!
내가 씻고 너한테 전화 할게!

184

聊天
잡담하다

[liáo tiān]

我们找个地方聊聊天儿吧!

우리 어디 가서 얘기 좀 하자!

185

合意
뜻에 맞다

[hé yì]

这个条件正合我的心意。

이 조건은 내 맘하고 딱 맞아떨어진다.

186

伤心
상심하다

[shāng xīn]

她的话深深地伤透了我的心。

그녀의 말은 나에게 아주 심한 상처를 주었다.

187

闭幕
폐막하다

[bì mù]

2005-2006年国互联网产业调查报告发布会闭幕。

05.06년 인터넷 업종 조사보고발표회가 폐막했다.

188

贬值
가치가 떨어지다

[biǎn zhí]

人民币有贬值的必要吗?

인민폐가 평가절하의 필요가 있습니까?

189

操心
걱정하다, 조바심을 내다

[cāo xīn]

你不要为我的事操心了!

내 일 때문에 마음 쓸 필요 없어!

190 称心

[chèn xīn] 만족하다, 흡족해하다

如何买辆称心的二手车?
어떻게 마음에 드는 중고차를 살 것인가?

191 吃惊

[chī jīng] 놀라다, 충격을 먹다

大吃了一惊。
크게 놀랐다.

192 发愁

[fā chóu] 걱정하다, 염려하다

我也正为这件事发愁呢!
나도 한참 이 일 때문에 고민하고 있었어!

193 出丑

[chū chǒu] 못난 꼴을 보이다, 망신당하다

如果你不好好准备，那就非出丑不可。
만약에 잘 준비하지 않으면 우스운 꼴 당하게 될거야.

194 创业

[chuàng yè] 창업하다

创业失败者可以免还贷款。
창업실패자들은 대출금 상환을 면할 수 있다.

195 辞职

[cí zhí] 일을 그만두다, 사직하다

已经向公司辞过职了，但还没有批准。
이미 회사에 사직서를 냈지만, 아직 수리되지 않았다.

196

存款　　저금하다

[cún kuǎn]　存在银行的几十万元存款就等着投资机会的到来。
은행에 넣어둔 십 여 만원의 저금은 지금 투자할 기회가 오기를 기다리고 있다.

197

打针　　주사를 놓다

[dǎ zhēn]　王秀英的小儿子两周岁时发烧不退，越打针越重，眼瞅孩子就不行了。
왕시우잉의 아들은 두 살이 되었을 때 열이 나서 내리지 않고 주사를 맞을수록 상태가 더 심각해져 보면 가망이 없게 생겼다.

198

贷款　　대출하다

[dài kuǎn]　我想让她复读一年，哪怕借钱、贷款我也愿意。
그녀에게 일 년 더 공부하게 할 수 있다면, 설사 돈을 꾸든 대출을 받든 다 원한다.

199

动身　　출발하다

[dòng shēn]　2006年秋，司马达动身前往北京准备攻读大学。
2006년 가을, 쓰마다는 대학을 다니기 위해 베이징으로 출발하였다.

200

发病　　발병하다

[fā bìng]　从发病到死亡不过一个钟头的时间。
발병에서 사망까지 겨우 한 시간 밖에 걸리지 않는다.

201

发货
물건을 보내다

[fā huò]
只要订购，可以先发货后付款。
예약만 하시면 먼저 물건을 보내고 난 후 지불할 수 있습니다.

202

发言
발언하다

[fā yán]
从你的发言来看，你缺乏基本的历史常识。
당신의 발언으로 볼 때 당신은 기본적인 역사적 상식이 결여되어 있군요.

203

放心
안심하다

[fàng xīn]
她对儿子总是放不下心的。
그녀는 아들 때문에 늘 마음을 놓지 못한다.

204

加班
야근하다

[jiā bān]
我已经打电话说我今晚加班不回来了。
나는 이미 오늘 야근이 있어 집에 갈 수 없다고 전화했다.

205

见效
효과를 보다

[jiàn xiào]
服药之后见了效不泻了。
약을 복용한 후에 효과를 있어 설사를 하지 않았다.

206

旷课
수업에 빠지다

[kuàng kè]
旷课逃课的事时有发生。
결석, 땡땡이 같은 일이 종종 발생한다.

207

逃课
수업에 고의로 빠지다

[táo kè]
因为打架受到批评而逃课，至今没来上课。
싸움 문제로 혼이 나서 수업에 빠진 후, 지금까지 수업에 나오지 않고 있다.

208

露面
얼굴을 내비치다

[lòu miàn]
他已经很长时间没有在电视上露面了。
그는 이미 아주 오랫동안 브라운관에 얼굴을 내비치지 않고 있다.

209

拼命
죽도록 하다

[pīn mìng]
我开始拼命喝水，喝得自己都想吐了。
나는 죽도록 물을 마시기 시작하여 토할 것 같았다.

210

扫兴
분위기를 깨다

[sǎo xìng]
我也不给他们扫兴。 난 그들의 분위기를 깨지도 않았다.

211

助兴
분위기를 살리다

[zhù xìng]
既然大家都爱听，我就来唱一首，多好玩儿，给大家助兴。
사람들이 다 듣고 싶어하니까 한 곡 해, 재미있잖아, 분위기 좀 살리자고.

212

签名
사인, 서명하다

[qiān míng]
见到你很高兴，给我签个名吧。
만나서 반가워요, 사인 한 번 해주세요.

213

说情
인정에 호소하다, 통사정하다, 사정을 봐 달라고 부탁하다

[shuō qíng] 你去跟老板说说情吧!
사장님께 사정을 좀 봐달라고 해봐!

214

谈天
한담하다, 잡담하다

[tán tiān] 朋友们大多喜欢聚在一起谈谈天、说说话。
친구들은 대부분 함께 모여서 이런 저런 얘기 나누는 것을 좋아한다.

215

投标
입찰

[tóu biāo] 最近公司要盖楼,都是采用投标的方法来选择建筑公司。
요즘 회사는 새 건물을 신축하려고 하는데 입찰의 방식으로 건축 업체를 선정할 것이다.

216

沾光
덕을 보다, 신세를 지다, 은혜를 입다

[zhān guāng] 她现在有钱了,我们这门穷亲戚也跟着沾了不少光。
그녀는 지금 돈이 생겼고 우리들 이 친척들도 함께 덕을 보았다.

217

没戏
가능성이 없다, 희망이 없다

[méi xì] 我看这事没戏了。
내가 보기엔 이 일은 가망이 없다.

218

讽刺
풍자하다.

[fěng cì] 我现在够惨的了,你就别讽刺我了。
나 지금 충분히 비참하니까, 그만 좀 놀려.

219

挖苦

비꼬다, 조롱하다, 빈정대다, 비방하다, 헐뜯다

[wā kǔ]

他总是拿别人的短处挖苦人。

그는 늘 다른 사람의 약점을 가지고 헐뜯는다.

220

心眼

마음, 속, 뜻

[xīn yǎn]

他这个大男人没想到心眼儿那么小。

그 커다란 몸집을 가진 사내가 그렇게 소심할 줄은 상상도 하지 못했다.

221

心底

마음속, 심중, 마음씨

[xīn dǐ]

我从心底里佩服他这个人。

마음 속에서 그에 대한 탄복이 절로 나왔다.

222

呆板

딱딱하다, 융통성이 없다, 고지식하다

[dāi bǎn]

这个男人看起来有点呆板。

그사람은 겉보기에는 조금 고지식해.

223

死板

활기가 없다, 융통성이 없다, 틀에 박히다

[sǐ bǎn]

你这个方法太死板了，应该变化灵活点。

너의 이 방식은 너무 틀에 박혀있어. 조금 활발하게 변화시킬 필요가 있어.

224

定睛

눈여겨 보다, 주시하다, 시선을 집중시키다

[dìng jīng]

我定睛一看这不是以前帮助过我的那个路人嘛。

내가 자세히 살펴보니 이전에 날 도와줬던 그 지나가던 행인이 아닌가.

225

发呆

[fā dāi]

멍하다, 어리둥절하다

他一个人望着窗外**发呆**。

그는 혼자 멍하게 창밖을 바라보고 있다.

226

发愣

[fā lèng]

멍청해지다, 어리둥절하다, 깜짝 놀라다

你**发**什么**愣**呀? 我刚才说的你听到了吗?

왜그렇게 멍하게 있어? 방금 한 말 들었어?

227

外行

[wài háng]

문외한, 풋나기, 비전문가

我在电脑方面可是个**外行**。

나는 컴퓨터 방면에 있어서는 문외한이다.

228

内行

[nèi háng]

전문가, 숙련자

他在修理汽车方面可是个**内行**。

나는 자동차 수리 방면에 있어서는 전문가이다.

229

行家

[háng jia]

숙련가, 전문가

连你这个**行家**都不会，可怎么办呀?

너 같은 전문가도 못하는데 내가 어떻게 하겠니?

230

行业

[háng yè]

일거리, 업무, 직업

随着经济的发展，汽车**行业**也发展很快。

경제 발전에 따라 자동차업계도 빠르게 발전했다.

231

参谋

아이디어를 내다, 조언하다, 카운셀러(counselor)

[cān móu]

这件事，我拿不定主意，你帮我参谋一下。

이 일은 내가 결정할 수 없으니 네가 조언을 좀 해줘

232

应酬

교제하다, 사교하다, 접대하다

[yìng chóu]

他每天都要应酬不同的客人。

그는 매일 다른 손님을 접대한다.

233

细说

상세히 말하다, 자세하게 설명하다

[xì shuō]

这件事情的经过你最好给我们细说一下。

이 일의 과정을 우리에게 상세히 말해주세요.

234

来电

느낌이 오다, 필이 오다

[lái diàn]

我和他认识3年了，可是就是不来电。

나와 그는 안 지 3년이나 되었지만 느낌이 오지 않아.

235

反正

어차피, 결국, 아무튼, 어쨌든

[fǎn zhèng]

反正我觉得这件事你做得有点太过分了。

어쨌든 내가 느끼기엔 이 일은 조금 도가 지나친 것 같다.

236

整齐

가지런하다, 단정하다, 깔끔하다

[zhěng qí]

他每天把家里收拾得很整齐。

그는 매일 집안 정리를 깔끔하게 해 놓는다.

237

胡同
골목, 작은 거리

[hú tòng]

北京有很多的老胡同。

베이징에는 많은 오래된 골목들이 있다.

238

进价
들어온 가격

[jìn jià]

这个东西是进价给你的，你就别讲价了。

이 물건 들어온 가격에 줄 테니, 더 이상 흥정하지마!

239

屋檐
처마, 지붕

[wū yán]

我们同住在一个屋檐下，应该相互照应。

우리는 한지붕 아래 살면서, 서로 협력하고 살아야한다.

240

每逢…
…할 때마다, …때가 되면

[měi féng]

每逢阴天，他受过伤的腿就会疼。

날씨가 흐려질 때마다 예전에 다쳤던 다리가 아파온다.

241

发誓
맹세하다

[fā shì]

我已经发过誓了，再也不喝酒了。

나 벌써 맹세했잖아, 다시는 술 안마셔.

242

抛弃
던져 버리다, 방치하다, (권리를)포기하다

[pāo qì]

这个孩子被抛弃以后，就进了孤儿院。

이 아이는 버려진 이후에, 고아원에 들어갔다.

243

点菜
주문하다

[diǎn cài]

你们随便点菜吧，我请客。

아무거나 알아서 주문해, 내가 쏠게.

244

吝啬
인색하다

[lìn sè]

他这个人太吝啬，和朋友也要斤斤计较。

그 사람은 너무 인색해서, 친구하고도 좀스럽게 따진다.

245

大方
따지지 않다, 대범하다

[dà fang]

他是个大方的人，常请朋友吃饭。

그는 시치스런 사람이어서 늘 친구에게 밥을 잘 산다.

246

胆小
담이 작다

[dǎn xiǎo]

他是个胆小的人，干什么事情都前思后想。

그는 담이 작은 사람이라, 무슨 일을 하든지 심사숙고한다.

247

幽默
해학, 유머

[yōu mò]

这个人说话很幽默，常常把大家逗得哈哈大笑。

이 사람은 말하는 게 유머가 넘쳐서, 늘 모두를 박장대소하게 만든다.

248

破费
시간을 들이다, 돈을 쓰다

[pò fèi]

我们这次来，真让你们破费了。

우리가 이번에 와서 너희들만 돈 쓰게 했네.

249

合伙

동업하다, 동료가 되다

[hé huǒ]

他下岗后和朋友合伙开了家公司。

그는 해고 당한 이후에 친구와 동업하여 회사를 열었다.

250*

可靠

믿음직하다, 확실하다, 틀림이 없다

[kě kào]

这个人我熟悉，是个可靠的人。

이사람은 내가 잘 알지, 믿을 만한 사람이야.

251

勤恳

근면 성실하다

[qín kěn]

他自从走上工作岗位以后一直勤恳地工作。

그는 일을 시작한 이후에 근면성실하게 일한다.

252

踏实

착실하다, 성실하다, 알뜰하다

[tā shi]

他现在很踏实，学习也很努力。

지금 그는 아주 착실하고 공부도 열심이다.

253

没劲

재미가 없다

[méi jìn]

这个人可真够没劲的。

이 사람은 정말이지 힘이 없다.

今天这场比赛真没劲。

오늘 이 경기는 정말 재미없다.

254

没劲儿 힘이 없다

[méi jìnr] 今天不知为什么整天浑身没劲儿。
오늘 온종일 왜 이렇게 힘이 없는지 모르겠다.

255

丑闻 추문, 스캔들

[chǒu wén] 这是今年被报道的最大的丑闻。
이것은 올해에 보도된 가장 큰 스캔들이다.

256

三八 칠뜨기, 멍청하다, 모자라다

[sān bā] 这个女人太三八了，你小心点吧。
이 여자는 참 멍청하니까, 조심해.

257

丁克 DINK, 아이가 없는 맞벌이 부부

[dīng kè] 现在年轻人想做丁克族的越来越多。
요즘 딩크족이 되고자하는 젊은 부부들이 점점 늘어나고 있다.

258

空喊 단지 입으로만 떠들어대다

[kōng hǎn] 你不能每天在这里空喊，要有真的实际行动。
너 매일 여기서 말로만 하지 말고, 실제행동으로 옮겨야 해.

259

机遇 시기, 기회

[jī yù] 成功有时也是要靠机遇的。
성공도 경우에 따라서 기회에 의지해야 한다.

260

马桶　변기

[mǎ tǒng]　他坐在马桶上看报纸。
그는 변기에 앉아서 신문을 보고 있어.

261

寻找　찾다

[xún zhǎo]　你应该寻找一个便捷的方法。
넌 마땅히 빠르고 간편한 방법을 찾아야 해.

262

绿卡　그린 카드, 영주권

[lù kǎ]　韩国人去美国都是为了得到美国的绿卡。
한국사람은 미국 영주권을 획득하기 위하여 미국으로 간다.

263

安排　계획 잡다, 배치하다

[ān pái]　总经理正在会议室给各部门安排下个月的工作。
사장님(총장님)은 지금 회의실에서 각 부서에 다음달 작업을 잡아주고 있다.

264

使劲　힘을 쓰다

[shǐ jìn]　这件事就当你自己的事吧，多使点劲。
이 일은 너 자신의 일로 여기고, 조금 더 힘을 써봐.

265

目睹　눈으로 지켜보다, 목도리하다

[mù dǔ]　他目睹了当地群众庆祝丰收的场面。
그는 현지 군중이 풍년 수확을 축하하는 모습을 바라보았다.

266

功夫 실력, 시간, 여가, 틈, 때, 무술

[gōng fu] 我现在每天有很多的功夫。
나는 현재 매일 많은 여가시간이 있다

他在研究上真得很有功夫。
그는 연구방면에 정말 좋은 실력을 가지고 있다

267

够呛 견딜 수 없다, 지독하다, 힘겹다

[gòu qiàng] 我觉得这件事够呛，你还是想想别的办法吧。
이 일은 아주 힘들어, 네가 다른 방법을 생각하는 편이 나을 것 같아.

268

走狗 사냥개, 주구, 앞잡이, 개

[zǒu gǒu] 你这个叛徒，这个走狗!
이 반역자, 앞잡이!

269

嘲讽 비웃으며 풍자하다

[cháo fěng] 你不要总是嘲讽别人。
너 어쨌든 다른 사람을 풍자해선 안돼.

270

行情 시세, 시장 가격

[háng qíng] 他这个业内人士每天关注股市行情。
그는 업계 사람으로서 매일 주식시세에 관심을 쓰고 있다.

271

找茬儿
트집을 잡다, 시비걸다

[zhǎo chár]

你是不是故意找茬儿和我吵架呀？

너 일부러 내 트집을 잡아 나와 싸우자는 거야?

272

露怯
우스운 꼴을 보이다

[lòu qiè]

不好意思，今天在大家面前露怯了。

죄송합니다, 오늘 모두 앞에서 제 우스운 꼴을 보였군요

273

出色
출중하다, 특별히 좋다, 훌륭하다

[chū sè]

他的理想是成为一名出色的医生。

그의 꿈은 성공해서 훌륭한 의사가 되는 것이다.

274

改行
직업을 바꾸다, 전혀 상관없는 다른 일을 하다

[gǎi háng]

他现在早改行做生意了。

그는 현재 이미 장사로 직업을 바꿨다.

275

进城
시내에 들어가다

[jìn chéng]

他第一次进城，真是开了眼。

그는 처음으로 시내에 갔는데, 안목이 트였다.

276

下海
원래 직장을 그만두고 장사를 하다

[xià hǎi]

他的头脑很活，下海后挣了不少钱。

그는 머리가 아주 좋아서, 장사에 뛰어들어 적지 않은 돈을 벌었다.

277

钻研

깊이 연구하다, 탐구하다, 파고들다

[zuān yán]

他这个每天只顾着埋头搞钻研。

그는 매일 머리를 묻고 연구에만 몰두한다.

278

小康

지낼만하다, 먹고살 만하다

[xiǎo kāng]

我们家的生活现在已经达到小康水平了。

우리집 생활은 지금 이미 먹고 지낼 만한 수준에 도달했다.

279

打假

위조품 매매 행위에 타격을 가하다

[dǎ jiǎ]

现在有很多假学历，也要打假。

현재 가짜 학력이 많아서, 타격을 가해야 한다.

280

棘手

(일을 처리하기가) 힘이 든다, 어렵다, 곤란하다

[jí shǒu]

这件事太棘手了，我也无能为力。

이 일은 매우 처리하기 힘들다. 나도 어찌할 도리가 없다.

281

休闲

한가롭게 지내다, 쉬다

[xiū xián]

现在人们越来越重视休闲活动。

현재 사람들은 점점 레저활동을 중시한다.

282

放马

봐주다, 양보해 주다

[fàng mǎ]

总算放他一马了。

결국 그를 한 번 봐준 셈이었다.

283

传闻

전해 듣다, 떠도는 소문

[chuán wén] 这是个传闻，你不要相信。

이건 떠도는 소문이니, 믿을 필요 없다.

284

活该

고소하다, 쌤통이다, ~마땅하다

[huó gāi] 他活该有这样的结果。

그에게는 이런 결과가 생긴게 너무 고소하다.

285

顺眼

보기 좋다, 아름답다, 마음에 들다

[shùn yǎn] 这个人我怎么看怎么不顺眼。

이 사람은 아무리 보아도 눈에 거슬린단 말이야.

286

灯笼

등롱, 초롱, 제등

[dēng lóng] 这么好的姑娘打着灯笼也没地儿找呀。

이렇게 괜찮은 아가씨는 불을 켜고 찾아도 찾기 힘들지.

287

走神

정신이 나가다, 주의력이 분산되다

[zǒu shén] 你上课的时候为什么总是走神儿？

너는 왜 수업시간이면 늘 정신이 나가있니?

288

较真儿

꼭 사실을 밝히려고 용을 쓰다, 착실하다, 성실하다

[jiào zhēnr] 这点小事不要较真儿。

이런 작은 일은 꼭 밝히려고 노력하지마.

289

热门儿

（⇔ 冷门儿 비인기직업, 전공） 인기직업, 전공

[rè mén]

液晶电视将是本星期在旧金山举行的信息显示协会会议的热门儿话题之一。

액정tv는 이번 주에 샌프란시스코에서 열리는 정보 디스플레이 협회 회의에서 가장 인기 있는 주제 중의 하나가 될 것이다.

290

离谱儿

말하는 것이 너무 주제에서 벗어나다, 대중이 없다, 기준이 없다

[lí pǔ]

不但被迫支付了高得离谱儿的车费，而且所乘的车还比正常车辆晚到了近两个小时。

강제로 전혀 비싸서 말도 안되는 차비를 지불했을 뿐만 아니라, 또한 보통 차보다 거의 두 시간이나 더 늦게 도착했다.

291

没谱儿

기준이 없다, 종잡을 수 없다

[méi pǔr]

对于是否可能会继续发展她自己心里也没谱儿。

둘의 관계가 더욱 발전할 수 있을지에 대해 그녀의 마음도 종잡을 수가 없었다.

292

像样儿

그럴싸하다

[xiàng yàngr]

她算了一笔账：买一套像样儿的新房，除了首付，每月少说也要负担1千多元的按揭费。

그녀는 장부를 한 번 계산해보았다. 그럴듯한 신방을 하나 사면, 처음 지불하는 것 말고 매월 적어도 1000여 위안의 부동산대출담보금도 내야 했다.

293

铁心

굳은 결심을 하다

[tiě xīn]

她铁了心要去乡下当老师。

그는 지방에 가서 아이들을 가르치려고 굳게 맘을 먹었다.

03 3음절

294 唱高调
그럴 듯하게 말만 하고 행동하지 않다

[chàng gāo diào] 你别总在这唱高调了，来点实际的。
너 맨날 그럴 듯 하게 말만 하지 말고, 행동으로 좀 옮겨봐.

295 铁哥们
더없이 친한 친구들

[tiě gē men] 他们是多年的铁哥们儿了。
그들은 오랜 세월 더없이 친한 친구들이다

296 信不过
믿을 수가 없다

[xìn bu guò] 我可信不过这个人，你自己看着办吧。
나는 이 사람을 믿을 수가 없으니 네가 스스로 보고 처리해.

297 泡蘑菇
일부러 시간을 끌다, 애를 태우다, 성가시게 굴다

[pào mó gu] 你快说去不去，别泡蘑菇了。
애태우게 하지 말고, 빨리 갈 건지 안 갈 건지 말을 해.

298 一眨眼
눈 깜짝할 사이, 일순간

[yī zhǎ yǎn] 一眨眼我的钱包就被小偷偷走了。
눈 깜짝할 사이 소매치기에 내 지갑을 도난 당했다.

299

转瞬间　순간, 잠깐 사이

[zhuǎn shùn jiān] 我刚学过，转瞬间就忘了。

나는 방금 배운 것을, 순간 잊어버렸다.

300

磨洋工　일을 질질 끌다, 일에 게으름을 피우다

[mó yáng gōng] 他每天在这里磨洋工，这么久还没做完。

그는 매일 여기서 게으름을 피우다 이렇게 오랫동안 일을 완성하지 못했다.

301

炮筒子　불같은 성미, 옆에서 거들며 기세를 올리는 사람

[pào tǒng zi] 他可是个炮筒子，一点就着。

그는 성미가 정말 불같아서 조금만 건드려도 버럭 화를 낸다.

302

狗腿子　앞잡이, 주구

[gǒu tuǐ zi] 你这个狗腿子。

이 앞잡이 놈.

303

台柱子　무대 기둥, 어떤 집단 내의 핵심 역량, 극단의 주요 배우

[tái zhù zi] 她可是我们团里的台柱子，离不了她。

그녀는 우리 단원 안의 주요 배우라서 그녀를 떠날 수 없다.

304

打头阵　선두에 서다, 선봉을 맡다

[dǎ tóu zhèn] 这件事你去打头阵吧。

이 일은 네가 선두에 서라.

305

唱主角

주역을 맡다, 중요 임무나 일을 담당하다

[chàng zhǔ jué] 如果没有别人的帮助，你一个人也唱不了主角。

만약 다른 사람의 도움이 없다면, 너 한 사람도 주역을 맡을 수 없어

306

放冷箭

배후에서 중상모략하다

[fàng lěng jiàn] 这个人很阴险，常常在背后放冷箭。

이 사람 아주 음흉해, 자주 등 뒤에서 중상모략한다.

307

顺竿爬

남의 의견을 잘 따르다

[shùn gān pá] 你这个人真行，总是顺杆爬。

너 정말 대단하다, 늘 남의 의견에 영합하네.

308

泼冷水

찬물을 끼얹다, 상대방의 열정에 타격을 가하다

[pō lěng shuǐ] 看他这么高的积极性，你就别泼冷水了。

그의 이렇게 높은 적극성을 봐, 넌 그에게 찬물을 끼얹지 말아라.

309

死心眼

완고하다, 고지식한 사람, 융통성이 없는 사람

[sǐ xīn yǎn] 你真是个死心眼，变通一下就解决了。

넌 정말 융통성이 없는 사람이구나, 융통성있게 하면 바로 해결돼.

310

咬咬牙

이를 악물고 노력하다

[yǎo yǎo yá] 你再咬咬牙，就挺过去了。

너 다시 이를 악물고 노력해봐, 그럼 이겨 낼 수 있어.

311

还不如／倒不如

오히려 …보다 못하다

[hái bù rú/
dào bù rú]

与其在这里等，倒不如去找机会。

여기서 기다리는 것은, 기회를 찾으러 가는 것보다 못하다

312

决不是

결코 …가 아니다

[jué bú shì]

这份工作决不是他一个人可以胜任的。

이 일은 결코 그 사람 혼자서 감당할 수 있는 게 아니야.

313

意中人

마음속으로 사모하는 사람

[yì zhōng rén]

他已经有了意中人，所以相亲的事情就拒绝了。

그는 이미 마음속으로 사랑하는 사람이 있어서, 선보는 일을 거절했다.

314

心上人

마음에 둔 사람, 사랑하는 사람

[xīn shàng rén]

你为什么不向你的心上人表白呢?

너는 왜 네가 마음에 둔 사람에게 고백하지 않니?

315

差不离

큰 차이가 없다, 거의 비슷하다

[chà bù lí]

你们两个的汉语水平差不离。

너네 둘 중국어 실력은 거의 비슷해.

316

脱不开

빠져나올 수 없다

[tuō bu kāi]

我最近忙得真的脱不开身。

나는 요즘 너무 바빠서 몸을 빠져 나올 수가 없다.

317

脱口秀　토크쇼 말재주가 좋다

[tuō kǒu xiù]　她可真是个脱口秀，一个人能连着说几个小时。

그녀는 정말 말을 잘한다. 혼자서도 몇 시간을 얘기한다.

318

小心眼　마음이 좁다, 옹졸하다

[xiǎo xīn yǎn]　你这个小心眼儿，只是个玩笑你也生气。

이 속좁은 사람아, 그냥 장난쳤을 뿐인데 화내니.

319

回笼觉　깨었다가 도로 드는 잠, 선잠

[huí lóng jiào]　他今天实在太累了，又睡了个回笼觉。

그는 오늘 너무나 힘들어서 또 선잠을 잤다.

320

两口子　부부 두 사람

[liǎng kǒu zi]　这两口子三天一小吵，五天一大吵。

이 부부는 삼 일이 멀다 하고 싸운다.

321

婚外恋　혼외연애, 불륜

[hūn wài liàn]　自从他有钱了以后，就开始在外面搞婚外恋了。

그는 돈이 생긴 후부터, 밖에서 불륜을 저지르기 시작하였다.

322

第三者　(부부 이외의) 제삼자, 애인, 정부

[dì sān zhě]　作为第三者往往被人们指责。

제 3자로서 늘 사람들의 비난을 받는다.

323

女强人 우먼 파워 (women power), 유능한 여성

[nǔ qiáng rén] 现在的女强人要想找个对象还真难。
현재 유능한 여성이 배우자를 찾기란 정말 어렵다.

324

看得开 마음에 두지 않다, 통달하다

[kàn de kāi] 他是个乐观主义者，什么事情都能看得开。
그는 낙관주의자라서 어떠한 일도 낙관적으로 본다.

325

想得通 납득할 수 있다, 이해할 수 있다

[xiǎng de tōng] 他做得这么过分，我怎么能想得通呢？
그가 하는게 이렇게 지나친데, 내가 어찌 납득할 수 있겠니?

326

看得起 존중하다, 중시하다

[kàn de qǐ] 你这么看得起我，我怎么能辞职呢？
당신이 저를 이렇게 중용하시는데, 제가 어찌 사직할 수 있겠어요?

327

对得起 면목이 서다, 볼 낯이 있다

[duì de qǐ] 你应该努力，否则怎么对得起你的父母呢？
넌 노력해야 한다, 그렇지 않으면 부모를 볼 낯이 있겠니?

328

不顺眼 눈에 거슬리다, 눈꼴사납다, 눈꼴이 시다

[bú shùn yǎn] 这个人我怎么看怎么不顺眼。
이 사람은 내가 어떻게 봐도 참 눈에 거슬려.

329

铁公鸡 구두쇠, 인색한 사람

[tiě gōng jī] 她简直是个铁公鸡。
그녀는 정말 구두쇠이다.

330

气管炎 [의학] 기관지염, 공처가
(발음이 妻管严과 비슷해 생긴 표현)

[qì guǎn yán] 没想到你也是气管炎呀！
너도 공처가일 줄은 몰랐어!

331

来得及／来不及
(시간 내에) 할 수 있다, 할 수 없다

[lái de jí/ lái bu jí] 你别着急，还有半个小时呢，来得及。
서두르지마, 30분이나 시간이 있잖아. 충분해

快点儿吃，上课来不及了。
어서 먹어, 수업에 늦겠다.

332

半瓶醋 얼치기 (어떤 지식이나 기술에 대해 대략적인 것만 알고 있는 사람)

[bàn píng cù] 我只不过是个半瓶醋而已。
저는 얼치기에 불과합니다.

333

绊脚石 걸림돌, 장애물

[bàn jiǎo shí] 一旦"哥哥姐姐"有了情人，"弟弟妹妹"难免会成为绊脚石。
오빠누나들이 애인이 생기면 동생들이 장애물이 될 수도 있다.

334

不要脸 부끄러움을 모르다, 뻔뻔스럽다

[bú yào liǎn] 你怎么那么不要脸！

넌 어쩜 그리 뻔뻔하니!

335

厚脸皮 철면피, 두꺼운 낯짝, 뻔뻔스런 사람

[hòu liǎn pí] 学汉语的时候有时候需要点厚脸皮。

중국어를 배울때는 가끔씩 뻔뻔함이 필요하다.

336

马大哈 부주의한 사람, 조심성이 없는 사람, 세심하지 못한 사람

[mǎ dà hā] 你这个马大哈，总是丢三落四。

덜렁대긴, 늘 물건을 아무 데나 놓고 다니다니.

337

大锅饭 단체급식

[dà guō fàn] 其实，大锅饭这种制度严重地压抑人们的积极性，主动性，创造性，必须改变这种分配方法。

사실 단체식사라고 하는 제도는 심각하게 사람들의 적극성,주체성,창조성을 억누르고 있다. 이런 분배방식은 반드시 바뀌어야 한다.

338

爱面子 체면을 중시하다

[ài miàn zi] 面子固然重要，但是太爱面子的男人会让你很累。

체면은 물론 중요하기 하지만, 너무 체면만 따지면 결국에는 당신만 힘들게 된다.

339

安心丸　상대방을 안심시켜주는 말

[ān xīn wán] 你就别给我吃安心丸了，我知道我又被高考的大筛子给筛下来了。

나를 안심시키려고 하지 마세요. 제가 또 대입에서 낙방했다는 건 저도 알아요.

340

半边天　현대사회의 여성, 한 쪽 하늘

[bàn biān tiān] 1968年，毛泽东发出了"妇女能顶半边天"的豪言壮语。今天，让我们在回忆毛主席当年话语的同时，向广大妇女同志们致敬。

1968년, 마오저똥은 "부녀자들이 하늘의 반을 받쳐줄 수 있다." 는 호연지기를 밝혔다. 오늘날, 우리는 당시 마오 주석의 말을 추억하는 동시에, 수많은 부녀자 동지들에게 존경을 표하는 바이다.

你可别小瞧我们半边天的作用。

우리 부녀자들의 역할을 무시하지 마세요.

341

用得着／用不着
쓸모있다, 쓸모없다

[yòng de zháo／yòng bu zháo] 就算已经用旧的东西，爸爸舍不得扔，说不定什么时候用得着。

설령 오래된 물건이라고 하더라도, 아버지는 아까워서 버리지 못하시고, 언젠가 쓸모 있는 날이 있을 것이라고 말을 하신다.

342

石头刻　목석(무표정), 잘 안 웃는 사람

[shí tou kè] 你也会笑呀！我以为你是石头刻的呢！

너도 웃을 줄 아는 구나! 난 네가 목석인 줄 알았지!

343

性骚扰　성희롱

[xìng sāo rǎo]　怎样可以有效地排除性骚扰?

어떻게 효과적으로 성희롱을 없앨 것인가?

344

不要紧　대수롭지 않다, 별 것 아니다, 괜찮다

[bú yào jǐn]　我想让爸爸早点儿回家，不用送我，不过爸爸却说
"不要紧！"。

나는 아버지께 일찍 집으로 돌아가시라고 말씀 드렸지만 아버지는
"괜찮다!" 라고만 하셨다.

345

辛苦费　수고비

[xīn kǔ fèi]　我明天给你一点辛苦费吧！

내가 내일 수고비를 좀 줄께!

346

耳朵软　귀가 얇다

[ěr duo ruǎn]　她耳朵特别软，别人说两句好话，她就原谅。

그녀는 귀가 얇아서 다른 사람이 몇 마디 좋은 말만 해주면 금방 용
서해준다.

347

说不定　단언하기가 어렵다, …일지도 모른다, 아마
…일 것이다

[shuō bu dìng]　你带着伞吧，说不定今天得下雨。

우산 가져가거라, 오늘 비가 올지도 모르잖아.

进来找找吧，说不定有你要的那本书呢。

들어와서 찾아봐, 네가 찾는 책이 있을 수도 있잖아.

348

耳边风
귓가에 바람, 한 귀로 듣고 한 귀로 흘리다

[ěr biān fēng] 他总是把老师的话当耳边风。

그는 늘 선생님의 말을 한 귀로 듣고 한 귀로 흘리다.

349

拿主意
결정을 내리다

[ná zhǔ yì] 我到底该做什么呢? 你帮我拿个主意吧!

내가 어떻게 해야 하지? 네가 나 좀 도와서 결정해봐!

350

拖后腿
제약하다, 못 하게 가로막다, 방해하다, 뒷다리를 잡아 당기다

[tuō hòu tuǐ] 刘兰一向支持安东的工作,从来没因为自己和孩子给安东拖过后退。

리우란은 늘 안동의 일을 지지했어요. 여태껏 자신과 아이 때문에 안동의 일을 막지 않았어요.

351

不敢当
별말씀을 다 하십니다, 천만의 말씀입니다.

[bù gǎn dāng] A：你对中文很精通!

중국어가 정말 뛰어나군요!

B：不敢当。

과찬이십니다.

352

不得不
하지 않으면 안 된다, 어쩔 수 없이 ~하다

[bù dé bù] 我不得不答应了他们的要求。

난 그들의 요구를 받아들이지 않을 수가 없었다.

一把手 한 일원, 한 사람 ; 유능한 사람, 재능이 있는 사람

[yī bǎ shǒu] 咱们合伙开公司，安红你也算一把手。

우리 동업해서 회사를 할 건데, 안홍 너도 같이 하자.

你可别小瞧安红，她可是家里家外都是一把好手。

안홍을 우습게 보지마, 그녀는 집 안팎에서 모두 재능 있는 사람이라구.

不是吗 (반어문) 기정사실을 강조할 때 쓰임, 그렇지 않아?

[bú shì ma] 我已经给你钱了，不是吗？

내가 벌써 너한테 돈 줬잖아, 안 그래?!

二手货 중고

[èr shǒu huò] 在旧货市场上，这是最欢迎的二手货商品。

중고시장에서 이건 가장 인기가 좋은 중고품목이야.

二百五 바보

[èr bǎi wǔ] 你这个二百五，连这么简单的道理都不知道。

이 바보야, 이렇게 간단한 이치도 모르다니.

破天荒 파천황, 전대미문의, 유례없이

[pò tiān huāng] 她今天破天荒来上课了。

그녀는 오늘 전에 없이 수업에 참가했다.

358

老字号 대대로 내려오는 전통 있는 가게

[lǎo zì hào] 同仁堂药店是北京的**老字号**。

동인당 약국은 북경의 유명하고 오래된 식당입니다.

359

不一定 꼭 그런 것은 아니다

[bù yī dìng] 有钱的人**不一定**都幸福。

돈이 있다고 해서 꼭 행복한 것은 아니다.

360

穿小鞋 앙갚음하다, 복수하다, 괴롭히다

[chuān xiǎo xié] 因为在大伙儿面前提出了老板的错误，他在工作中不知被**穿**了多少**小鞋**。

사람들 앞에서 사장님의 잘못을 지적해서 그가 알게 모르게 얼마나 많이 괴롭힘을 당했는지 모른다.

361

忍不住 참지 못하다, 억누르지 못하다

[rěn bú zhù] 虽然妈妈告诉我不要偷**看**盒子里的东西，我还是**忍不住**把它打开。

비록 엄마가 상자 안에 있는 물건을 훔쳐보지 말라고 했는데, 나는 참지 못하고 열어보고 말았다.

362

有的是 흔하다, 많다

[yǒu de shì] 放假了，我**有的是**空闲时间，随时欢迎你来我家玩儿。

방학을 해서 나는 남는 게 시간이야, 언제든 다 환영이니까 우리 집에 놀러 와.

363

了不起 대단하다, 평범하지 않다, 심각하다

[liǎo bu qǐ] 他这么年轻就有这么大的作为，真了不起！

그는 이렇게 젊은데 이렇게 큰 성과를 내다니, 정말 대단하다!

364

一锅粥 뒤범벅, 엉망, 뒤죽 박죽

[yī guō zhōu] 哲哲领来了一帮同学，说说笑笑，打打闹闹，屋子里乱成了一锅粥。

져져는 친구들을 한 무리 데려와서 웃고 떠들고 난리법석을 피워서 방이 아주 엉망이 되었다.

365

一风吹 한번에 날려보내다, 다 없애버리다, 전부 취소하다

[yī fēng chuī] 欠债还钱，天经地义，那么大的一笔钱怎么能一风吹呢！

돈을 빌렸으면 갚는 건 불변의 진리야, 그렇게 큰 돈을 빌리고 어떻게 안 갚을 수가 있어?

366

铁饭碗 철밥통, 안정적인 직장이나 일

[tiě fàn wǎn] 你是铁饭碗，每月政府给发工资，旱涝保收，我们做生意的跟你可比不了。

너는 철밥통이잖아, 매달 정부에서 월급도 나오니까 언제든지 수입은 보장되지. 우리 장사하는 사람들은 너와 비교할 수가 없어.

367

跑龙套 단역, 자질구레한 역을 연기하는 최하급 배우

[pǎo lóng tào] 我在单位里无非是个跑龙套而已，你这个忙我确实帮不了。

나는 회사에서 그냥 힘 없는 직원에 불과할 따름이라 너를 정말 도와 줄 수가 없구나.

368

败家子

1. 일을 하지 않고 가산을 탕진하는 자식
2. 단체나 국가의 재산을 제멋대로 쓰며 낭비하는 사람

[bài jiā zǐ] 他们成天大鱼大肉地吃，拿公司的钱不当钱，每天不是唱歌就是喝酒，这群败家子。

그들은 하루종일 고기야 생선이야 먹어대면서 회사 돈은 돈으로 안 봐, 날마다 노래방 아니면 술집이지, 이런 방탕한 놈들.

369

侃大山

한담을 나누다

[kǎn dà shān] 我们没事儿的时候就在一起讲笑话，侃大山，吃果酱，喝茶，下象棋。

우리들은 일 없을 때면 함께 앉아 우스갯소리도 하고, 잡담도 나누고 과일주스도 마시고 차도 마시고 장기도 두곤 했다.

370

感兴趣

흥미를 느끼다

[gǎn xìng qu] 显然，她对我们的谈话并不感兴趣。

확실히, 그녀는 우리들의 대화에 별 관심이 없어 보였다.

371

豁出去

죽기 아니면 까무러치기, 아주 힘든 결정을 하다

[huò chū qu] 发挥得好与坏可以直接影响一生。豁出去吧，行动了才会知道结果。

능력을 잘 발휘하느냐 못하느냐는 일생에 직접 영향을 끼친다. 열심히 하자, 실천만이 결과를 안다.

372

打瞌睡

졸다, 꾸벅꾸벅 졸다

[dǎ kē shuì] 她一个劲儿地打瞌睡。

그녀는 계속해서 졸고 있다.

373

露一手　솜씨를 보이다

[lòu yī shǒu] 我今天晚上给大家露一手。

내가 오늘 저녁에 모두에게 솜씨를 보여주지.

374

凑热闹　사람이 많은 곳에 가서 함께 어울리다
귀찮게 하다, 성가시게 하다

[còu rè nào] 照顾这几个孩子，我已经够头疼的了，你又来凑什么热闹？

이 아이들 몇 명 돌보는 것도 이미 충분히 머리가 아픈데, 또 뭐야 성가시게?

375

出洋相　웃음거리가 되다, 흉한 꼴을 보이다

[chū yáng xiàng] 我从来没跳过什么舞，让我参加表演，非得出洋相不成。

나는 여태껏 무슨 춤 같은 건 춰 본적이 없어, 나더러 시합에 참가하라면, 분명히 웃음거리가 될 거야!

丹丹是有名的酒鬼，喝醉时，不出洋相才怪呢。

딴딴은 유명한 술고래이다. 술만 취하면 흉한 꼴을 안 보이는 것이 이상하다.

376

炒鱿鱼　해고하다, 파면하다

[chǎo yóu yú] 你真了不起呀，又炒了老板的鱿鱼了？

너 참 대단하다, 또 회사를 그만둔 거야?

377

爆冷门儿

생각치 못하게 갑자기 나타나다, 이변이 일어나다

[bào lěng ménr] 今年的世界杯球赛，韩国队爆了冷门儿，进入了四强。

올해 월드컵에서 한국팀은 이변을 일으켜 4강에 진출했다.

378

钻空子

기회를 타다, 약점을 노리다

[zuān kòng zi] 由于缺乏贸易经验，我们公司被外国公司钻了不少空子，损失不小。

무역경험이 부족했기 때문에 우리회사는 외국기업에 많이 뚫려 손실이 적지 않다.

379

走过场

대강대강 해치우다, 배우 등이 무대에 등장했다가 금방 사라지다

[zǒu guò chǎng] 每次检查都好像是在走过场，检查结束以后，一切都回到了老样子。

매번 검사를 대강대강 해치워서 검사가 끝나고 나면 모든 것은 늘상 같은 모습이다.

380

随大溜儿

여러 사람의 의견을 따르다,
남이 하는 대로 덩달아 하다, 대세에 순응하다

[suí dà liūr] 我歌词有点不太熟，不敢独唱，随大溜儿还凑合。

나는 가사가 좀 그다지 익숙하지 않아서 독창은 감히 못하겠고, 함께 하면 그럭저럭 해볼 만하다.

381

敲边鼓 부추기다, 선동하다, 자극하다, 편을 들다, 역성을 들다

[qiāo biān gǔ] 这件事还是你去跟爸爸妈妈商量商量吧，我给你敲边鼓。

이번 일은 그래도 네가 가서 엄마아빠께 상의를 한 번 해보렴, 내가 네 편 들어 줄게.

382

就是说 말하자면, 그러니까 말이지

[jiù shì shuō] 我是一个语言表达能力很差的女孩，也就是说我有口吃的现象。

저는 언어표현 능력이 많이 떨어지는 여자아이에요, 그러니까 말하자면 말을 할 때 자꾸 말을 더듬곤 하죠.

383

合不来 잘 안 맞다, 융화가 안 된다

[hé bu lái] 他们两个绝对合不来，分手是必然的。

그들은 성격이 맞지 않아서 이별은 당연한 결과에요.

384

好容易 (＝ 好不容易／很不容易) 가까스로, 겨우, 간신히

[hǎo róng yì] 在网上搜索几天好容易找到一个可以下载的却是粤语啊!

인터넷에서 한참을 검색하다가 어렵게 다운 받을 수 있는 곳을 찾았는데, 광동어로 된 것이었다.

385

够朋友 친구라고 할 만하다

[gòu péng you] 这点小忙你都不帮，你真不够朋友!

이 정도 일도 안 도와주다니 넌 정말 친구도 아니다!

386

谁知道／哪知道
누가 알겠는가?

[shuí zhī dào/ nǎ zhī dào] 我本来是来帮你的，哪知道越帮越忙。
난 원래 널 도와주고 싶었는데, 도울수록 일이 꼬이는 걸 누가 알았겠어?

387

管闲事
남의 일에 참견하다, 끼어들다

[guǎn xián shì] 狗拿耗子多管闲事。
개가 쥐 잡는 식으로 쓸데없는 일에 관여하다.
(지나치게 남의 일에 참견하고, 참견하지 않아야 하는 것도 참견하는 것을 꾸짖음)

388

闹着玩儿
장난하다, 농을 걸다, 놀리다

[nào zhe wánr] 万一被校长发现了，那可不是闹着玩儿的。
만일 교장선생님께라도 걸리면 정말 장난이 아닐 거야!

389

开夜车
밤을 새워 일이나 공부를 하다

[kāi yè chē] 平时不努力，考试前开夜车，临时抱佛脚！
평상시엔 열심히 안 하다가 시험 전에 밤을 새워 벼락치기를 하는구나!

390

出难题
어려운 문제를 내다, 일부러 남을 곤란하게 하다

[chū nán tí] 她老给我出难题。
그녀는 늘 나를 괴롭힌다.

就是了
[jiù shì le]

문장의 끝에 쓰여 망설임이나 의문의 여지가 없음을 나타냄, ……하면 되는 거지

别发脾气，从今以后不和你开这样的玩笑就是了。

화내지마, 앞으로 너랑 이런 농담 안 하면 그만이지.

伤脑筋
[shāng nǎo jīn]

골머리를 앓다, 애를 먹다

很多父母为了孩子的未来大伤脑筋。

많은 부모들은 자신의 아이의 미래를 위해 골머리를 앓는다.

可不是
[kě bú shì]

당연하지, 물론이지

可不是嘛，她是哈佛大学毕业的。

물론이지, 그녀는 하버드 대학 졸업생이잖아.

可也是
[kě yě shì]

그건 그래, 그럴까

甲：风这么大，你别骑自行车去了。

갑 : 바람이 이렇게 세게 부는데 너 자전거 타지 마라!

乙：可也是，我还是坐车去吧!

을 : 그건 그래, 나 그냥 차 타고 가지 뭐!

走弯路
[zǒu wān lu]

일, 공부 등이 방법이 적절하지 않아 힘이나 시간을 낭비하다, 돌아가다

听过来人的话，我们可以少走很多弯路。

경험자 말을 들으면 시간낭비를 덜 할 수가 있지.

396

不在乎　신경 쓰지 않는다, 마음에 담아두지 않는다

[bú zài hū]　她根本不在乎金钱之类的东西。
그녀는 돈 같은 것은 전혀 신경 쓰지 않는다.

397

不像话　형편없다, 말도 안 된다

[bú xiàng huà]　和大人这么没礼貌，真不像话！
어른에게 이렇게 무례하고 굴다니, 정말 말이 안 된다!

398

无所谓　상관없다, 아랑곳하지 않다

[wú suǒ wèi]　你怎么想我都无所谓。
네가 어떻게 생각하든 난 아무래도 상관없다.

399

不由得　저절로, 자연히, 저도 모르게, ……하지 않을 수 없다

[bù yóu de]　听到这个消息，她不由得哭了。
이 소식을 듣고 그녀는 자기도 모르게 울고 말았다.

400

别提了　……은 말할 필요도 없다, 말할 필요도 없다

[bié tí le]　别提了，考试尽考砸了！
말도 마라! 시험을 다 망쳤다!

401

出风头　자신을 내세우다, 과시하다

[chū fēng tóu]　他是个爱出风头的人。
그는 나서기를 좋아한다.

402

没说的

(=没的说) 지적할 만한 점이 없다, 상의나 해명의 여지가 없다, 가장 대단하다

[méi shuō de] 北大庄的厨师炒菜水平没说的，保证让您大饱口福。

베이따좡의 주방장의 요리 솜씨는 말할 필요도 없습니다. 당신이 분명 맛있게 드실 것을 보증합니다.

连父母的钱他都骗，我和他没说的！

부모님의 돈 조차 사기를 치다니, 나는 그에게 할 말이 없다!

403

出点子

아이디어를 내다

[chū diǎn zi] 他脑子真灵，最会出点子。

그는 머리가 좋아서 아이디어를 잘 낸다.

404

趁点儿钱

돈을 벌다

[chèn diǎnr qián] 他去了几年韩国，现在很趁点儿钱。

그는 한국에 몇 년 있었는데, 지금은 돈을 좀 벌었다.

405

吃不开

(= 不受欢迎、不吃香) 인기가 없다

[chī bù kāi] 现在不吃香的男孩子在社会上吃不开。

요새 배 나온 남자는 사회에서 인정을 못 받는다.

406

不是事儿

(베이징 방언) 좋은 방법이 아니다

[bú shì shìr] 事情已经发生了，就这么坐着不是事儿。

일이 이미 터졌는데, 이렇게 가만히 앉아 있는 것은 방법이 아니야.

407

马后炮　뒷북치다

[mǎ hòu pào] 事情已经发生了你才告诉我该怎么做,这不是马后炮吗?

일은 이미 터졌는데 이제서야 어떻게 해야 한다고 알려주다니 이거 뒷북 치는 것 아닙니까?

408

真是的　불만이나 사과의 의미를 전달하는 의미, 진짜

[zhēn shì de] 你怎么这么晚才来? 真是的!

너 왜 이제서야 오는 거야? 진짜!

409

去你的　부정이나 금지의 의미를 전달

[qù nǐ de] 甲：听说你近来谈恋爱了? 是不是?

갑 : 너 요새 연애한다면서?

乙: 去你的,别胡说八道,我们只不过是一般的朋友而已。

을 : 됐어, 헛소리 하지마, 우리들은 단지 그냥 친구일 뿐이라구.

410

又来了　또 그런다 (짜증난다는 어감)

[yòu lái le] 又来了, 你能不能安静一会儿?

또 그런다, 가만히 좀 있을 수 없니?

411

老实说　(= 坦率地说、坦白地说) 솔직히 말해, 실제로 말해

[lǎo shí shuō] 老实说, 我觉得他们的婚姻生活不像别人想象得那么幸福。

솔직히 말해서 그들의 결혼생활은 다른 사람들이 말하는 것처럼 그렇게 행복하지만은 않을 것이다.

夹生饭　설익은 밥 (다 완성되지 않은 일을 뜻함)

[jiā shēng fàn]　学习语言不要煮夹生饭。
언어는 대충 배워서는 안 된다.

不至于　그 정도는 아니다

[bú zhì yú]　她不至于连这点简单的道理都不明白。
그녀는 이렇게 간단한 도리도 모를 정도는 아니다.

露马脚　탄로나다, 정체가 밝혀지다

[lòu mǎ jiǎo]　大概这帮人知道自己总有一天要露马脚，准备好了随时出逃吧。
아마 이 사람들은 언젠가는 들통이 날 것을 알아서 언제나 도망갈 준비를 하고 있다.

卖关子　이야기꾼이 긴 이야기를 할 때, 고조되는 부분에서 잠시 흐름을 멈추고 듣는 이들이 조바심이 나게 만드는 것, 뜸들이다, 시간 끌다

[mài guān zi]　别卖关子了，赶紧的!
뜸 좀 들이지마, 빨리!

木头人　목석 같은 사람, 무딘 사람

[mù tóu rén]　让木头人说活。
바보를 재간둥이처럼 묘사하다. (말재주가 뛰어남을 비유함)

417

爬格子　원고를 작성하다

[pá gé zi] 年过古稀竟爱上了爬格子写文章。

나이가 70이 넘어서 글을 쓰는 것에 푹 빠졌다.

418

碰钉子　(= 遭到拒绝，碰了一鼻子灰) 거절당하다

[pèng dīng zi] 亲戚朋友想找他借摄像机，准得碰钉子。就连他自己的妻子，也不让动摄像机。

친구든 친척이든 그에게 카메라를 빌리려고 하지만 거절당할게 뻔해. 그의 아내라고 하더라도 카메라에 손도 못 대게 한다.

419

走后门　뒷 거래하다

[zǒu hòu mén] 走后门是不正之风。

뒷거래를 하는 것은 좋지 않은 풍조이다.

420

贫嘴　쓸데없는 말을 많이 하다

[pín zuǐ] "快吃吧！别贫嘴。"妈妈说着又给我盛了一碗。

"어서 먹어! 그만 떠들고." 엄마는 말하면서 또 나에게 한 그릇 더 밥을 담아주었다.

421

有的是　흔하다, 많다

[yǒu de shì] 我爸爸有的是钱。

우리 아빠는 가진 게 돈이다.

倒计时　카운트다운

[dào jì shí]　距奥运会开幕已经进入了倒计时。

올림픽개막식 카운트다운이 시작되었다.

书呆子　공부벌레

[shū dāi zi]　他是个书呆子，除了学习，还是学习。

그는 공부벌레여서 공부밖에 모른다.

小九九　속셈, 계산

[xiǎo jiǔ jiǔ]　他有个小九九，"这些单位工资低，但可以利用假日，晚上读培训班。"

그는 속셈이 다 있었다. "이 회사는 월급은 좀 낮지만, 쉬는 때를 이용해 학원을 다닐 수 있다구."

自卑感　콤플렉스

[zì bēi gǎn]　人在内心深处或多或少都有自卑感吗?

사람의 마음속 깊은 곳에는 많거나 혹은 적게 콤플렉스가 다 있나요?

大高帽　높은 관직에 있는 사람

[dà gāo mào]　你们记者真了不起，连大高帽儿都怕你们。

너희 기자들은 참 대단한 거 같아, 경찰들 조차도 너희를 무서워하잖아.

427

馊主意
[sōu zhǔ yì]

꼼수, 잔 꾀, 유치한 계책, 시시한 생각

到底哪个傻瓜给你出了这个馊主意？

도대체 어떤 바보가 너한테 어떤 유치한 착상을 내놓았니?

428

翘尾巴
[qiào wěi bā]

기고만장하다, 으스대다, 으쓱거리다

不管什么时候都不能自满，更不能翘尾巴。

언제라도 자만해서는 안 되며, 기고만장해서는 더더욱 안 된다.

429

套近乎
[tào jìn hu]

친한 척 하다

谁不想跟他套近乎？

누가 그랑 친한 척 하고 싶지 않겠어!

少跟我套近乎。

친한 척 좀 하지마!

430

热心肠儿
[rè xīn chángr]

사람을 대하는 열정, 적극적으로 일하는 성품

富贵有着一副热心肠，会天天跑去看他生病的邻居，送饭给他吃。

푸꾸이는 열정적이어서 날마다 그의 병든 이웃들을 찾아가서 보고 먹을 것을 준다.

431

两码事
[liǎng mǎ shì]

서로 무관한 두 종류의 일

"好的"和"喜欢的"，这是两码事。

좋은 것과 좋아하는 것은 별개의 일이다.

432

踢皮球

자신의 책임을 남에게 떠넘기다

[tī pí qiú] 这个棘手的问题很多部门都踢皮球。

이 긴급한 문제는 많은 부문에서 모두 서로 떠넘기려고 하고 있다.

433

走着瞧

두고 보자, 두고 봐라

[zǒu zhe qiáo] 别看他们现在笑得欢，早晚有他们哭的一天，走着瞧吧。

그들이 지금 즐겁게 웃고만 있다고 보지마, 언젠가는 그들이 크게 울 날이 한번 있을 거야, 두고 봐.

434

用不上

써먹지 못하다, 사용하지 못하다

[yòng bú shàng] 我学了五年的汉语，不过现在在一家日本公司工作，我学的汉语根本用不上。

나는 중국어를 5년이나 배웠지만, 지금은 한 일본 회사에서 일하고 있어서 배운 중국어를 전혀 써먹지 못하고 있다.

435

沙尘暴

황사, 모래바람

[shā chén bào] 今年的沙尘暴跟往年不同，格外厉害。

올해의 황사는 예년과는 달리 유난히 심했다.

436

开绿灯

어떤 일을 하는데 허가가 떨어지다, 좋은 신호, 순조롭다

[kāi lǜ dēng] 这个计划本来行不通，但是领导给他开了绿灯，很快就完成了。

이 계획은 본래는 안 되는 것이지만, 사장님이 허락을 해줘서 곧 끝날 것이다.

437

亮红灯 어떤 일을 하는데 문제가 생기다, 나쁜 신호, 순조롭지 못하다

[liàng hóng dēng] 现在的环境污染问题给人们亮起了红灯。

오늘날의 환경문제는 사람들에게 적신호를 알린다.

438

傻到家 아주 바보 같은 짓을 하다

[shǎ dào jiā] 连这么简单的问题都不会解决，简直是傻到家了。

이렇게 간단한 문제도 해결을 못하다니 정말 바보같다.

439

不是味儿 불편하다, 마음이 불안하다

[bú shì wèir] 看到他痛苦的样子，心里真不是味儿。

그가 괴로워하는 모습을 보니, 마음이 정말 편치 않았다.

440

人情味儿 인간미, 인정미

[rén qíng wèir] 现在社会越来越没有人情味儿。

요즘 사회는 갈수록 인간미가 떨어진다.

441

抱不平 불의를 보고 참지 못하다

[bào bù píng] 他遇到不公平的事总爱打抱不平。

그는 불공평한 일을 당하면 늘 불의를 참지 못하다.

442

抱佛脚
벼락치기

[bào fó jiǎo] 很多学生平时不努力，考试前临时抱佛脚。
많은 학생들은 평상시에는 열심히 안 하다가 시험이 닥쳐서야 벼락치기를 한다.

443

没把握
자신이 없다, 확신이 없다

[méi bǎ wò] 我对这件事没把握。
나는 이 일에 자신이 없다.

444

吃鸭蛋
0점을 받다

[chī yā dàn] 我上高中考数学考试时还吃过鸭蛋呢！
나는 고등학교 다닐 때 수학시험을 보면 0점을 맞은 적도 있다.

445

比不上
비교가 안 된다

[bǐ bu shàng] 我的中文水平根本比不上他的水平。
내 중국어 실력은 그의 실력과는 아예 비교도 할 수 없다.

446

比不过
비교할 수 없다, 이기지 못하다

[bǐ bu guò] 拿我的这点本事根本比不过她。
나의 이 정도 능력 갖고는 전혀 그를 상대할 수 없다.

447

又不是
~한 것도 아닌데…

[yòu bu shì] 我又不是第一次来中国，你可别想逗我。
내가 처음으로 중국에 온 것도 아닌데, 나 놀릴 생각 하지도 마!

448

离不开　떨래야 뗄 수가 없다, 떨어질 수 없다

[lí bù kāi]　**中国人的生活离不开自行车。**
중국인들의 생활은 자전거와는 떨어질 수가 없다.

韩国人吃方便面离不开泡菜。
한국사람들은 라면을 먹을 때 김치가 없어선 안 된다.

现代社会离不开网络。
현대인의 생활은 인터넷과는 떨어질 수가 없다.

449

顶梁柱　기둥, 동량, 지지대, 버팀목

[dǐng liáng zhù]　**父亲是我家的顶梁柱。**
아버지는 집안의 기둥이시다.

450

老掉牙　케케묵다, 매우 오래되고 낡다, 식상하다

[lǎo diào yá]　**我最讨厌听这种老掉牙的话题。**
나는 이런 케케묵은 말은 듣고 싶지 않다.

451

行不通　방법이 통하지 않다

[xíng bu tōng]　**哥们儿! 这种做法早就行不通了。**
이봐! 이런 방법은 이제 통하지 않는다구!

452

打下手　조수노릇을 하다, 보조하다

[dǎ xià shǒu]　**我给你打下手吧!**
내가 도와줄게!

453

用不着 ~할 필요가 없다, 가치가 없다

[yòng bu zháo] 你这个病好好睡几天就好了，**用不着**打针吃药。
네 병은 며칠 푹 쉬면 좋아질거야, 주사 맞고 약 먹을 필요는 없어.

454

戴高帽 비행기를 태워주다

[dài gāo mào] 你可别给我**戴高帽**了。我也知道我表演得不算很好！
나 비행기 태우지 마. 내 공연이 그리 좋지 않았다는 것 알아!

455

撒欢儿 아주 즐거워하다, (동물이)즐거워하다, 기뻐하다

[sā huānr] 小狗**撒**着**欢**儿迎接主人。
강아지는 아주 즐거워하며 주인을 맞았다.

456

忘年交 나이 차이가 많이 나는 친구

[wàng nián jiāo] 我和他是**忘年**之**交**。
나와 그는 나이를 잊은 친구이다.

457

打官司 소송하다

[dǎ guān sī] 老百姓跟政府**打官司**赢的机会大吗?
서민들이 정부를 상대로 소송을 하면 승소할 확률이 큽니까?

458

拍马屁 아첨하다, 아부하다

[pāi mǎ pì] 没想到你真会给上司**拍马屁**啊!
네가 이렇게 윗사람에게 아부를 잘할 줄은 몰랐구나!

459

占便宜 남의 이익을 챙기다, 덕을 보다

[zhàn pián yi] 谁想占便宜，谁就会吃亏。

남의 이익을 탐하는 사람은 언젠가는 손해를 보게 된다.

460

吃豆腐 여성을 성희롱하다, 성폭행하다

[chī dòu fu] 他趁女人不注意时常常吃女人的豆腐。

그는 여자들이 신경 쓰지 않는 틈을 타서 성희롱을 한다.

461

不起眼儿 눈에 띄지 않다, 사람들의 눈을 끌지 못하다

[bù qǐ yǎnr] 别以为这把梳子不起眼，这可是两千年前的东西。

이 빗이 별 것 아니라고 생각하지 마, 그래도 이게 이 천 년이나 된 거라구!

462

压马路 산책하다, 거리를 돌아다니다

[yā mǎ lù] 周末，同学们三五成群压马路。

주말이면 친구들은 삼삼오오 짝을 이뤄 거리를 돌아다닌다.

463

变着法 방법을 바꿔 가면서, 온갖 방법을 다 동원해

[biàn zhe fǎ] 我都知道您一直变着法儿帮助我。

나는 당신이 온갖 방법을 다 동원해 나를 도와주려고 한다는 것을 알고 있어요.

464

总有一天 언젠가는, 언젠가

[zǒng yǒu yī tiān] 像她这样骄傲的人总有一天会遇到吃亏的事。

그녀처럼 건방진 사람은 언젠가는 손해를 볼 날이 있다.

465

不足挂齿 거론할 만한 것이 아니다, 언급할 가치가 없다

[bù zú guà chǐ] 这是一桩小事，不要放在心上，不足挂齿。

별 것 아니야, 신경쓰지마, 말할 것도 안 되는 일이야.

466

多如牛毛 무수히 많다

[duō rú niú máo] 最近城市里的饭店酒家多如牛毛。

요즘 시내에 식당이나 술집이 무수히 많아졌다.

467

按劳分配 노동에 따라 분배하다

[àn láo fēn pèi] 企业的分配原则是按劳分配、多劳多得、少劳少得。

기업의 분배원칙은 노동에 따른 분배, 일한만큼 벌고 적게 일한 사람은 적게 버는 것이다.

468

川流不息 흐르는 시냇물처럼 끊임없다

[chuān liú bù xī] 马路上人来人往，川流不息。

거리에 사람들이 흐름이 끊임없다.

469

半途而废　일을 하던 도중에 그만두다

[bàn tú ér fèi]　再大的困难也得克服，决不能半途而废。

아무리 어려운 역경이라도 극복해야한다. 절대로 중간에 포기해선 안된다.

470

以牙还牙　눈에는 눈, 이에는 이

[yǐ yá huán yá]　别人欺负我我也要以牙还牙。

다른 사람이 날 무시하면, 꼭 그대로 갚아 줄 것이다.

471

暴风骤雨　폭풍과 세찬 비,
기세가 급격하고 급속도로 확산되는 민중운동

[bào fēng zhòu yǔ]　暴风骤雨把刚长的柿子给弄坏了。

세찬 비바람이 갓 열린 감을 모두 뭉크러뜨렸다

472

不正之风　(사상, 정치, 생활에서) 나쁜 기풍

[bú zhèng zhī fēng]　经济发展的同时，也出现了很多不正之风。

경제의 발전과 함께 많은 나쁜 기풍이 나타났다.

473

层出不穷　계속 이어서 끊임없이 나타나다

[céng chū bù qióng]　现在世界上有汉语热，所以汉语补习班层出不穷。

요즘 세상에는 중국어열풍이 불고 있어서 중국어 학원이 계속 생겨난다.

474

无论怎样 어쨌든. 을 막론하고

[wú lùn zěn yàng] 这次无论怎样，你也要帮我一把。
이번에는 어찌되었건 네가 날 한 번 도와줘야겠다.

475

挥霍无度 씀씀이가 절제가 없고 헤프다

[huī huò wú dù] 他虽然有亿万资产，但是从不挥霍无度。
그는 비록 억 만 재산이 있지만 이제껏 낭비를 한 적이 없다.

476

前所未有 전대미문의, 전에 없는

[qián suǒ wèi yǒu] 那是前所未有的事情。
그것은 아주 보기 드문 일이다.

477

得不偿失 얻는 것보다 잃는 것이 많다

[dé bù cháng shī] 如果只贪图眼前的利益，往往会得不偿失。
눈앞의 이익만 탐하다가는, 얻는 것 보다 잃는 것이 많아진다.

478

发奋图强 만족하지 못해서 열심히 하려고 결심하다

[fā fèn túqiáng] 他失败了以后一直发奋图强，终于取得了成功。
그는 실패를 겪은 후에 열심히 하려고 결심하여 결국엔 성공을 얻어냈다.

479

改邪归正 잘못된 것을 바로잡고 새롭게 하다

[gǎi xié guī zhèng] 他现在已经改邪归正了，你不要戴有色眼镜看他了。
그는 지금 이미 잘못을 다 고치고 새 사람이 되었지. 너는 색안경을 벗고 그를 봐야 한다.

480

格格不入 서로 잘 어울리지 못하다

[gé gé bú rù] 他的那些保守落后的观念和现在的新体制、新观念是格格不入的。

그의 그런 보수적이고 낙후된 관념은 지금의 새로운 체제와 새로운 관념과 어울리지 못한다.

481

大同小异 대동소이하다, 비슷하다

[dà tóng xiǎo yì] 这两件衣服的样子大同小异。

이 두 옷의 모양의 대동소이하다.

482

井井有条 논리정연하다, 가지런하다

[jǐng jǐng yǒu tiáo] 妈妈把乱七八糟的房间整理得井井有条。

엄마는 엉망인 방을 아주 가지런히 정리하셨다.

483

拳头产品 주력 상품, 인기 상품

[quán tóu chǎn pǐn] 这部连续剧是我们电视台的"拳头产品"之一。

이 연속극은 우리 방송극의 주력 상품 중의 하나이다.

484

根深蒂固 기초가 튼튼해서 동요되지 않다

[gēn shēn dì gù] 直到现在，几千年来的男尊女卑的观念还在某些人的头脑中根深蒂固地存在着。

오늘날까지도, 몇 천년 동안 내려온 남존여비사상은 어떤 사람들의 머리 속에는 여전히 뿌리깊게 박혀있다.

485

大有可为
일이 할 만한 가치가 있고, 전도가 유망하다

[dà yǒu kě wéi] 乡镇企业大有可为。

향진기업은 전도가 유망하다.

486

供不应求
공급이 수요에 미치지 못하다, 공급부족

[gōng bú yìng qiú] 这个商品是抢手货，简直是供不应求。

이 물건은 아주 잘 팔리는 물건이어서 정말 물건이 없다.

487

供过于求
공급이 수요보다 넘치다, 과다공급

[gōng guò yú qiú] 现在电子产品不断降价的原因就是商品已经供过于求了。

지금 컴퓨터 제품의 가격이 끊임없이 내리는 이유는 과다공급 때문이다.

488

一目了然
일목요연하다

[yī mù liǎo rán] 这件事情的结果大家都一目了然的，你怎么还看不出来?

이 일의 결과는 모두 일목요연한데, 너는 어찌 알아보지 못하였느냐?

489

井底之蛙
우물 안 개구리

[jǐng dǐ zhī wā] 她只不过是井底之蛙而已。

그녀는 우물 안 개구리에 불과하다.

490

家喻户晓
모든 사람들이 다 알고 있다

[jiā yù hù xiǎo] 在中国雷锋的名字家喻户晓。

중국에서 레이펑의 이름은 모두가 알고 있다.

491

接二连三　계속해서, 끊임없이

[jiē èr lián sān]　接二连三地发生了一系列杀人案件。

살인사건이 꼬리에 꼬리를 물고 발생했다.

492

津津有味　말이나 내용이 아주 재미있다, 스펙터클하다

[jīn jīn yǒu wèi]　她津津有味地向大家介绍假期旅游的见闻。

그녀는 모두에게 이번 여행에서 보고 들은 것들을 아주 재미있게 소개
했다.

493

听不进去　말이 먹히지 않다

[tīng bú jìn qù]　我说什么话，他都听不进去。

내가 무슨 말을 해도 그에게는 먹히지 않는다.

494

精打细算　계산이나 셈이 꼼꼼하다, 빈틈없이 철저하다

[jīng dǎ xì suàn]　他的收入不多，得精打细算地过日子。

그의 수입은 많지 않아서 꼼꼼하게 셈을 하면서 살아야 한다.

495

说风凉话　비꼬는 말을 하다

[shuō fēng liáng huà]　你别说风凉话，好不好？

그만 좀 비꼬시지?

496

忍痛割爱　아픔을 참고 사랑을 떠나 보내다.

[rěn tòng gē ài]　为了达到自己的目的，他也不得不忍痛割爱。

자신의 목적에 도달하기 위해서, 그도 할 수 없이 아프지만 사랑을 떠
나 보내야 했다.

497

人多眼杂 사람 많고 보는 눈이 많다

[rén duō yǎn zá] 这里人多眼杂，你应该看好你的东西。
이곳은 사람이 많으니, 네 물건을 잘 봐야 해.

498

明知故问 알면서 일부러 묻다

[míng zhī gù wèn] 甭明知故问，成吗?
알면서 일부러 묻지 좀 마.

499

敬而远之 존경하지만 가까이 하지 못하다

[jìng ér yuǎn zhī] 这个老板听不进去不同的意见，他的部下对他只能敬而远之。
이 사장님은 다른 의견을 듣지 않아서 그의 부하들은 그를 존경은 하지만 멀리한다.

500

下定决心 결심을 하다

[xià dìng jué xīn] 他一旦下定决心，九头牛也拉不回来。
그가 일단 결심을 내리면 무슨 일이 있어도 돌이키기 힘들다.

501

举世闻名 세계적으로 유명하다

[jǔ shì wén míng] 中国的万里长城举世闻名。
중국의 만리장성은 세계적으로 유명하다.

502

举世瞩目 세간의 주목을 끌다

[jǔ shì zhǔ mù] 改革开放以来，中国取得了举世瞩目的伟大成就。

개혁개방 이후, 중국은 세간의 주목을 끄는 위대한 성취를 얻어냈다.

503

必有重谢 반드시 사례를 후하게 하겠다

[bì yǒu zhòng xiè] 对拾到我的笔记本电脑的，我必有重谢。

내 노트북 컴퓨터를 찾아준 사람에게 반드시 크게 사례할 것이다.

504

可想而知 생각해 보면 알 수 있다.

[kě xiǎng ér zhī] 一个女人带着两个年幼的孩子生活，可想而知的是多难呀！

여자 혼자서 나이 어린 아이를 둘이나 데리고 생활하니, 얼마나 힘들지는 생각해보면 알 수 있는 일이다.

505

狼吞虎咽 게걸스럽게 먹다, 허겁지겁 먹다

[láng tūn hǔ yàn] 孩子们都狼吞虎咽地把菜吃下光了。

아이들은 게걸스럽게 요리를 다 먹어 치웠다.

506

美中不足 옥의 티

[měi zhōng bù zú] 这件衣服什么都好，美中不足的只是价格偏高。

이 옷은 다 좋은데, 옥의 티라면 가격이 좀 비싸다는 것이다.

507

恰到好处 지극히 적당하다, 꼭 들어맞다

[qià dào hǎo chù] 你在这件衣服上加了花边，我觉得恰到好处。

이 옷에다가 레이스를 더하면 더할나위 없이 좋겠다.

508

口是心非 표리부동, 겉과 속이 다르다

[kǒu shì xīn fēi] 你不要再口是心非了，其实我知道你心里怎么想的。

표리부동 하지 마. 사실 나는 네가 속으로 어떻게 생각하는 지 알고 있어.

509

热泪盈眶 눈에 뜨거운 눈물이 가득 차다

[rè lèi yíng kuàng] 她激动得热泪盈眶。

그녀는 감격해서 눈에 뜨거운 눈물이 가득 고였다.

510

似是而非 맞는 것 같지만 사실은 틀리다

[sì shì ér fēi] 这些观点似是而非，必须认真分辨。

이 관점은 비슷한 것 같지만 사실은 달라서 반드시 자세하게 분별해야 한다.

511

弄假成真 장난으로 한 것을 진지하게 받아들이다.

[nòng jiǎ chéng zhēn] 他本想捉弄一下她,和她谈恋爱,没想到最后弄假成真了。

그는 본래 그녀에게 사귀자고 놀리려고 했는데, 생각지도 못하게 결국에는 정말로 사귀게 되었다.

512

弄虚作假 허위로 남을 속이다, 허위로 날조하다

[nòng xū zuò jiǎ] 现在甚至连文凭学历也有弄虚作假的。

지금은 자격증에 학력까지도 허위로 날조한다.

513

岂有此理 어찌 이런 일이 있단 말인가?

[qǐ yǒu cǐ lǐ] 岂有此理! 你怎么可以这样做呢?

어찌 이런 일이 있단 말인가? 너 어떻게 이렇게 할 수 있니?

514

莫名其妙 오묘해서 그 뜻을 알기가 어렵다

[mò míng qí miào] 我也没得罪她，她怎么突然对我发火了呢? 真是莫名其妙!

난 그녀에게 잘못한 것도 없는데 왜 갑자기 나한테 화를 내는 거지? 정말 이해할 수가 없어!

515

理所当然 이치를 따져보면 당연하다

[lǐ suǒ dāng rán] 她这个无理的要求，理所当然地被拒绝了。

그녀의 이런 어처구니없는 요구는 당연히 거절당했다.

516

无中生有 없는 사실을 만들어내다

[wú zhōng shēng yǒu] 你怎么无中生有呀，我真的没有做那件事。

너 어떻게 없는 일을 만들어내니, 난 정말 그런 일을 한 적이 없어.

517

笨鸟先飞
능력이 부족한 사람이 남들보다 더 열심히 하다.

[bèn niǎo xiān fēi] 俗话说："笨鸟先飞"，你不聪明就比别人努力点吧。

속담에 이런 말이 있다. "능력이 부족한 사람이 남들보다 더 열심히 한다.", 넌 똑똑하지 못하니 남들보다 더 열심히 해라.

518

老实巴交
매우 솔직하다, 고지식하다, 융통성이 없다

[lǎo shí bā jiāo] 他可是个老实巴交的人，你可不能欺负他呀。

그는 매우 솔직한 사람이다. 너는 그를 업신여겨선 안 된다.

519

苦口婆心
입이 닳도록 간곡하게 부탁, 당부하다

[kǔ kǒu pó xīn] 我已经苦口婆心地劝过他了，可他就是不听。

나는 입이 닳도록 그에게 권했지만, 그러나 그는 좀처럼 듣지 않았다.

520

半斤八两
비슷하다, 도토리 키 재기

[bàn jīn bā liǎng] 他们俩个子谁也不比谁高，半斤八两。

그들 둘의 키는 누가 누구보다 더 크지 않아 도토리 키재기이다.

521

寥寥无几
가뭄에 콩 나듯 하다

[liáo liáo wú jǐ] 为什么香港会有这么多明星，而上海的明星寥寥无几？

홍콩의 스타는 이렇게 많은데, 왜 상하이의 스타는 몇 안 되는가?

522

找不着北 방향을 찾지 못하다, 어디에서부터 일을 해야 할지 모르겠다

[zhǎo bu zháo běi] 唉，可以做的事太多，我都找不着北了。
아--, 할 수 있는 일은 많은데 나는 방향을 잡지 못하고 있다.

523

心不在焉 마음이 콩밭에 가 있다, 딴 데 신경쓰다

[xīn bú zài yān] 不知道怎么了我现在好烦，学习也心不在焉，怎么办?
왜 그런지는 모르겠는데 지금 아주 짜증나, 공부도 맘이 안 잡히고, 어떡하지?

524

小心翼翼 조심스럽게, 신중하게, 소심하다

[xiǎo xīn yì yì] 我做人总是小心翼翼的。总怕得罪别人。
나는 사람이 늘 소심하다. 늘 다른 사람 눈치만 본다.

525

以身作则 자신을 본보기로 삼다.

[yǐ shēn zuò zé] 以身作则，如果连自己都做不好，还怎么当领导?
자신이 본보기가 되어야 한다. 만약 자신관리 조차도 잘 못한다면 어떻게 리더가 되겠는가?

526

朝三暮四 조삼모사

[zhāo sān mù sì] 他这个人朝三暮四，所以没交到一个知己。
그는 조삼모사이다, 그래서 자신의 친구를 사귀지 못한다.

527

争先恐后 앞을 다투어 경쟁하다

[zhēng xiān kǒng hòu] 讨论会上，同学们都**争先恐后**地发言。
토론회에서 학생들은 서로 앞다투어 발표를 하였다.

528

众所周知 모든 사람들이 다 알고 있다

[zhòng suǒ zhōu zhī] 赵本山是**众所周知**的喜剧演员。
쟈오번샨은 모두가 다 알고 있는 희극배우이다.

529

无微不至 아주 친절하고 세심하게 대하다

[wú wēi bú zhì] 妈妈**无微不至**地关心我。
어머니께서는 아주 세심하게 나를 보살펴주신다.

530

无能为力 힘이 닿지 않다, 능력이 되지 않다

[wú néng wéi lì] 即使是再高明的医生也**无能为力**。
설령 아무리 의술이 뛰어난 의사라고 하더라도 더 이상 어찌할 수가 없다.

531

无可奉告 알려드릴 내용이 없습니다, 알릴바가 없습니다

[wú kě fèng gào] 对不起，对这个问题我**无可奉告**。
죄송합니다. 이 문제에 대해서는 더 이상 드릴 말씀이 없습니다.

532

心血来潮 갑자기 하고 싶어지다, 문득 어떤 아이디어가 떠오르다

[xīn xuè lái cháo] 是真心的喜欢还是一时的**心血来潮**?
진심인가 아니면 일시적인 충동인가?

533

两全其美 누이 좋고 매부 좋고, 도랑치고 가재잡고

[liǎng quán qí měi] 我愿意上网聊天，可妻子特别反感并阻挠，有什么两全其美的好办法啊？

나는 인터넷채팅을 하고 싶지만 아내는 반감을 갖고 방해까지 하는데, 무슨 둘 다 좋은 방법이 없을까요?

534

留条后路 만의 하나 뒷일을 위해 여지를 두다

[liú tiáo hòu lù] 你说是要孤注一掷还是留条后路好呢？

승부수를 띄울까 아니면 뒷일을 위해 여지를 좀 남겨둘까?

535

孤注一掷 모든 돈을 걸어 최후의 승부를 걸다, 승부수를 걸다

[gū zhù yī zhì] 你说是要孤注一掷还是留条后路好呢？

승부수를 띄울까 아니면 뒷일을 위해 여지를 좀 남겨둘까?

536

天真幼稚 천진난만하다, 순진하다

[tiān zhēn yòu zhì] 我最喜欢这些从乡下来的天真幼稚的小孩子。

나는 시골에서 올라온 천진난만한 아이를 가장 좋아한다.

537

借花献佛 남은 것을 빌어 생색을 내다

[jiè huā xiàn fó] 借花献佛，顺水人情。

남의 것으로 생색내고, 엎드린 김에 절하기

明星走过红地毯后，两旁的鲜花已被影迷借花献佛送给了自己喜爱的明星。

스타들이 레드카펫을 지나간 후 양쪽의 생화들을 팬들에 의해 마치 자기 것인양 자신이 좋아하는 스타에게 선물해 졌다.

538

不三不四　이도 저도 아니다, 내력을 알 수 없다

[bù sān bú sì] 你可别跟那些不三不四的人来往。

넌 그런 이도 저도 아닌 녀석들하고는 놀지 좀 마라

539

吃苦受累　고생하고 힘든 일을 겪다

[chī kǔ shòu lèi] 要想在国外留学，要有吃苦受累的精神准备。

외국에서 유학을 하려면 고생을 참고 이겨낼 정신적인 준비가 필요하단다.

540

吃苦耐劳　고달픔을 참고 힘든 일을 견디다

[chī kǔ nài láo] 为何中国体育女人总比男人强呢? 是不是女的更吃苦耐劳?

왜 중국 스포츠 계의 여성선수들은 남자선수보다 강한가? 여자가 힘든 일을 더 잘 견디는 것일까?

541

异国他乡　이국타향

[yì guó tā xiāng] 无论身在故土还是异国他乡，每当听到大韩民国国歌的时刻，深为自己是一名韩国人而骄傲。

고향에 있든 아니면 이국타향에 있든 대한민국 국가를 들을 때면 한국인의 한 사람으로서 자긍심을 느낀다.

542

出门在外　집을 나와 밖에 있다

[chū mén zài wài] 不管是谁，出门在外不容易。

누구든지 집을 나와 밖에 있으면 쉽지 않다.

543

无影无踪 흔적도 없다

[wú yǐng wú zōng] 消失得无影无踪。
흔적도 없이 사라졌다.

544

没完没了 한도 끝도 없다.

[méi wán méi liǎo] 孩子没完没了地哭，我都烦透了。
아기가 끝도 없이 울어대어, 귀찮아 견딜 수 없다

545

不是时候 때가 아니다

[bú shì shí hòu] 现在投资还不是时候。
지금은 아직 투자할 때가 아니야.

546

不了了之 반드시 다 해야 하는 일을 중간에 흐지부지하게 두다

[bù liǎo liǎo zhī] 做什么事，决不能不了了之。
무슨 일을 하든 중간에 흐지부지하게 해선 안 된다.

547

自得其乐 스스로 그 즐거움을 얻다

[zì dé qí lè] 他没有朋友时，自己也能找到事情，并且自得其乐。
그는 친구가 없을 때, 스스로 일을 찾아서 즐거움을 얻는다.

548

接连不断 이어서 끊임없이

[jiē lián bú duàn] 最近接连不断发生了几起严重的交通事故。
최근 잇따라 심각한 교통사고가 몇 차례 발생했다.

一无所获 하나도 얻은 것이 없다

[yī wú suǒ huò] 我去找了半天，可结果还是一无所获。

나는 반나절동안 찾았지만, 결국엔 하나도 얻은 것이 없었다.

万无一失 만에 하나 실수도 없다, 조금의 실수도 없다

[wàn wú yì shī] 为了万无一失，你还是再看一遍吧。

조금의 실수도 없게끔 네가 다시 한 번 보렴.

不可开交 어찌할 방법이 없다, 해결 할 수 없다 (보어로만 쓰임)

[bù kě kāi jiāo] 这两口子吵得不可开交，谁劝也不行。

이 부부는 심하게 싸워서 누가 충고해도 해결되지 않는다.

忙得不可开交。

너무 바빠서 어찌할 수 없다.

狐朋狗友 악당의 무리, 불량배, 나쁜 친구

[hú péng gǒu yǒu] 你结交的都是些狐朋狗友，他们现在都不帮你了。

네가 사귀는 친구들은 모두 양아치야, 그들은 너를 도와주지 못해.

亲朋好友 좋은 친구

[qīn péng hǎo yǒu] 永别亲朋好友。

친한 친구들과 오래 헤어지다

他结婚的时候，很多亲朋好友都来参加婚礼。

그가 결혼할 때, 많은 좋은 친구들이 결혼식에 참석하였다.

554

手忙脚乱　경황이 없다, 당황하다

[shǒumángjiǎoluàn]　事先做好准备，就不至于临时手忙脚乱了。
사전에 준비를 잘 해 놓으면 그때 가서 허둥지둥하지는 않을 것이다

今天早上起晚了，所以有点手忙脚乱的。
오늘 아침에 늦게 일어나서, 허둥지둥했다.

555

竭尽全力　최선을 다하다

[jié jìn quán lì]　竭尽全力的努力成为成功的基础。
온갖 정성을 다한 노력이 출세의 밑거름이 되었다.

这件事我一定会竭尽全力帮助你的。
이번 일은 내가 반드시 최선을 다해서 널 도와줄게.

556

脱不开身　자리를 비울 수 없다, 매우 바쁘다

[tuō bù kāi shēn]　请你代劳吧，我实在脱不开身。
수고하십시오, 저는 정말 자리를 비울 수 없습니다

最近公司的事情太多，忙得我都脱不开身。
요즘 회사 일이 너무 많아 바빠서 도저히 자리를 뜰 수가 없다.

557

由此可想　이를 통해 우리는 생각해볼 수 있다 (추측할 수 있다, 볼 수 있다)

[yóu cǐ kě xiǎng]　现在的人都这么挤，由此可想上下班高峰的时候有多挤。
지금도 사람이 이렇게 붐비는데, 출퇴근 시간은 얼마나 붐빌 지 생각해봐도 알 수 있다.

558

离家出走 가출하다

[lí jiā chū zǒu] 这个孩子因为和父母吵架了，一气之下离家出走了。

이 아이는 부모님과 말다툼을 해서 홧김에 가출을 했다.

559

尽管如此 (= 虽然如此) 비록 이렇다곤 하지만

[jǐn guǎn rú cǐ] 今天天气很热，尽管如此他还是去工地劳动。

오늘 날씨가 매우 더웠지만 그래도 그는 현장에 가서 일을 했다.

560

原来如此 알고보니 이러하다, 그렇구나

[yuán lái rú cǐ] 原来如此，他是被炒了鱿鱼才在家休息的。

알고보니 이러했다. 그는 해고 당한 후에 집에서 쉬고 있었던 것이었다.

561

既然如此 기왕에 이렇게 되었으니

[jì rán rú cǐ] 看你的态度挺坚决的，既然如此，就随你便吧。

네 태도가 이렇게 단호하니, 기왕에 이렇게 될 바에야 네 맘대로 하렴.

562

洗耳恭听 귀를 씻고 경청하다

[xǐ ěr gōng tīng] 您说吧，我一定洗耳恭听。

말씀하세요. 제가 꼭 귀담아듣겠습니다

你对这件事情的解释我倒是想洗耳恭听。

당신의 이 일에 대한 설명을 저는 귀 기울여 듣고 싶습니다.

563

天长地久　시간이 오래 지나다.

[tiān cháng dì jiǔ]

夫妻结婚的时候，都希望两个人能够天长地久。

부부가 결혼을 할 때, 모두 둘이 오래오래 가길 바란다.

希望我们的爱情天长地久！

우리의 사랑이 영원하길 바래!

564

梦寐以求　꿈에 그리던

[mèng mèi yǐ qiú]

梦寐以求的愿望实现了。

꿈에도 바라던 염원이 이루어졌다.

去中国工作是我梦寐以求的事情。

중국에 가서 일하는 것은 꿈에 그리던 일이다.

565

趁热打铁　쇠뿔도 단김에 빼다

[chèn rè dǎ tiě]

今天学的知识应该回去趁热打铁复习一下。

쇠뿔도 단김에 뺀다고, 오늘 배운 지식을 집에 돌아가 복습해라.

566

牢牢记住　확실히 기억하다

[láo láo jì zhù]

您对我们的恩情我会牢牢记住的。

저희에 대한 당신의 사랑을 깊이 기억하겠습니다.

567

至今未归　아직까지 돌아오지 않다

[zhì jīn wèi guī]

他自从离家出走后至今未归，家人一直在寻找他。

그는 집을 떠나 아직까지 돌아오지 않고 있어 가족들이 줄곧 그를 찾고 있다.

568

文化程度 교육수준, 학력

[wén huà chéng dù] 现在择偶的时候，文化程度也是一个很重要的标准。
지금 배우자를 고를 때 교육수준 또한 중요한 기준이 된다.

569

单身贵族 화려한 싱글

[dān shēn guì zú] 随着人们思想的开放和对婚姻观念的变化，单身贵族
也越来越多。
사람들의 사상의 개방에 따라 혼인에 대한 관념도 변화하였다. 화려
한 싱글 또한 날로 증가하고 있다.

570

急剧下降 급격하게 떨어지다

[jí jù xià jiàng] 现在我们的企业不景气，我们的收入也急剧下降。
지금 우리 기업은 불경기이다. 우리의 수입도 급격하게 떨어졌다.

571

突破大关 어려운 관문을 통과하다

[tū pò dà guān] 今年因为改进了技术，我们的产品生产量也突破了大关。
올해 기술이 개선되어서 우리의 상품 생산량이 기록을 돌파했다.

572

谈何容易 어디 말처럼 쉽겠는가?

[tán hé róng yì] 这件事只靠我一个人的力量谈何容易？
이번 일을 나 혼자의 힘에만 의지한다면 어디 말처럼 쉽겠어요?

573

不见不散 올 때까지 기다리다

[bú jiàn bú sàn] 我和女朋友约好了明天下午不见不散。
나와 나의 여자친구는 내일 오후 서로 올 때까지 기다리기로 약속했다.

574

洋腔洋调 중국어를 할 때 외국인의 엑센트가 들어있는 것

[yáng qiāng yáng diào] 他这个人从国外回来后说话都洋腔洋调的，真不舒服。

그는 외국에서 돌아와 중국어를 할 때 외국인의 엑센트가 느껴져, 정말 이상해.

575

打发时间 시간을 죽이다

[dǎ fā shí jiān] 我一个人在家的时候就用打电脑游戏来打发时间。

나 혼자 집에 있을 때는 컴퓨터 게임을 하면서 시간을 죽이곤 해.

576

瞧你说的 말하는 것 좀 봐

[qiáo nǐ shuō de] 瞧你说的，我只是帮了一个小忙。

말하는 것 좀 봐, 난 그냥 조금 도운 것 뿐인데.

577

一五一十 하나하나 빠짐없이, 조목조목 다 얘기하다

[yī wǔ yī shí] 这件事情他已经一五一十地告诉我了，你就别骗我了。

이 일은 그가 이미 하나도 빠짐없이 얘기했으니, 넌 속일 생각 하지마.

578

目中无人 안하무인

[mù zhōng wú rén] 他这个人没什么能力，但是却目中无人。

그는 별 능력도 없으면서도 안하무인이다.

579

不知好歹 사리를 구분할 줄 모르다, 남의 호의를 알아주지 못하다

[bù zhī hǎo dǎi] 你这个人太不知好歹了，我这些都是为你好的。

넌 정말 뭐가 좋고 나쁜지도 모르니, 내가 다 널 위해서 그러는 거야.

580

饥不择食 배고프면 찬밥 더운밥 가릴 여유가 없다.

[jī bù zé shí] 我们那一代的人都经历的饥不择食的时代。

우리 세대는 찬밥 더운밥 가릴 여유가 없는 시대를 겪은 사람들이지.

581

一丝不挂 마음 속에 세속의 거리끼는 바가 없다

[yì sī bú guà] 她竟然一丝不挂地站在我的前面。

그녀는 뜻밖에 아무런 거리낌없이 내 앞에 섰다.

582

目不识丁 일자무식

[mù bù shí dīng] 虽然他的父母目不识丁，可是他的孩子却都是博士。

그의 부모는 비록 일자무식이지만, 그의 자식들은 모두 박사이다.

583

男尊女卑 남존여비

[nán zūn nǚ bēi] 现在已经男女平等了，过去那男尊女卑的想法早没有了。

지금은 남녀평등이 되어, 과거의 남존여비사상은 이미 없어졌다.

584

重色轻友 이성을 중시하고 우정을 경시하다

[zhòng sè qīng yǒu] 他是个重色轻友的人，朋友们和他渐渐疏远了。

그는 이성을 중시하고 우정을 경시하는 사람이라, 친구들은 점점 그와 사이가 멀어졌다.

585

重男轻女 남자를 중시하고 여자를 경시하다, 남존여비

[zhòng nán qīng nǚ] 都什么时代了，你怎么还重男轻女呀?

지금이 어느 시대인데, 아직도 남존여비 사상을 가지고 있는 거니?

586

踌躇不决 주저하며 결정하지못하다.

[chóu chú bù jué] 对于该不该辞职的事情，他现在踌躇不决。

사직할 것인지 아닌지에 대해 그는 지금도 주저하며 결정하지 못하고 있다.

587

举棋不定 주저하며 결정짓지 못하다

[jǔ qí bú dìng] 你这个人做什么事情总是举棋不定，就不能果断点。

그는 무슨 일을 하든 늘 우유부단해서 결정을 내리지 못하고 과감하지 못하다.

588

犹豫不决 결단을 내리지 못하고 망설이다, 우유부단하다

[yóu yù bù jué] 他现在考虑了很长时间，可还是犹豫不决。

그는 지금 오랜 시간 고민했다. 하지만 아직까지 결정하지 못하고 있다.

589

不言而喻 말하지 않아도 안다, 말할 필요도 없다

[bù yán ér yù] 他这样的目的不言而喻，大家都明白。

그가 이렇게 한 목적은 말하지 않아도 모두 이해한다.

590

不谋而合 약속이나 한 듯이 의견이 일치하다

[bù móu ér hé] 我们对这件事情的想法真是不谋而合。

이 일에 대한 우리 모두의 생각이 약속이나 한 듯이 똑같았다.

591

不约而同 예기치 않게 행동이나 의견이 일치하다

[bù yuē ér tóng] 大家不约而同地都举起了右手。

모두들 약속이나 한 듯이 오른 손을 들어 올렸다.

592

重新做人 새사람이 되다

[chóng xīn zuò rén] 他从监狱出来后，决心要**重新做人**。

그는 감옥에서 나온 후에, 새사람이 되기로 결심했다.

593

重新开始 새로 시작하다

[chóng xīn kāi shǐ] 我们虽然已经分手了，但我和他又**重新开始**。

우리는 비록 이미 헤어졌지만, 나와 그는 또 새로 시작했다.

594

一见钟情 첫눈에 반하다

[yí jiàn zhōng qíng] 他们俩是**一见钟情**结婚的。

그들 둘은 첫눈에 반해 결혼했다.

595

水涨船高 물이 불어나면 배도 위로 올라가게 된다
(주위 환경의 변화에 따라 그 부대 상황도 변한다.)

[shuǐ zhǎng chuán gāo] 进价贵了，当然**水涨船高**，价钱也不能便宜了。

들어온 가격이 비싸니깐 물이 불면 배도 오른다고 가격이 쌀 수가 없지.

596

破财免灾 재산을 털어 화를 면하다, 액땜하다
(손해를 봤어도, 재난을 면했으니 잘된 일이다.)

[pó cái miǎn zāi] 丢了手机也别太着急，**破财免灾**嘛。

휴대폰을 잃어버렸지만 너무 안타까워하지 마, 액땜했다고 생각해.

597

互相帮助 서로 돕다

[hù xiāng bāng zhù] 他们俩**互相帮助**，一起考上了名牌大学。

그들 둘은 서로 도와 명문대에 함께 합격했다.

598

身不由己 몸이 자기 마음대로 되지 않다

[shēn bù yóu jǐ] 这件事我也是身不由己的。

이 일은 나도 내 마음대로 되지 않는다.

599

抓住机会 기회를 잡다

[zhuā zhù jī huì] 你一定要抓住机会，不要错过。

넌 꼭 기회를 놓치지 말고 잡아야해.

600

落叶归根 잎이 떨어져서 뿌리로 돌아가다

(무슨 일이나 결국은 근본으로 돌아가다)

[luò yè guī gēn] 很多在国外生活的华侨，他们都想落叶归根，回到祖国。

외국에서 생활하는 많은 화교들은 잎이 떨어져서 뿌리로 돌아가듯이 모두 조국으로 돌아오고 싶어한다.

601

我行我素 누가 뭐라고 해도 자기 식으로 하다

[wǒ xíng wǒ sù] 他向来我行我素，对别人的看法满不在乎。

그는 원래 자기 멋대로다. 다른 사람의 의견은 개의치 않는다.

602

满面春风 만면에 웃음을 띠다. 얼굴에 기쁨이 넘치다

[mǎn miàn chūn fēng] 他今天满面春风的，一定是有什么好事。

그는 오늘 만면에 웃음을 띠고 있다. 분명 무슨 좋은 일이 있는 게 틀림없다.

603

突发奇想 갑자기 기발한 생각이 나다.

[tū fā qí xiǎng] 其实这个发明只是我一次突发奇想。

사실 이 발명은 갑자기 떠오른 기발한 생각이다.

604

好景不长 좋은 때는 오래 가지 않는다

[hǎo jǐng bù cháng] 他下决心要努力，可是好景不长，现在又开始每天玩了。

그는 노력하기로 결심했다. 하지만 좋은 때는 오래 가지 않는다고, 지금 또 매일 놀기 시작했다.

605

周而复始 계속 순환하다

[zhōu ér fù shǐ] 假期一转眼就过去了，又开始周而复始的生活了。

휴가가 눈 깜작할 사이에 지나가고 또 다람쥐 쳇바퀴 도는 듯한 생활이 시작되었다.

606

心想事成 마음속으로 생각한 일이 이루어지다

[xīn xiǎng shì chéng] 我们都希望心想事成，但是往往事与愿违。

우리들은 원하던 바를 이루길 바라지만 종종 원하던 바와 어긋나기도 한다.

60

忘恩负义 배은망덕하다

[wàng ēn fù yì] 他这个忘恩负义的家伙，真没有良心。

네 이 배은망덕한 녀석, 정말 양심도 없구나.

608

聚精会神 정신을 집중하다, 전심하다, 열중하다

[jù jīng huì shén] 他现在正在聚精会神地看书呢。

그는 지금 정신을 집중하여 책을 보고 있다.

609

目瞪口呆 어안이 벙벙하다, 아연실색하다

[mù dèng kǒu dāi] 听到他去世的消息后，我目瞪口呆。

그가 세상을 떠났다는 소식을 듣고 난 어안이 벙벙해졌다.

610

孤掌难鸣 한쪽 손바닥만으로는 울리지 못한다

(혼자서는 일을 이루지 못한다)

[gū zhǎng nán míng] 一个人的力量毕竟不够，因为孤掌难鸣。

혼자의 힘은 늘 한계가 있게 마련이다. 손바닥 하나만으로는 박수를 칠 수 없기 때문이다.

611

抬不起头 머리를 들 수 없다

[tái bù qǐ tóu] 因为婚外恋的事情，让他在公司里抬不起头来。

불륜 때문에 그는 회사에서 고개를 들 수 없었다.

612

涉外婚姻 국제결혼

[shè wài hūn yīn] 随着世界间的交流，涉外婚姻也越来越多。

세계간의 교류에 따라, 국제 결혼이 날로 늘어나고 있다.

613

终身大事 일생의 큰 일, 결혼

[zhōng shēn dà shì] 婚姻是终身大事，我们应该要慎重。

결혼은 인생의 가장 큰 일이다. 우리는 반드시 신중해야 한다.

614

迎风飘扬 바람에 날리다

[yíng fēng piāo yáng] 刚刚升起的国旗，现在正在迎风飘扬。

막 올린 국기가 바람에 휘날리고 있다.

615

风靡一时 한 시대를 풍미하다

[fēng mí yī shí] 这种样式的服装曾经在世界上风靡一时。

이러한 옷차림은 예전에 한 시대를 풍미했었다.

616

捕风捉影 허망한 일, 말이나 일이 진실한 근거가 없는 것

[bǔ fēng zhuō yǐng] 你怎么总是捕风捉影，本来没有这样的事情。

넌 왜 늘 헛된 일만 쫓아다니니, 원래 이런 일은 없어.

617

难以对付 대처하기 어렵다

[nán yǐ duì fù] 他这个人真是难以对付，软硬不吃。

이 사람은 정말 대하기가 힘들어. 어찌할 도리가 없어.

618

不是对手 적수가 아니다

[bú shì duì shǒu] 我不是看不起他，他可不是你的对手。

내가 그를 얕보는 것은 아니지만 그는 너의 적수가 아니야.

619

打退堂鼓 (함께 하던 일을 사정에 의해 그만두고) 중도에 물러나다

[dǎ tuì táng gǔ] 面对眼前的困难，他有点想打退堂鼓了。

눈앞의 고난 때문에, 그는 중도에 도망가고 싶은 생각이 들었다.

620

无孔不入 틈만 있으면 파고 들다, 모든 기회를 이용하다, 온갖 수단을 다 쓰다

[wú kǒng bú rù] 他这个人很贪心，真是无孔不入。

그는 매우 탐욕스러워서 온갖 수단을 다 이용한다.

621

风风火火　기세 · 서슬 · 위세 등이 등등한 모양

[fēng fēng huǒ huǒ]　他是个急性子，做什么事情都风风火火。

그는 정말 성질이 급해 무슨 일을 하든 늘 불과 같다.

622

附庸风雅　잘 모르면서 고상한 척하기 위해 문학 · 음악 · 미술 따위의 문화 활동을 하다

[fù yōng fēng yǎ]　他本来没什么文化，可是却喜欢附庸风雅。

그는 교양이 부족하지만, 고상한 척 하려고 문화활동 하는 것을 좋아한다.

623

赖在这里　……에 죽치고 앉아있다

[lài zài zhè lǐ]　你不走，还想赖在这儿吃饭。

너는 가지도 않고 여기 죽치고 앉아서 밥이라도 얻어 먹으려구!

如果你赖在这儿不走我就给保卫处打电话。

너 만약에 여기에 죽치고 앉아서 안 가면 경비실에 전화할 거야!

624

倒数第一　뒤에서 일등하다, 꼴등하다

[dào shǔ dì yī]　数学全班第一，但是，英语成绩却倒数第一。

수학은 반에서 일등이지만, 영어는 오히려 꼴등을 했다.

625

吃闭门羹　문전박대를 당하다, 주인이 집에 없는데 방문한 사람

[chī bì mén gēng]　因为在销售的过程中吃闭门羹的机会简直是一把一把抓。판매영업하는 중에 문전박대를 당하는 기회는 수도 없이 많다.

你要是去她那儿，最好先打个电话预约，要不然你又得吃闭门羹。

네가 그녀에게 가려면 먼저 전화해서 예약하는 게 좋을 걸, 안 그러면 또 문전박대 당할 거야.

626

人不可貌相 사람을 외모로 판단해서는 안 된다

[rén bù kě mào xiàng] 人不可貌相，他可是我们公司的一把手。

사람을 외모로 판단해서는 안돼, 그 사람은 우리 회사의 인재야.

627

人生地不熟 사람은 낯설고 지리도 익숙하지 않다

[rén shēng dì bù shú] 我初到这里的时候，人生地不熟的。

내가 처음 이곳에 왔을 때는 모든 것이 낯설었어.

628

以忙为借口 바쁘다는 핑계로

[yǐ máng wéi jiè kǒu] 她总是以忙为借口不见我。

그녀는 늘 바쁘다는 핑계로 날 만나주지 않아.

629

比登天还难 하늘의 별따기

[bǐ dēng tiān hái nán] 现在就业很难，有时比登天还难。

요즘 취업이 참 어려워. 어떨 땐 하늘의 별따기보다 어렵다니깐.

630

破罐子破摔 이판사판이다

[pò guàn zi pò shuāi] 你虽然失败了，但是怎么能破罐子破摔呢?

넌 비록 실패했지만 어떻게 그렇게 이판사판으로 할 수 있니?

631
一去不复返 한 번 가면 돌아오지 않는다, 함흥차사

[yī qù bú fù fǎn] 我们应该珍惜时间, 因为时间过去了就一去不复返了。

우리는 시간을 귀중히 여겨야 해, 시간은 한번 지나가면 돌아오지 않으니까.

632
摸不着头脑 확실하지 않다, 이해가 안 된다

[mō bù zháo tóu nǎo] 他说的话让我摸不着头脑。

그가 한 말을 나는 확실하게 이해하지 못하겠다.

633
庐山真面目 여산진면목, 진면목

[lú shān zhēn miàn mù] 和他交往了两个月，才看清他的庐山真面目。

그와 알고 지낸 지 두 달이 되어서야 그의 진면목을 알게 되었다.

634
桃李满天下 가르치는 학생이 많다, 제자가 많다

[táo lǐ mǎn tiān xià] 他做了一辈子老师，真可谓是桃李满天下。

그는 평생을 선생님으로 살아서 제자들이 많다고 할 수 있다.

635
费力不讨好 고생하고 좋은 소리도 못 듣다

[fèi lì bù tǎo hǎo] 猪八戒背媳妇，费力不讨好。

저팔계가 색시를 업은 격으로 힘을 쓰고도 보람이 없다. (최선을 다했지만, 꾸지람만 듣고 결과도 나쁨을 비유)

636
不放在眼里 무시하다, 눈에 들지 않다, 아니꼽다

[bú fàng zài yǎn lǐ] 他这个人自高自大，从来不把别人放在眼里。

그는 잘난척이 심해서 줄곧 다른 사람을 맘에 두지 않는다.

637

距离产生美　서로 떨어져 있으면 아름다운 사랑이 더 생기기도 한다

[jù lí chǎn shēng měi]　夫妻有时需要暂时分开一段时间，因为距离产生美。

거리감이 사랑을 만들기 때문에, 부부도 가끔은 떨어져 있는 시간이 필요하다.

638

行行出状元　모든 업계에는 뛰어난 사람이 있기 마련이다

[háng háng chū zhuàng yuán]　职业没有高低贵贱之分，因为行行出状元。

모든 업계에는 뛰어난 사람이 있기 마련이기 때문에, 직업에는 귀천이 없다

639

吹胡子瞪眼　남에게 아주 무섭게 하다 (화가 많이 난 모습을 묘사)

[chuī húzi dèng yǎn]　他的爸爸很严厉，生气的时候就吹胡子瞪眼。

그의 아버지는 매우 엄격해서 화가 났을 때에는 아주 무섭다.

640

吃软不吃硬　좋게 말로 하면 듣지만 강압적으로 하면 말을 안 듣는다

[chī ruǎn bù chī yìng]　我早就摸透了他的脾气，吃软不吃硬。

나는 진작에 그의 성격을 알아봤다. 싫은 소린 듣기 싫지!

641

包在我身上　내가 다 책임지다, 도맡아하다

[bāo zài wǒ shēn shàng]　这件事情你放一百个心吧，包在我身上了。

이 일은 맘 푹 놔, 내가 다 책임 질게.

642

脚踏两只船　양다리를 걸치다

[jiǎo tà liǎng zhī chuán]　他这个人很花心，脚踏两只船。

그는 바람기가 있어, 양다리를 걸친다.

643

天打五雷轰　천벌을 받다

[tiān dǎ wǔ léi hōng]　我现在说的是真的，否则就天打五雷轰。

내가 말하는 것 다 진짜야. 아니면 내가 천벌을 받지.

644

听风就是雨　소문만 듣고 진짜인 줄 여기다

[tīng fēng jiù shì yǔ]　你怎么听风就是雨呀，这样的事情怎么可能呢?

어떻게 소문만 듣고 진짜라고 생각하니? 이런 일이 가능하기나 해?

645

半斤对八两　도토리 키재기, 비슷하다

[bàn jīn duì bā liǎng]　他们两个是半斤对八两，但是又互相看不起。

걔네 둘 다 도토리키재기야 , 하지만 서로 무시해.

646

八字没一撇　아직 시작도 안 하다

[bā zì méi yī piě]　这件事情现在还八字没一撇呢，你可先别乱说。

이 일은 아직 시작도 안했으니 먼저 함부로 말하고 다니지마.

647

大男子主义　남성우월주의

[dà nán zǐ zhǔ yì]　虽然现在是男女平等的社会，但是还是有男人有
大男子主义思想。

요즘 시대가 비록 남녀평등사회라 하지만 아직도 남성우월주의
를 가진 남자들이 있다.

648

八九不离十　비슷하다, 그게 그거다

[bā jiǔ bù lí shí]　这件事我觉得我想的和结果八九不离十。

이 일은 내가 생각했던거랑 결과가 비슷하네.

649

酒后吐真话 취중진담

[jiǔ hòu tǔ zhēn huà] 他昨天向我诉说了他的过去，真是酒后吐真话。

그는 어제 나에게 그의 과거를 말해었는데, 정말 취중진담이었다.

650

天塌不下来 하늘이 무너질 리 없다, 별 것 아니다

[tiān tā bú xià lái] 你这个人太悲观了，天塌不下来的，想开点。

너는 너무 비관적이야, 하늘이 무너질 리 없어. 넓게 생각해.

651

有话好好说 할 말이 있으면 좋게 말로 해라

[yǒu huà hǎo hǎo shuō] 你不用发这么大的脾气吧，有话好好说。

너 이렇게 화낼 필요 없잖아. 할 말 있으면 좋게 해.

652

快刀斩乱麻 복잡한 문제를 시원하게 해결하다

[kuài dāo zhǎn luàn má] 你和他的感情问题，最好就是快刀斩乱麻。

너와 그의 상황은 빨리 시원하게 해결하는 게 좋겠어.

653

松了一口气 안도의 한숨을 돌리다

[sōng le yī kǒu qì] 考试成绩出来了，我才算松了一口气。

시험 성적이 나와서야, 나는 겨우 안도의 한숨을 돌렸다.

654

岁月不饶人 세월은 사람을 용서하지 않는다, 시간이 지나면 누구나 늙는다

[suì yuè bù ráo rén] 真是岁月不饶人呀, 刚过了50岁就觉得身体不行了。

시간이 지나면 누구나 늙는다더니, 막 50을 넘기니 이젠 정말 몸이 안 따라 주네.

655

岁月不待人

세월은 사람을 기다리지 않는다, 시간이 지나면 누구나 늙는다

[suì yuè bú dài rén] 你应该珍惜年轻的时光，岁月不待人呀。

너는 청춘을 소중히 여겨야 해. 시간이 지나면 누구나 늙는단다.

656

拿他没办法

어찌할 방법이 없다

[ná tā méi bàn fǎ] 她太固执了，我现在拿她没办法。

그녀는 너무 고집스러워서 나도 정말 어쩔 수 없다.

657

无风不起浪

아니 땐 굴뚝에 연기 날까

[wú fēng bù qǐ làng] 现在有很多的小道消息，不过我觉得无风不起浪，肯定他们有问题。

지금 많은 소식들이 있는데 아니 땐 굴뚝에 연기 나겠어? 분명 그들에게 문제가 있어.

658

疾风知劲草

세찬 바람이 불어야 억센 풀을 알 수 있다, 역경에 처해 봐야 그 사람의 진가를 알 수 있다

[jí fēng zhī jìn cǎo] 在猛烈的大风中，只有坚韧的草才不会被吹倒。疾风知劲草比喻只有经过严峻的考验，才知道谁真正坚强。

맹렬한 바람속에서는 강인한 풀만이 넘어지지 않는다. 이것은 엄준한 시험을 지나야지만 진정 강함을 알 수 있다는 것을 비유한다.

659

天无绝人之路 하늘이 무너져도 솟아날 구멍이 있다

[tiān wú jué rén zhī lù] 虽然炒股赔了这么多钱，但是天无绝人之路，你一定要有信心。

비록 주식을 해서 돈을 이렇게 많이 잃었지만 하늘이 무너져도 솟아날 구멍이 있다고 하잖아. 꼭 자신감을 가져.

660

不费吹灰之力 먼지를 부는 힘도 쓰지 않는다, 식은 죽 먹기

[bú fèi chuī huī zhī lè] 你真是有能耐，这么令人头疼的事情你不费吹灰之力就解决了。

너 참 능력 좋다, 이렇게 골치 아픈 문제를 금방 해결하다니 말이야.

661

谢谢你的好意 당신의 호의에 감사 드립니다

[xiè xiè nǐ de hǎo yì] 谢谢你的好意，但是我还是会坚持我的想法的。

당신의 호의에는 감사하지만, 전 제 뜻을 견지하겠습니다.

662

吃不了兜着走 뒷 일을 떠 안다

[chī bù liǎo dōu zhe zǒu] 你在这样对我，小心让你吃不了兜着走。

너 이렇게 나를 대하다가 뒷일을 다 떠 안게 될 수도 있으니 조심해.

663

不怕慢, 只怕站 느린 것은 두렵지 않으나 다만 멈추는 것이 두렵다

[bú pà màn' zhǐ pà zhàn] 学习本来需要慢功夫的，不怕慢，只怕站。

학습은 본래 오랜 시간이 필요하다. 느린 것은 두렵지 않으나, 다만 멈추는 것이 두렵다.

664

眼中钉肉中刺 눈엣 가시

[yǎn zhōng dīng ròu zhōng cì] 她的嫉妒心很强，常常把她的竞争对手作为眼中钉肉中刺。

그녀의 질투심은 정말 세서 종종 그녀의 경쟁상대를 눈엣가시로 여긴다.

665

虚心使人进步 겸손한 마음은 사람을 발전시킨다

[xū xīn shǐ rén jìn bù] 虚心使人进步，骄傲使人落后。

겸손한 마음은 사람을 발전시키고, 자만은 사람을 퇴보시킨다.

虚心使人进步，你应该虚心一点。

겸손한 마음은 사람을 발전시키니 너는 좀 더 겸손해져야한다.

667

一步一个脚印儿 한 걸음에 한 발자국, 성실하고 착실하게 일 처리를 하다

[yí bù yí gè jiǎo yìnr] 做什么事情都应该一步一个脚印，不能总是心急。

무슨 일을 할 때는 마음이 급해서는 안 된다. 마땅히 성실하고 착실하게 일처리를 해야 한다.

668

一眨眼的功夫 눈 깜짝할 사이

[yī zhǎ yǎn de gōng fū] 一眨眼的功夫，他就跑得无影无踪了。

눈 깜짝 할 사이에, 그는 도망쳐서 그림자도 보이지 않았다.

669

活到老, 学到老 평생 배우다

[huó dào lǎo, xué dào lǎo] 现在的科学技术不断发展，为了不落伍，我们也要活到老，学到老。

현재 과학기술 끊임없이 발전하고 있다. 낙오하지 않기 위해서 우리는 평생 배워야 한다.

670

八竿子打不着 아무런 상관없는

[bā gān zi dǎ bù zháo] 自己的饭碗都不保，还管八竿子打不着的人。

자기 밥그릇도 못 챙기면서, 아무 상관없는 사람에게 간섭을 하다니.

671

鸡蛋里挑骨头 일부러 트집을 잡다

[jī dàn lǐ tiāo gǔ tóu] 你别鸡蛋里挑骨头了。

괜히 트집잡지 마!

672

百思不得其解 아무리 생각해도 이해가 되지 않는다

[bǎi sī bù dé qí jiě] 这件案情让调查员百思不得其解。

이 사건의 상황은 조사원들이 아무리 생각해도 이해가 되지 않았다.

673

一时想不起来 잠시 생각이 나지 않다

[yī shí xiǎng bù qǐ lái] 我们很久没见，见了面竟一时想不起来她的名字。

우리는 너무 오랫동안 만나지 못해서 얼굴을 보니 이름이 생각나지 않았다.

674
狗改不了吃屎 개는 똥 먹는 버릇을 고칠 수 없다

[gǒu gǎi bù liǎo chī shǐ] 你怎么还抽烟呀，真是狗改不了吃屎。

너 어떻게 아직도 담배를 피니? 정말 지 버릇 개 못 준다더니.

675
九牛二虎之力 굉장히 큰 힘, 엄청난 기세

[jiǔ niú èr hǔ zhī lì] 我费了九牛二虎之力才把这辆车修好。

나는 굉장히 큰 힘을 들여 이 차를 수리했다.

676
果不出我所料 과연 내 예상을 빗나가지 않았다

[guǒ bù chū wǒ suǒ liào] 这件事情的结果果不出我所料。

이 일의 결과는 내 예상을 빗나가지 않았다.

677
出乎我的意料 내 예상을 벗어나다

[chū hū wǒ de yì liào] 他没考上大学可真是出乎我的意料。

그가 대학에 못붙은 것은 내 예상을 벗어난 것이다.

678
一分钱一分货 싼 게 비지떡이다

[yī fēn qián yī fēn huò] 你买的这些便宜东西当然质量不好，一分钱一分货嘛。

네가 산 이 싼 물건은 당연히 질이 떨어지지, 싼게 비지떡이잖아.

679
纸里包不住火 손바닥으로 하늘을 가릴 수 없다

[zhǐ lǐ bāo bù zhù huǒ] 你不必隐瞒事情真相了，纸里包不住火的。

사실을 속이려고 하지마, 손바닥으로 하늘을 가릴 수 없어.

680

走一步看一步 그 때 그 때 상황을 보고 판단하다

[zǒu yí bù kàn yī bù] 以后的事情怎么办，我也不知道，走一步看一步吧。

나중의 일을 어떻게 할 지는 나도 모르겠어. 그 때 그 때 상황을 보고 판단하자.

681

一是一二是二 있는 그대로 행동하다

[yī shì yī èr shì èr] 他这个做事一是一二是二，向来很认真。

그는 일할 때 있는 그대로 행동해, 늘 착실해.

682

站得高看得远 높은 곳에 앉아야 멀리 본다

[zhàn de gāo kàn de yuǎn] 登上高山以后，才感觉到站得高看得远的含义。

높은 산에 오른 다음에야 높은 곳에 있어서 멀리 볼 수 있다는 말의 참뜻을 알 수 있다.

683

恭敬不如从命 정중한 것은 복종하는 것보다 못하다

[gōng jìng bù rú cóng mìng] 看来这件事我是恭敬不如从命了。

내가 보기에 이 일은 말씀대로 따르는 것이 좋겠다.

684

远亲不如近邻 이웃사촌이 더 낫다

[yuǎn qīn bù rú jìn lín] 远亲不如近邻，你应该好好和你的邻居相处。

이웃사촌이 더 나아, 너는 네 이웃과 잘 지내야 한다.

685

百闻不如一见 백문이 불여일견

[bǎi wén bù rú yí jiàn] 您的大名早就听说过，真是百闻不如一见呀。

당신의 명성은 익히 들어 알고 있습니다. 역시 백문이 불여일견이군요.

686

前怕狼后怕虎 구더기 무서워 장 못 담그나

[qián pà láng hòu pà hǔ] 你这样前怕狼后怕虎的怎么能做大事呢?

구더기 무서워 장 못 담그니? 이래서 어떻게 큰 일을 해내려고?

687

亲兄弟明算账 친한 사이일수록 계산은 확실하게 해야 한다

[qīn xiōng di míng suàn zhàng] 现在是经济社会，我们也要亲兄弟明算账。

지금은 경제사회야. 우리도 계산은 확실하게 해야지.

688

神不知鬼不觉 쥐도 새도 모르게

[shén bù zhī guǐ bù jué] 这件事你要做就要做得神不知鬼不觉的。

네가 이 일을 하려면 쥐도 새로 모르게 해야 해.

689

笑得合不拢嘴 입이 다물어지지 않을 정도로 웃다

[xiào de hé bù lǒng zuǐ] 他现在抱了个大胖儿子，每天笑得合不拢嘴。

그는 지금 튼튼한 아들을 얻어서, 매일 웃느라고 입이 안 다물어져.

690

眼不见心不烦 눈에서 멀어지면 고민도 없어진다

[yǎn bú jiàn xīn bù fán] 这件事你就别操心了，眼不见心不烦。

이 일은 그만 걱정해. 눈에서 멀어지면 고민도 없어진다구.

691

一不做二不休 일단 시작한 일은 끝까지 한다

[yī bú zuò èr bù xiū] 这件事一不做二不休，就这样狠到底吧。

이 일은 일단 시작했으니 끝을 봐야 한다.

692

打是亲骂是爱 윗사람이 아랫사람에게 욕하고 때리는 것은 다 관심과 사랑이다

[dǎ shì qīn mà shì ài] 我骂你你怎么能生气呢? 你没听说过打是亲骂是爱吗?

내가 널 혼낸다고 넌 어떻게 화를 내니?이게 다 관심과 사랑이라고 들어보지 못했니?

693

刀子嘴豆腐心 말은 심하게 하지만 마음은 여리다

[dāo zi zuǐ dòu fu xīn] 其实他这个人是刀子嘴豆腐心，他骂你的话你别放在心上。

사실 그는 말은 심하게 하지만 속은 여려, 그가 너를 욕한다 해도 맘에 두지 마.

694

一回生两回熟 처음에는 낯설어도 두 번째는 서로 친숙하게 된다

[yī huí shēng liǎng huí shú] 一回生二回熟，以后有什么事情就来找我吧。

처음에는 낯설어도 두 번째는 서로 친숙해 진다고, 나중에 무슨 일 있으면 날 찾도록 해.

695

三五成群压马路 삼삼오오 무리를 지어 거닐다

[sān wǔ chéng qún yā mǎ lù] 她们每天吃完后就三五成群压马路。

그녀들은 매일 식사 후에 삼삼오오 무리를 지어 돌아 다닌다.

696

有其父必有其子 그 아버지에 그 아들

[yǒu qí fù bì yǒu qí zǐ] 他的儿子和他爸爸一个样，真是有其父必有其子。

그의 아들은 그의 아버지와 똑같다. 정말 그 아버지에 그 아들이다.

697

有其师必有其徒 그 스승에 그 제자

[yǒu qí shī bì yǒu qí tú] 严师出高徒，有其师必有其徒。

그 스승에 그 제자라고, 엄한 스승님 밑에 훌륭한 제자가 나온다.

698

说曹操，曹操就到 호랑이도 제 말하면 온다

[shuō cáo cāo cáo cāo jiù dào] 说曹操曹操就到，我们刚才还在说你呢。

호랑이도 제 말하면 온다더니, 우리 방금 네 얘기 하고 있었어.

699

打开天窗说亮话 조금도 숨기지 않고 공개적으로 말하다

[dǎ kāi tiān chuāng shuō liàng huà] 你觉得我们之间有误会，那我就打开天窗说亮话吧。

넌 우리 사이에 오해가 있다고 생각하나 본데, 그럼 솔직하게 다 털어놔 봐.

700

早起的鸟有虫吃 일찍 일어나는 새가 벌레를 잡을 수 있다

[zǎo qǐ de niǎo yǒu chóng chī] 你也太懒了，早起的鸟才有虫吃，我看你是没什么出息了。

너 너무 게으르구나, 일찍 일어나는 새가 벌레를 잡을 수 있다는데, 내 보기에 넌 이미 틀렸어.

701

无心插柳柳成荫 (有心栽花花不开, …) 무심코 한 일의 결과가 더 좋다

[wúxīn chā liǔ liǔ chéng yīn] 我的本意不是这样的，没想到无心插柳柳成荫。

내 본래의 뜻은 이게 아니었는데, 무심코 한 일의 결과가 더 좋았다.

702

初生牛犊不怕虎 하루 강아지 범 무서운 지 모른다

[chū shēng niú dú bú pà hǔ] 这些年轻人真有胆量，可谓是初生牛犊不怕虎。

이 젊은이 정말 깡 세군. 하룻 강아지 범 무서운 줄 모른다더니.

703

舌头底下压死人 소문이 사람을 죽인다

[shé tóu dǐ xià yā sǐ rén] 现在的人特别喜欢议论别人的事情，有时舌头底下能压死人。

요즘 사람들은 유난히 남 얘기 하는 것을 좋아한다. 소문이 사람을 죽일 때도 있다.

704

心有灵犀一点通 마음이 잘 맞는 사람은 눈 만 마주쳐도 통한다

[xīn yǒu líng xī yī diǎn tōng] 我们俩想到一块去了，真是心有灵犀一点通。

우리 둘은 같이 가자고 생각했다. 정말 눈만 봐도 마음이 통했다.

705

情人眼里出西施 제 눈에 안경, 사랑하는 사람의 눈에는 서시가 나타나다

[qíng rén yǎn lǐ chū xī shī] 他怎么看上这样的女人，真是情人眼里出西施，别人不能理解。

그는 어떻게 이런 여자를 맘에 들어 한다니, 제눈에 안경이라더니, 이해할 수 없어.

706

宰相肚里能撑船 재상의 배에서는 노도 저을 수 있다, 도량이 넓다

[zǎi xiàng dù lǐ néng chēng chuán] 我们真佩服他的度量，宰相肚里能撑船。

우리들은 정말 그의 도량에 탄복한다. 재상의 배에서는 노도 저을 수가 있다더니.

707

瞎猫碰到死耗子 장님 문고리 잡다

[xiā māo pèng dào sǐ hào zi] 考试没好好准备却（取）得了这么好的成绩，瞎猫碰到死耗子了。

시험 준비를 열심히 하지도 않고 이렇게 좋은 성적을 얻다니, 장님 문고리 잡은 격이다.

708

天涯何处无芳草 세상 어느 곳에도 꽃이 피지 않은 곳이 없다

[tiān yá hé chù wú fāng cǎo] 天涯何处无芳草，女人多着呢，何必为她这么伤心？

꽃이 피지 않는 곳이 어딨어, 여자는 많잖아, 왜 꼭 그녀 때문에 마음 아파하는 거야?

709

不识庐山真面目 나무만 보고 숲을 보지 못한다

[bù shí lú shān zhēn miàn mù] 很多人处在一个环境中时间长了就麻木了，就
不识庐山真面目了。

사람들은 한 곳에 오래 머무르면 습관이 되서 그 진면목을
보지 못하지.

710

车到山前必有路 하늘이 무너져도 솟아날 구멍이 있다

[chē dào shān qián bì yǒu lù] 世上很多事情都有解决的办法，因为车到山
前必有路。

세상의 수많은 일들은 모두 해결할 방법이 있다. 하늘이 무
너져도 솟아날 구멍은 있으니까.

711

不到黄河不死心 고집불통, 끝까지 포기하지 않다

[bù dào huáng hé bù sǐ xīn] 这件事你也太固执了，我看你是不到黄河不死
心。

이 일은 너도 너무 고집스럽다. 내 보기에 너는 너무 고집
불통이야.

712

没有过不去的河 세상에 건너지 못할 강은 없다

[méi yǒu guò bu qù de hé] 你不用太悲观了，这世界上没有过不去的河，
一定会有办法的。

너 너무 비관적으로 생각할 필요 없어, 이 세상에 건너지 못
할 강은 없다고 분명 방법이 있을 거야.

713

不管三七二十一 어떻든지 상관없이, 아무런 이유도 없이

[bù guǎn sān qī èr shí yī] 我昨天回家晚了，爸爸不管三七二十一就骂我一顿。

나는 어제 집에 늦게 들어갔는데, 아버지는 어떤 이유도 상관 없이 나를 야단치셨다.

714

这山望着那山高 남의 떡이 커 보인다

[zhè shān wàng zhe nà shān gāo] 你的工作这么好还不满足，还这山望着那山高，人的欲望可真大。

너의 일이 이렇게 좋은데도 만족하지 못하고 남의 떡이 커 보이느냐. 사람의 욕망은 정말 크구나.

715

好了疤瘌忘了疼 상처가 나으면 통증을 잊는다. 개구리 올챙이적 생각 못 하다.

[hǎo le bā là wàng le téng] 他以前那样对你，你现在怎么还和他交往，我看你是好了疤瘌忘了疼。

그가 예전에 너를 그렇게 대했는데 아직도 어떻게 그와 사귈 수 있니? 너 정말 옛날 생각 못하는구나.

716

太阳从西边出来 해가 서쪽에서 뜨다

[tài yáng cóng xī biān chū lái] 今天你这么早就来了，真是太阳从西边出来了。

너 오늘 왜 이렇게 일찍 왔어, 정말 해가 서쪽에서 뜨겠네.

717

敬酒不吃吃罚酒 먹으랄 땐 안 먹고, 쳐 먹으라니깐 먹는다

[jìng jiǔ bù chī chī fá jiǔ] 我以前告诉你，再这样我就不客气了，你是不是敬酒不吃吃罚酒？

내가 전에 말했지, 자꾸 이렇게 예의차리면서 먹으랄 땐 안 먹고 쳐 먹으라니깐 먹니?

718

好马不吃回头草 후회하지 않다

[hǎo mǎ bù chī huí tóu cǎo] 人家都说好马不吃回头草，你怎么又和她好上了？

사람들은 후회는 절대 해서는 안 된다고 하는데, 너 어떻게 그녀와 또 만나니?

719

树欲静而风不止 가지 많은 나무에 바람 잘 날 없다

[shù yù jìng ér fēng bù zhǐ] 树欲静而风不止。有关于人民币汇率的各式各样的猜测以及谣言从来没有停止过。

가지 많은 나무에 바람 잘 날 없다. 인민폐 환율과 관련된 여러 가지 추측과 소문이 여태껏 그치지 않고 있다.

720

子欲养而亲不在 자식이 효도를 하고자 하나 부모님이 안 계신다

[zǐ yù yǎng ér qīn bú zài] 子欲养而亲不在，在父母在的时候好好孝敬他们，不要以后让自己后悔。

자식이 효도를 하고자 하나 부모님이 안 계시니, 나중에 후회 하지 말고, 부모님이 계실 때 효도해야 한다.

721

心有余而力不足　마음은 있지만 힘이 미치지 않다

[xīn yǒu yú ér lì bù zú]　这件事我真的想帮你，可是我也是心有余而力不足。

이 일은 내가 정말 돕고 싶지만, 힘이 미치지 않는다.

722

败将不提当年勇　명장은 과거를 들먹이지 않는다

[bài jiāng bù tí dāng nián yǒng]　你快得了吧，败将不提当年勇，你怎么好提过去呀？

됐어, 명장은 과거를 들먹이지 않는다고 하는데, 넌 어째 과거를 들먹거리니?

723

咬咬牙坚持下去　이를 꽉 깨물고 끝까지 노력하다

[yǎo yǎo yá jiān chí xià qù]　这件事快成功了，你咬咬牙坚持下去吧。

이 일은 성공이 가까워졌다. 이를 꽉 물고 노력해라.

724

羊毛出在羊身上　상대방에게 주는 금전이 원래는 상대방에게서 얻은 것이다

[yáng máo chū zài yáng shēn shàng]　很多商家把广告费加在商品上，让消费者掏腰包，实际上是羊毛出在羊身上。

많은 기업들은 광고비를 상품에 포함시켜 소비자로 하여금 비용을 부담하게 한다. 이는 실제로는 상대방에게 주는 금전을 상대방에게로부터 얻는 것과 같다.

725

老天不负苦心人　하늘은 스스로 돕는 자를 돕는다

[lǎo tiān bú fù kǔ xīn rén]　老天不负苦心人，他终于靠自己的努力取得了最终的成功。

하늘은 스스로 돕는 자를 돕는다. 그는 결국 자신의 노력에 기대어 성공을 얻어냈다.

726

总算放他一马了　결국 그를 봐준 셈이다, 한 번 봐줬다

[zǒng suàn fàng tā yī mǎ le]　你总算放了他一马，和这样的人计较真的没必要。

그는 한번 봐준 셈이야, 이런 사람과는 따질 필요도 없어.

727

得民心者得天下　민심을 얻는 사람이 천하를 얻는다

[dé mín xīn zhě dé tiān xià]　得民心者的天下，你作为一个领导，一定要得到大家的支持。

민심을 얻는 사람이 천하를 얻는다. 그는 한 명의 지도자로서, 모두의 지지를 얻어야 한다.

728

忘脖子后头去了　완전히 다 까먹었다, 잊다

[wàng bó zi hòu tóu qù le]　对不起，最近太忙了，那件事我真得早就忘脖子后头去了。

미안해, 요즘 너무 바빠서, 그 일을 완전히 다 까먹었어.

08 8음절 이상

729

好好学习，天天向上
열심히 공부해서 날마다 향상하다

[hǎo hǎo xué xí, tiān tiān xiàng shàng]

好好学习，天天向上，这是毛主席教导我们的。

열심히 공부해서 날마다 향상되자. 이것은 마오쩌둥 주석이 우리에게 가르치신 것이다.

730

万事俱备，只欠东风
모든 것이 다 준비되었으나 중요한 것 하나가 모자라다

[wàn shì jù bèi, zhǐ qiàn dōng fēng]

万事俱备，只欠东风，现在什么都准备好了就等他拍板了。

모든 준비가 다 되고 이제 그가 동의만 해주면 된다.

731

说者无意听者有心
무심코 던진 돌에 개구리는 맞아죽는다

[shuō zhě wúyì tīng zhě yǒu xīn]

说话时一定要慎重，因为有时说者无意听者有心。

말 할때는 신중해야 한다. 무심코 던진 돌에 개구리는 맞아 죽을 수 있다.

732

吃着碗里盯着锅里
욕심은 끝이 없다

[chī zhe wǎn lǐ dīng zhe guō lǐ]

你不要太贪心了，不要总是吃着碗里盯着锅里。

너무 욕심 부리지 마, 늘 밥 먹으면서 솥을 쳐다보지 말라구.

过去就让他过去吧
지나간 일은 잊어버려

[guò qù jiù ràng tā guò qù ba]
过去就让他过去吧，不要总是把过去的事情放在心上。
지나간 일은 잊어버려. 과거 일을 자꾸 마음에 담아두지마.

浑身是口也说不清
입이 열 개라도 할 말이 없다

[hún shēn shì kǒu yě shuō bù qīng]
这件事我说什么大家都不相信，真是浑身是口也说不清。
이 일은 내가 무슨 말을 해도 모두 믿어주지 않는다. 정말 입이 열 개라도 할 말이 없다.

狗嘴里吐不出象牙
개는 개소리 밖에 못 낸다

[gǒu zuǐ lǐ tǔ bù chū xiàng yá]
这样的话从你的嘴里说出来，我理解，因为狗嘴里吐不出象牙。
이런 말은 네 입에서밖에 안나오지. 난 이해해. 개는 개소리밖에 못 내니까.

人生无非是一场戏
인생은 드라마이다

[rén shēng wú fēi shì yī chǎng xì]
你做什么事情不要太认真，人生无非是一场戏，到死了什么都是空。
넌 일 할 때마다 너무 진지하게 생각하지마. 인생은 원래 드라마 같은 거야. 죽고 나면 다 부질 없어.

737

比上不足比下有余
지나간 일은 잊어버려

[bǐ shàng bù zú bǐ xià yǒu yú]

我现在对自己的生活挺满足的，比上不足比下有余。

난 지금 나의 생활에 매우 만족해. 위와 비교하면 부족하지만 아래와 비교하면 남는다.

738

只知其一，不知其二
하나는 알고 둘은 모른다

[zhǐ zhī qí yī, bù zhī qí èr]

你对这件事想得太简单了，你是只知其一，不知其二。

너는 이 일에 대해 너무 간단하게 생각한다. 정말 하나는 알고 둘은 모르는 구나.

739

左耳朵进，右耳朵出
한 귀로 듣고 한 귀로 흘리다

[zuǒ ěr duo jìn, yòu ěr duo chū]

他对父母的劝告向来是左耳朵进，右耳朵出。

그는 늘 부모의 권고를 한 귀로 듣고 한 귀로 흘린다.

740

天外有天，山外有山
뛰는 놈 위에 나는 놈 있다

[tiān wài yǒu tiān, shān wài yǒu shān]

你不要取得点成绩就看不起人，要知道天外有天，山外有山。

성적 가지고 사람을 얕잡아 보지 마. 뛰는 놈위에 나는 놈 있다는 걸 알아야 해.

741

以前一直蒙在鼓里
예전에 줄곧 오리무중이었다

[yǐ qián yī zhí méng zài gǔ lǐ]
以前我一直蒙在鼓里， 要不是你告诉我，我还不知道呢。
예전에는 계속 오리무중이었던 일을 네가 알려주지 않았더라면 난 아직도 몰랐을 거야.

没有过不去的火焰山
천하에 건너지 못할 화염산은 없다

[méi yǒu guò bú qù de huǒ yàn shān]
没有过不去的火焰山，坚强点，什么都会好起来的。
천하에 건너지 못할 화염산은 없다. 강해지면, 무슨 일이든 잘 할 수 있다.

家家有本难念的经
집집마다 읽기 힘든 불경이 한 권씩 있다, 누구나 자신만의 고충이 있게 마련이다

[jiā jiā yǒu běn nán niàn de jīng]
你不要只是羡慕别人的家庭，要知道家家有本难念的经。
넌 늘 남의 가정을 부러워만 말아라. 누구나 자신만의 고충이 있기 마련이다.

老王卖瓜，自卖自夸
자화자찬

[lǎo wáng mài guā, zì mài zì kuā]
卖东西的人当然要老王卖瓜，自卖自夸，说自己的东西好
장사하는 사람은 당연히 자신의 물건이 좋다고 자화자찬한다.

745

心急了吃不了热豆腐

마음이 급하다고 뜨거운 두부를 먹을 수 있는 건 아니다

[xīn jí le chī bù liǎo rè dòu fu]

你也未免太着急了，要知道心急了吃不了热豆腐。

넌 아무래도 좀 성미가 급한 것 같아. 마음이 급하다고 뜨거운 두부를 먹을 수 없잖니.

746

胖子不是一口吃成的

첫 술밥에 배부르랴

[pàng zi bú shì yī kǒu chī chéng de]

学汉语不能太着急，胖子不是一口吃成的。

중국어 배울 때 너무 급해서는 안된다. 첫 술 밥에 배부르겠느냐

747

百尺竿头更进一步

더욱 더 노력해서 지금보다 더 나아지다

[bǎi chǐ gān tóu gèng jìn yí bù]

你虽然取得了一点成绩，但是希望你能百尺竿头更进一步，能取得更大的进步。

좋은 성적을 얻긴 했지만 더욱 더 노력해서 지금보다 더 나아져, 큰 진보를 얻을 수 있길 바라.

748

千里之行, 始于足下

천리 길도 한걸음부터 시작된다

[qiān lǐ zhī xíng, shǐ yú zú xià]

做什么事情都要一步一个脚印，因为千里之行，始于足下。

무슨 일을 하던지 차근 차근 해야 한다. 천리 길도 한걸음부터.

749

远在天边,近在眼前

먼 데 있다고 하면 아득히 먼 곳에 있고, 가까운데 있다고 하면 바로 눈앞에 있다

[yuǎn zài tiān biān, jìn zài yǎn qián]

这个东西远在天边，近在眼前，你怎么看不见呢?

이 물건은 먼데 있다고 하면 아득이 멀리 있고 가까운데 있다고 하면 바로 눈앞에 있다고 하니, 넌 어찌 보지 못하느냐?

750

江山易改,本性难移

강산은 바꾸기 쉬워도 타고난 본성은 바꾸기 어렵다

[jiāng shān yì gǎi, běn xìng nán yí]

我明知道自己的缺点可就是改不了，真是江山易改，本性难移。

나도 내 결점을 고치기가 힘들다는 걸 잘 알아. 강산은 바꾸기 쉬워도 타고난 본성은 바꾸기 어렵잖아.

751

三天打鱼，两天晒网

하다 말다 하다, 작심삼일

[sān tiān dǎ yú, liǎng tiān shài wǎng]

减肥最重要的是要坚持，绝对不能三天打鱼，两天晒网。

다이어트의 가장 중요한 것은 유지야. 절대로 작심삼일 해서는 안돼.

752

不吃一堑，不长一智

아픈 만큼 성숙해지다

[bù chī yí qiàn, bù zhǎng yí zhì]

我看你是太顺利了， 不吃一堑，不长一智。

내가 볼 때 넌 너무 순조로웠어. 아픈만큼 성숙해지는거야.

753

好的开始是成功的一半
좋은 시작은 성공의 반

[hǎo de kāi shǐ shì chéng gōng de yí bàn]
做一件事一定要重视开始，因为好的开始是成功的一半。

일을 할때는 시작이 중시해야 하지. 좋은 시작은 성공의 반이니까.

754

鸡窝里飞出金凤凰
개천에서 용 나다

[jī wō lǐ fēi chū jīn fèng huáng]
她在农村长大，现在成了有名的主持人，真是鸡窝里飞出金凤凰。

그녀는 농촌에서 자랐다. 지금은 유명한 진행자가 되었다. 정말 개천에서 용난 셈이다.

755

背上的灰，自己瞧不见
똥 묻은 개가 겨 묻은 개 나무라다

[bèi shàng de huī, zì jǐ qiáo bú jiàn]
你怎么能说自己没有缺点呢? 只是这是你背上的灰，自己瞧不见罢了。

넌 어떻게 너에게 결점이 없다고 말할 수 있니? 정말 똥 묻은 개가 겨 묻은 개 나무라는 격이구나.

756

长江后浪推前浪，一代更比一代强
장강의 뒤 물결이 앞 물결을 밀다, 한 세대 한 세대 더욱 나아지다

[cháng jiāng hòu làng tuī qián làng, yī dài gèng bǐ yī dài qiáng]
现在的年轻人真实太厉害了，长江后浪推前浪，一代更比一代强。

지금의 젊은아들은 정말 대단하다. 한 세대 한 세대 더욱 나아진다.

757

便宜没好货，好货不便宜
밟 게 비지떡

[pián yi méi hǎo huò, hǎo huò bù pián yi]
你买的东西这么便宜当然不禁用， 便宜没好货，好货不便宜。
네가 산 물건이 이렇게 싸니까 당연히 오래 쓰지 못하지. 싼게 비지떡이야.

758

天下无难事，只怕有心人
모든 일은 마음 먹기에 달려있다

[tiān xià wú nán shì, zhǐ pà yǒu xīn rén]
天下无难事，只怕有心人，你只要付出就一定能收获。
모든 일은 마음 먹기에 달려있다. 네가 지불만 하면 수확을 얻을 수 있다.

759

听君一席话，胜读十年书
성인과의 한 번의 대화가 10년 독서보다 낫다

[tīng jūn yī xí huà, shèng dú shí nián shū]
今天听了您的一番话，真是听君一席话，胜读十年书呀，对我帮
助太大了。
오늘 당신 말을 들으니, 성인과의 한번의 대화가 10년의 독서보다 낫다는 걸 느낀다.
나에게 정말 큰 성숙해 되었다.

760

不听老人话，吃亏在眼前
노인 말을 들으면 자다가 떡을 얻어먹는다

[bù tīng lǎo rén huà chī kuī zài yǎn qián]
我是过来人，你不听我的话，你是不听老人言，吃亏在眼前。
나는 경험자야. 노인 말을 들으면 자다가도 떡을 얻어먹는다.

761

一朝被蛇咬，十年怕井绳
자라보고 놀란가슴 솥뚜껑보고 놀라다

[yī zhāo bèi shé yǎo shí nián pà jǐng shéng]
虽然你离过一次婚，可是也不能一朝被蛇咬，十年怕井绳，就不结婚了呀。

비록 너는 이혼을 한 번 했지만, 그렇다고 지레 겁 먹고 결혼 안 할 수는 없지.

762

不吃苦中苦，难做人上人
고생을 해본 사람이 남들보다 나을 수 뼅다

[bù chī kǔ zhōng kǔ, nán zuò rén shàng rén]
你只知道享受，不吃苦中苦，难做人上人。

넌 즐길 줄만 알고, 고생을 해보지 않아 남들보다 앞서기 힘들다.

763

千里送鹅毛，礼轻情义重
보잘것없는 선물이지만, 그 선물의 정성은 아주 중요하다

[qiān lǐ sòng é máo, lǐ qīng qíng yì zhòng]
礼物不在大小，重要的是感情，因为千里送鹅毛，礼轻情义重。

선물은 크기가 아니라 중요한 것은 감정이다.

764

公说公有理，婆说婆有理。
저마다 제가 옳다고 해서 시비를 가르기 어렵다, 시아버지 말에도 시어머니 말에도 모두 일리가 있다

[gōng shuō gōng yǒu lǐ pó shuō pó yǒu lǐ]
对于他们之间的矛盾你不要只听一面之词，当然公说公有理，婆说婆有理。

그들 사이의 문제는 한쪽만 듣고 판단해서는 안된다. 당연히 저마다 제가 옳다고 하니 시비를 가리기 어렵다.

765

林子大了什么鸟儿都有。

수풀이 크니 별의별 새가 다 있다

[lín zǐ dà le shén me niǎo ér dōu yǒu]

竟然有这样的人，真是林子大了什么鸟都有。

뜻밖에도 이런 사람이 있다니, 정말 수풀이 크니까 별의별 새가 다 있구나.

766

醉过方知酒浓爱过方知爱重。

취해본 사람이 술이 진한 것을 알고, 사랑을 해본 사람이 사랑의 소중함을 안다

[zuì guò fāng zhī jiǔ nóng ài guò fāng zhī ài zhòng]

767

酒逢知己千杯少，话不投机半句多。

술자리에서 마음에 맞는 사람과 함께 하면 천 잔의 술도 부족하고, 마음이 통하지 않는 사람과 함께 하면 말 한마디도 아깝다

[jiǔ féng zhī jǐ qiān bēi shǎo, huà bù tóu jī bàn jù duō]

768

有缘千里来相会，无缘对面不相识。

인연이 있으면 멀리 떨어져 있어도 만날 수 있고, 인연이 없으면 바로 앞에 있어도 알아보지 못한다

[yǒu yuán qiān lǐ lái xiāng huì, wú yuán duì miàn bù xiāng shí]

부록

成语接龙100

01

学以致用 [xué yǐ zhì yòng]
배운 학문을 실생활에 적용하다

02

用兵如神 [yòng bīng rú shén]
용병을 쓰는 것이 신기에 가깝다

03

神通广大 [shén tōng guǎng dà]
재간이 대단하다

04

大显身手 [dà xiǎn shēn shǒu]
크게 솜씨(실력)를 떨치다

05

手疾眼快 [shǒu jí yǎn kuài]
일을 하는데 매우 민첩하다

06

快刀斩乱麻 [kuài dāo zhǎn luàn má]
복잡한 문제를 명쾌하게 해결하다

07

麻痹大意 [má bì dà yì]
경계심을 늦추고 소홀히 하다

08

意气风发 [yì qì fēng fā]
기세가 드높다 의기가 양양하다

09

发愤图强 [fā fèn tú qiáng]
열심히 실력향상을 위해 노력하다

10

强手手下无弱兵 [qiáng shǒu shǒu xià wú ruò bīng]
강한 장군 밑에 약한 병이 없다

11

兵贵神速 [bīng guì shén sù]

군사는 신속성이 우선이다

12

速战速决 [sù zhàn sù jué]

속전속결

13

决一雌雄 [jué yī cí xióng]

자웅을 가리다

14

雄心壮志 [xióng xīn zhuàng zhì]

웅장한 이상과 포부

15

志同道合 [zhì tóng dào hé]

의기가 투합하고 지향하는 바가 같다

16

合家欢乐 [hé jiā huān lè]

온 가족이 기뻐하다

17

乐在其中 [lè zài qí zhōng]

그 안에 기쁨이 있다

18

中原逐鹿 [zhōng yuán zhú lù]

군웅이 사방에서 일어나 천하를 다투다

19

鹿死谁手 [lù sǐ shéi shǒu]

(운동경기에 쓰임)승자가 빠질 되겠는가?

20

手到病除 [shǒu dào bìng chú]

손만 닿으면 병이 낫다

21

除旧布新 [chú jiù bù xīn]
낡은 것을 제거하고 새로운 것을 건설하다

22

新陈代谢 [xīn chén dài xiè]
신진대사

23

谢天谢地 [xiè tiān xiè dì]
감지덕지하다, 감사하기 그지없다

24

地老天荒 [dì lǎo tiān huāng]
길고 긴 세월(을 지내다)

25

荒诞不经 [huāng dàn bù jīng]
황당무계하여 이치에 맞지 않다

26

经年累月 [jīng nián lěi yuè]
오랜 세월이 지나다

27

月朗星稀 [yuè lǎng xīng xī]
달이 밝고 별이 드문드문하다

28

稀世之宝 [xī shì zhī bǎo]
세상에서 보기 드문 보물

29

宝山空回 [bǎo shān kōng huí]
절호의 기회를 놓치다

30

回天之力 [huí tiān zhī lì]
어려운 형세를 되돌릴 수 있는 강력한 힘

31

力透纸背 [lì tòu zhǐ bèi]

글씨나 문장 따위가 힘차다

32

背水一战 [bèi shuǐ yī zhàn]

배수의 진을 치다

33

战无不胜 [zhàn wú bú shèng]

백전백승

34

胜任愉快 [shèng rèn yú kuài]

맡은 일을 잘 해낼 수 있다

35

快人快语 [kuài rén kuài yǔ]

말이나 행동이 시원시원하다

36

语重心长 [yǔ zhòng xīn cháng]

(말이) 핵심을 찌르고 힘이 있다, 의미심장하다

37

长生不老 [cháng shēng bù lǎo]

불로장생하다

38

老生常谈 [lǎo shēng cháng tán]

상투적인 말, 전혀 새롭지 않은 말

39

谈天说地 [tán tiān shuō dì]

아무거나 마구 지껄이다, 끝없이 이야기하다

40

地狭人稠 [dì xiá rén chóu]

땅은 좁고 사람은 많다

41

稠人广众 [chóu rén guǎng zhòng]
사람이 많이 모인 곳(장소)

42

众所周知 [zhòng suǒ zhōu zhī]
모든 사람이 다 알고 있다

43

知人论世 [zhī rén lùn shì]
인물을 평가하고 득실을 논하다

44

世疏事异 [shì shū shì yì]
일이나 상황에 변화가 생기다

45

异口同声 [yì kǒu tóng shēng]
이구동성, 모두 입을 모아 말하다

46

声色俱厉 [shēng sè jù lì]
말할 때 목소리와 표정이 매우 준엄하다

47

厉兵秣马 [lì bīng mò mǎ]
전비를 갖추다, 준비를 확고히 하다

48

马壮人坚 [mǎ zhuàng rén jiān]
기세가 크고 엄청나다

49

坚毅果敢 [jiān yì guǒ gǎn]
사람이 끈기가 있고 과감하다

50

敢怒敢言 [gǎn nù gǎn yán]
불만이나 불평등을 과감하게 표출하다

51

言而有信 [yán ér yǒu xìn]
말을 믿을 수 있다, 말에 신용이 있다. 말을 신뢰할 수 있다

52

信口开河 [xìn kǒu kāi hé]
입에서 나오는 대로 마구 지껄이다, 아무 생각 없이 되는대로 거침없이 지껄이다

53

河鱼腹疾 [hé yú fù jí]
설사하다. 배 아프다(고문)

54

疾风暴雨 [jí fēng bào yǔ]
폭풍우, 질풍폭우

55

雨淋日炙 [yǔ lín rì zhì]
자주 비에 젖고 햇빛에 쬐다

56

炙手可热 [zhì shǒu kě rè]
손을 델 만큼 뜨겁다, 권세가 대단하다

57

热情洋溢 [rè qíng yáng yì]
열정이 가득 넘쳐 흐르다

58

溢于言表 [yì yú yán biǎo]
(어떤 생각이나 감정 등이) 말이나 기색에 나타나다

59

表里相济 [biǎo lǐ xiāng jì]
겉과 속이 같다

60

济济之才 [jì jǐ zhī cái]
인재가 많다

61

才疏学浅 [cái shū xué qiǎn]
겸손한 표현, 재능이 모자라고 학문이 일천하다

62

浅斟低唱 [qiǎn zhēn dī chàng]
한가로이 술잔을 기울이며 낮은 소리로 노래를 읊조리다

63

唱对台戏 [chàng duì tái xì]
동일한 분야에서 동일한 일을 가지고 쌍방이 대립하다

64

戏蝶游蜂 [xì dié yóu fēng]
연인들이 즐겁고 행복한 모습

65

蜂拥而上 [fēng yōng ér shàng]
벌떼처럼 몰려오다. 쇄도하다

66

上窜下呆 [shàng cuàn xià dāi]
(사람이) 도처에서 거리낌없이 멋대로 행동하다

67

呆若木鸡 [dāi ruò mù jī]
나무로 만든 닭처럼 무표정하다, 무엇에 놀라 얼빠진 사람처럼 멍해 있다

68

鸡飞蛋打 [jī fēi dàn dǎ]
닭은 날아가고 달걀은 깨지듯, 아무런 소득도 없다

69

打抱不平 [dǎ bào bù píng]
불의를 보고 참지 못하다, 불공평한 일을 보고 피해자를 돕다

70

平起平坐 [píng qǐ píng zuò]
같이 일어서고 같이 앉다, 동등한 조건으로 대하다, 지위나 권력이 대등하다

71

坐井观天 [zuò jǐng guān tiān]
견문이 매우 좁다, 우물 안 개구리

72

天真烂漫 [tiān zhēn làn màn]
(말이나 행동이) 조금도 꾸밈 없이 매우 순진하고 참되다, 천진난만하다

73

漫不经心 [màn bù jīng xīn]
전혀 아랑곳하지 않다, 조금도 마음에 두지 않다, 소홀히 대하다

74

心神不宁 [xīn shén bù níng]
마음이 편하지 않다

75

宁缺毋滥 [níng quē wú làn]
정확히 맞는 것을 써야 문제가 없다

76

滥竽充数 [làn yú chōng shù]
무능하게 머릿수만 채우다, 하는 일 없이 머릿수만 채우다

77

数九寒天 [shǔ jiǔ hán tiān]
엄동설한

78

天灾人祸 [tiān zāi rén huò]
사람에게 오로지 해만 끼치는 놈(물건), [주로 욕설로 쓰임]

79

祸从天降 [huò cóng tiān jiàng]
자다가 벼락맞는다

80

降志辱身 [jiàng zhì rǔ shēn]
성공을 위해 어려운 시험과 위기를 극복해야 한다

81

身败名裂 [shēn bài míng liè]
지위도 잃고 명예도 땅에 떨어지다, 나쁜 일을 하다가 철저히 실패하다

82

裂石穿云 [liè shí chuān yún]
기세가 매우 크고 뛰어나다

83

云游四海 [yún yóu sì hǎi]
가보지 않은 곳이 없다, 많은 곳을 여행하다

84

海外奇谈 [hǎi wài qí tán]
해외 기담, 신기하고 재미있는 이야기

85

谈虎色变 [tán hǔ sè biàn]
호랑이 이야기만 해도 얼굴빛이 변하다, 말하기만, 하면 긴장하고 두려워한다

86

变本加厉 [biàn běn jiā lì]
정도가 이전보다 더 심하다

87

励精图治 [lì jīng tú zhì]
정신을 진작시켜 국가를 잘 다스리도록 방법을 생각하다

88

治国齐家 [zhì guó qí jiā]
가정을 일으키고, 나라를 다스리다

89

家徒四壁 [jiā tú sì bì]
집 안에는 사방에 벽만 있다, 집이 매우 가난하다

90

壁垒森严 [bì lěi sēn yán]
한계를 분명히 하다, 소속이나 한계 등이 분명하다

91

严辞拒绝 [yán cí jù jué]
엄한 말로 거절하다, 심한 말로 딱딱거리다

92

绝无仅有 [jué wú jǐn yǒu]
아주 적다, 극히 드물다

93

有心无力 [yǒu xīn wú lì]
마음은 있으나 힘이 부족하다

94

力排众议 [lì pái zhòng yì]
힘으로 다수의 의견을 물리치다, 힘으로 대중의 의견을 봉쇄하다

95

议论纷纷 [yì lùn fēn fēn]
의견이 분분하다, 물의가 분분하다

96

纷至沓来 [fēn zhì tà lái]
차례차례로 그치지 않고 계속 오다, 쇄도하다

97

来去分明 [lái qù fēn míng]
거취가 공명정대하고 사욕이 없다, 일의 전말이나 금전의 수지가 명확하다

98

明察秋毫 [míng chá qiū háo]
(눈이 밝고 날카로워) 어떤 작은 문제라 할지라도 빠짐없이 꼼꼼히 살피다

99

毫不在意 [háo bú zài yì]
전혀 개의치 않다, 신경 쓰지 않는다

100

意在言外 [yì zài yán wài]
말에 나타난 뜻 이외에 또 다른 뜻이 있다, 암시하는 말

MEMO

MEMO

HSK

도서출판 혜지원 중국어 시리즈

영어가 Talk Talk
잘 터지는 생활영어

사용도 하지 않는 구식표현들을 과감히 버리고 현지에서 실생활에 사용되는 표현을 생생한 Dialogue와 함께 부록 CD 2개, TAPE 2개에 담아 언제 어디서나 듣기와 말하기 훈련을 할 수 있도록 제작했습니다.

■ Simon Keller, Jin Kim 지음/크라운판/256쪽/12,000원/부록 CD, TAPE 포함

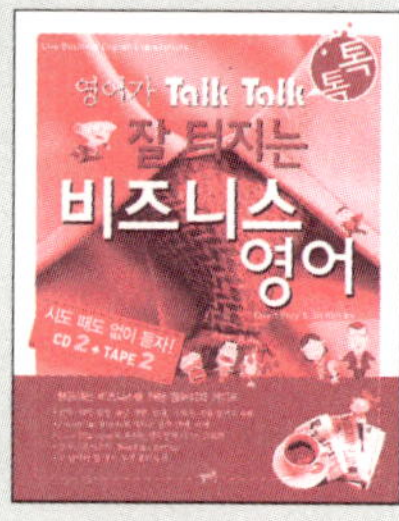

영어가 Talk Talk
잘 터지는 비즈 니스영어

모든 상황에서 사용할 수 있는 비즈니스 실무회화는 물론 영자신문 독해훈련, 비즈니스 용어 그리고 유익한 경제정보까지 총망라되어있습니다. 또한, 바쁜 직장인이 출퇴근길에 듣고 말하기 훈련을 할 수 있도록 모든 회화표현과 생생한 Dialogue를 부록 CD 2개와 TAPE 2개에 담았습니다.

■ David Frey, Jin Kim 지음/크라운판/272쪽/12,000원/부록 CD, TAPE 포함

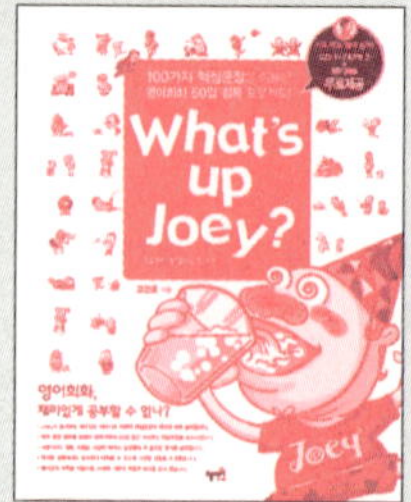

What's up joey?

이 책은 Morning과 Afternoon으로 나누어 실생활에서 자주 사용하는 영어회화를 학습할 수 있도록 구성되었습니다. 저자가 경험한 재밌는 에피소드를 바탕으로 원어민들이 자주 사용하는 문장을 하루에 두 문장씩 50일로 나누어 50일 후에는 100개에 달하는 문장을 학습할 수 있게 됩니다.

■ 고진호 지음/크라운판/336쪽/14,000원/부록 CD, TAPE 포함